臺灣歷史與文化 研究輯刊

二三編

第 13 冊

蝶蝶不休
——試論吳明益和杜虹的蝴蝶書寫

王雪玲 著

花木蘭文化事業有限公司

國家圖書館出版品預行編目資料

蝶蝶不休——試論吳明益和杜虹的蝴蝶書寫／王雪玲 著 -- 初
版 -- 新北市：花木蘭文化事業有限公司，2023〔民 112〕
目 4+214 面；19×26 公分
（臺灣歷史與文化研究輯刊二三編；第 13 冊）
ISBN 978-626-344-205-4（精裝）
1.CST：蝴蝶 2.CST：生態文學 3.CST：臺灣文學
4.CST：文學評論
733.08   111021721

ISBN-978-626-344-205-4

臺灣歷史與文化研究輯刊
二三編 第十三冊   ISBN：978-626-344-205-4

蝶蝶不休
——試論吳明益和杜虹的蝴蝶書寫

作　　者　王雪玲
總 編 輯　杜潔祥
副總編輯　楊嘉樂
編輯主任　許郁翎
編　　輯　張雅淋、潘玟靜　美術編輯　陳逸婷
出　　版　花木蘭文化事業有限公司
發 行 人　高小娟
聯絡地址　235　新北市中和區中安街七二號十三樓
　　　　　電話：02-2923-1455／傳真：02-2923-1452
網　　址　http://www.huamulan.tw 信箱 service@huamulans.com
印　　刷　普羅文化出版廣告事業
初　　版　2023 年 3 月
定　　價　二三編 13 冊（精裝）新台幣 38,000 元

蝶蝶不休
——試論吳明益和杜虹的蝴蝶書寫

王雪玲 著

作者簡介

王雪玲，國小教師，在人生初秋時分重回校園，完成青春未竟之夢。2019 年，來到幽幽的清華校園，浸潤於文學的芬芳裡；2021 年，畢業於清華大學臺灣研究教師在職進修碩士學位班。

因為對大自然有著潮水般的愛，所以自然書寫成了研究的主題；因為對土地充滿情感，所以喜歡走跳山林田野。山林田野間，我領受大自然的美好，蟲魚鳥獸皆是我好友，因緣際會蝴蝶成了論文研究的主角。

自然書寫讓我望見文學花園裡的豐茂，因此我選擇以吳明益和杜虹的蝴蝶自然書寫為主題，以比較研究為鋤，在文學花園裡另闢幽徑。

提　　要

當代臺灣自然書寫者，不少以動物書寫聞名，例如：鷹、鳥、飛魚、鯨豚、蝴蝶，並持續為其發聲，成為該動物生態及權益的發言人。吳明益的動物書寫始於《迷蝶誌》和《蝶道》；同一時期，在南臺灣則有杜虹，先以自然書寫崛起於文壇，後又投入蝴蝶研究和保育工作凡二十年。二位作家皆擁有博士學位，吳明益以文學博士跨界自然領域，杜虹則以科學博士跨界文學領域，不同學術專業的跨領域表現與共同的社會實踐，具有比較的價值。

本文以「蝴蝶的自然書寫」為主題；主要以吳明益《迷蝶誌》、《蝶道》和杜虹《蝴蝶森林》等著作中的蝴蝶書寫為研究範圍；在文本分析法為基礎下進行比較研究。本文希望能完成以下之目的：首先，爬梳在臺灣自然書寫發展脈絡下，自然書寫者的環境倫理觀和臺灣蝴蝶書寫的興起；其次，分析吳明益和杜虹的環境倫理觀和蝴蝶自然書寫；繼之，比較二位作家蝴蝶書寫的特質與表現，歸納其異同。最後，詮釋吳明益和杜虹蝴蝶自然書寫的文學意涵，評價他們的社會行動與實踐。

研究發現吳明益和杜虹的蝴蝶書寫在田野之經驗、觀察之視野和文學之表現上有各有所長，各具風格。二位作家皆以自然教育、自然活動以及自然書寫展開自然的關懷和實踐社會的行動。

謝　誌

　　在人生初秋時分重回校園，完成青春未竟之夢，此刻，於我心裡，是喜悅、是感恩。因為有您，所以我擁有清華一路的好學運和一頁的好風景。

　　首先，衷心感謝我的家人。謝謝父親王金石和母親陳瓊梅對我重回校園的全力支持和感到驕傲，從小到大您們對我的的求學之路總是尊重、支持，放手和放心。謝謝先生永承擔了家務，讓我安心進修；謝謝外甥女扉承擔了長輩的生活照料和醫療照護，以及予我資訊能力的諸多指點和提升。謝謝就讀成大藝術所的女兒璵，一路與媽媽相伴前行，教學相長，互通有無；疫情停課期間，我們共桌寫論文，你寫投稿的小論，我寫畢業的論文，那真是人生中一段奇妙的學習旅程。謝謝先生永，姐姐敏、弟弟群這趟學習旅程的溫馨接送情，讓我在暗夜裡能平安早點回到家。謝謝白柴小饅頭，在媽媽寫論文期間相隨相伴，還有白柴小油條的獨立隨性，容忍我對你們的疏忽。我的家人一直是我最強大的後盾。謝謝你們！

　　謝謝淡水陳家，大溪陳家珍惜與你們十年的情誼，我們一路分享教養孩子的心得，還有孩子學習旅途上的點滴。口考前夕，謝謝你們在教堂彌撒為我禱告；也謝謝你們就讀政大外交所的寶貝女兒慷妮幫我檢查、潤飾論文的英文摘要。我也要謝謝我武陵、輔仁、仁和和員樹林的好同學和老朋友，雖然不能常相聚，但我知道你們一直都在身旁。特別感謝服務學校最溫暖的長官，同時也是清華的博士──盧文平教授，不吝提攜後進，樹立學習典範。

　　謝謝臺研教 108 級共學的同窗，我們一起追求屬於清華紫荊人的驕傲，一起迎向前方那道屬於清華人的紫色之光。謝謝書琴老師徒弟四姊妹──文玉、

采珊和瑞瑤，我們始終相互加油打氣，一路向前。謝謝文玉一路與我同修文學的課，浸潤於文學的芬芳裡。謝謝瑞瑤的陪伴，你是我最棒的學伴，最好的忘年之交，我們革命的情感滋長於「想像人類學」那門課，那隻加油的手臂貼圖陪我們度過無數個趕報告的深夜與清晨，那段與人類所資優生修課的時光，雖艱辛卻使我們茁壯且堅強，點點滴滴將銘刻在屬於我們的「清華學習之柱」上。還要謝謝文玉和瑞瑤的友情相助，常常讓我在校園內搭上一段便車好搭上早一班的公車回家。你們的溫情，如春風雨露，我將深藏心底。

謝謝書琴老師領軍，清大臺文所陣容最堅強的讀書會，團隊裡有最優秀的博士班學長姐樹立良好的學習典範，並帶領我們勇往前行。謝謝書琴老師給予我學習的機會，三度將我推向讀書會的最前線去見習和磨練。尤其感謝雨蓉學姐在大小讀書會中，認真指導我，給予我肯定，也明確提出建議或細心指出錯誤，讓我知道自己的好與不足，你是「最佳讀書會帶領人」。謝謝琬婷學姐在讀書會中深刻評論我的論文，適時予我肯定，也為我指出可行方向並細心發現我的不細心；還要謝謝妳予我論文寫作方法和申請口考程序諸多的指點迷津，你總是最有效率且不厭其煩回答我的「大哉問」。沒有你們，這份論文絕對無法再演化和再進化，非常謝謝你們。謝謝人類所博士班學長，也是柴友的世群學長，於論文初寫的盛夏，帶著帥哥柴犬小比從人類學跨界到文學，在雲端的世界裡為我加油打氣，增添我論文書寫的動力和爆發力，你們是最帥氣的啦啦隊拍檔。雖然後來小比不見了，但我知道牠以隱遁的形式、永恆的存在於我的生命裡。這盛夏的果實如果有任何的豐盛和甜美都應該與你們哥倆分享，因為你們參與了我最初努力的曾經。

特別感謝清大人類所李威宜老師，您日常的言說與風範，學術的風骨與堅持，始終令我感佩。您總是大方的肯定、賞識和鼓勵我，並予我人類學多面向的啟發，您人類學裡豐饒的故事和魔鬼等級的嚴格訓練使我在文學論文的寫作上亦能呈現人類學浸潤過的痕跡。您的「想像人類學」至今令人深刻難忘，在求知過程中雖常感到困頓疲乏，但一路走來，我知道您予我的是滿滿的收穫。雖然無緣成為您人類學的徒弟，但我把對環境人類學的喜愛轉換到文學自然書寫的場域裡了，我深深領略到「人類學是養分，文學是緣分」的真義，非常謝謝您！

謝謝成大臺文所簡義明老師，您於盛夏時節擔任我的口考委員並細看我的論文，指引我學術的高度和方向，給予我更寬闊的視野和胸襟，也教我學習

謙卑，論事勿過於武斷或狹隘；您對我論文的肯定和提點，都指出未來我努力和前進的方向。謝謝清大人類所林浩立老師，起先讓我旁聽您的流行音樂課，進而爽快答應擔任我的口考委員。謝謝您用心看待我的論文，大方給予我正面回饋和肯定，也明確指出我未見之景和未竟之路。此外，也謝謝您予我論文英文題目和英文摘要上的指導和修正，更新後的題目更具流動之感和文學之韻，謝謝您的一字千金。

最後，我最感謝的是我的論文指導教授——清華大學臺文所劉柳書琴老師，從題目的萌芽到論文的完成，您始終鼓勵我和肯定我，予我最大的自由和信任。有時您在前方指引，讓我依徑而行；有時您在後方關照，推我走向前沿；凡此皆是我前行的動力。您擴展了我的文學視野，讓我望見文學花園裡的豐茂，因著這次的自然書寫，我領受大自然的美好，更感受您的溫柔與堅定、寬厚與溫暖，以及體察到自己的幸運。當「清」風吹起時，我將獻上深深的謝意與祝福！

如今，我已行過這美好的一路。回首來時路，無論陽光雨露或暗夜風雨，笑聲或淚痕，盡化做陣陣和煦的「清」風了。此刻，我聞到了、也望見了「清」風過處的花香與美景，想起電影《托斯卡尼艷陽下》（Under the Tuscan Sun）的一句金句：「好事，永遠不嫌遲。當它來晚時，也不失為一種驚喜。」是的！誠如圓清華之夢，永不嫌遲。即使它來晚了，不也是生命中的一份意外的驚喜？

謝謝你們！成就了我這段無悔、無憾的清華旅程。

雪玲　書於大溪員樹林　2021.08.01

目

次

第一章 緒 論

第一節 研究背景與重要性

臺灣的自然書寫興起於 1980 年代。70 年代,臺灣從農業社會走向工業社會,帶動經濟起飛,使社會繁榮,但現代化、工業化、資本主義和人性黑暗面崩壞自然環境,也侵蝕人心,使自然環境遭受前所未有的迫害。然而,污染防治法和其他環保法規,以及人民的危機意識都趕不上環境被迫害的速度,使自然環境日益惡化。80 年代,環境保護意識覺醒,敏感的環保先知以犀利的言詞批判生態的迫害,他們大聲疾呼,希望喚起大眾注意,積極扮演維護自然生態的行動者與推動社會行動的實踐者,為社會帶來一股正面的力量。90 年代,環境倫理的新思維注入,關於自然環境和自然生態的書寫如雨後春筍,自然書寫者以充滿哲理的文字謳歌自然,也對人與自然的互動提出反思,並提出環境新倫理和新思維。

2000 年前後,吳明益也接力這項任務,橫跨在散文與小說之間,成為當時臺灣新生代非常重要且深具指標性的自然書寫作家,同時也是自然環境行動與實踐的重要發言人。吳明益的動物自然書寫以蝴蝶書寫最膾炙人口、也最為讀者津津樂道,《迷蝶誌》和《蝶道》就是其成名之作和代表之作。文學評論家陳芳明曾論及:「吳明益對於蝴蝶生態的描述,似乎無人可以與他比並。」〔註1〕可見吳明益在蝴蝶自然書寫上的位置。筆者亦發現,同一時期南臺灣的自然書寫作家杜虹對蝴蝶生命與生態的書寫,既清新且專業,展現國家公園經

〔註1〕陳芳明,《臺灣新文學史(下)》,臺北:聯經,1998 年,頁 650。

驗的個人特色。杜虹以墾丁國家公園解說員、蝴蝶保育員和蝴蝶研究者的身份，用文學之筆記錄墾丁的荒野，訴說山林間的人事物，轉譯叢林裡蝴蝶的故事，以南臺灣視角呈現南方半島的生態保育和文學地景。將臺灣二位當代最重要的蝴蝶自然書寫作家之作品做比較研究是目前學術界的新嘗試；筆者認為，若能將二位作家的蝴蝶作品加以解讀、分析、比較和詮釋，當可以激起文學之火花，發覺其中之田野經驗和文學價值。

第二節　研究動機與目的

提及當代臺灣的自然書寫，不少的自然書寫作家成名於動物的書寫，並持續為其發聲，最後成為該動物生態及權益的發言人，例如：劉克襄之於鳥、沈振中之於鷹、廖鴻基之於鯨豚、夏曼‧藍波安之於飛魚、吳明益之於蝴蝶等。其中，吳明益是臺灣中生代自然書作家，其動物書寫始於《迷蝶誌》和《蝶道》，表現亮眼，引起讀者和文學評論家的注意。

吳明益是一位以文字關心自然生態的書寫者，同時也是一位行動派的自然生態關懷者。約莫同一時期，在南臺灣也有一位自然書寫作家杜虹，既研究蝴蝶又從事蝴蝶保育工作凡二十年。雖然杜虹的文學成就和名氣不及吳明益，文學地位亦無法與吳明益並置，但二位皆是臺灣相當優秀且重要的自然書寫作家（作品皆曾獲當時的中央日報文學獎、梁實秋文學獎等），他們的作品或見於報章或結集成書，各自擁有讀者的支持。在學術背景上，二位皆擁有博士學位，吳明益以文學博士跨界自然領域，杜虹則以科學博士跨界文學領域，他們皆追逐蝴蝶於廣袤的山林田野間，將近身目睹的經歷化做圖片和文字，娓娓訴說蝴蝶情。二位作家有著既相似又互補的背景，其學術的跨域表現與社會行動的實踐，具有比較的價值。筆者認為若將他們的蝴蝶自然書寫做分析和比較，有其意義，是值得嘗試的研究路徑。

自然書寫做為一種文學表現的類型，已成為臺灣環境論述的一支。其中，動物的自然書寫是表述環境倫理觀和關懷自然的一個重要管道；而蝴蝶書寫即屬於動物書寫的一支，亦屬自然書寫下的一個次文類。文學博士吳明益成名於蝴蝶的動物書寫，科學博士杜虹也以蝴蝶專業研究者的身分書寫蝴蝶，他們的蝴蝶自然書寫各具什麼風格，呈現出何種特色，表達出怎樣的情感，詮釋了哪些文學意涵？以上皆是本文關注和探究的重點。綜上，本研究的目的有四：

　　一、爬梳自然書寫的涵義和臺灣自然書寫的發展脈絡。

　　二、探討自然書寫者的環境倫理觀和臺灣蝴蝶書寫的發展。

　　三、分析吳明益和杜虹的環境倫理觀與自然書寫的特質。

　　四、比較吳明益和杜虹蝴蝶書寫的表現，歸納其異同。

　　筆者以蝴蝶書寫為本文的研究主題，主要基於蝴蝶此物種之特殊性。同為鱗次目的飛蛾，與蝴蝶同樣有完全變態的四個階段，為何在文學界少見飛蛾的書寫，而常見蝴蝶之書寫？此乃基於蝴蝶之於人類的特殊性與特殊情感。欲探究蝴蝶的特殊性可從其生物性、物理性和歷史性等向度分析之。

　　蝴蝶書寫能成為自然書寫的次文類，筆者認為有以下幾個原因：一、蝴蝶大多在日間活動，經常訪花飛舞於大自然間，增加了與人互動的機會，因此與人較親近，進而能成為人類的朋友，為一般讀者可以接受、甚至喜好的物種。二、蝴蝶在顏色、圖案和外型上有顯著的多樣性，增加了觀察者、書寫者和閱讀者觀察時或想像時的樂趣和成就。早期更因為蝴蝶這些特殊性，促成人類對標本的渴望，而提供自然書寫者一段「臺灣捕蝶史」之書寫材料和生態學上之反思機會。三、臺灣的蝴蝶超過四百多種，動物學家為蝴蝶的命名與分類，或一般人賦予蝴蝶的俗名，無論褒貶，皆展現人類命名的想像和邏輯，甚至霸權的心態，凡此皆可為蝴蝶書寫的材料。四、蝴蝶擁有特殊的生活史，從求偶、產卵、成蟲、結蛹、羽化、飛翔到死亡，皆不同於一般動物，其四個階段完全變態的生命史是很好發揮、也頗具特色的書寫題材。五、蝴蝶的蝶種（無論特有種或普通種）、棲地的消長和遷徙的行為，以及日治時期博物學家探索或採集蝴蝶的歷史活動，皆提供自然書寫者探索臺灣、發現臺灣、展現臺灣歷史和臺灣意識的機會。

　　基於以上諸多原因，引發筆者研究臺灣蝴蝶書寫的動機和興趣。

第三節　研究方法與範圍

　　本文擬定研究主題後，首先進行文獻回顧，藉由文獻回顧耙梳、整理與歸納先行研究者對二位作家的認識與評論，做為本研究參考之依據和立論之基礎。接著，以文本分析法和比較研究法進行論述和分析，以下簡介此二種研究方法：

一、文本分析法

　　文本分析（content analysis）可以深入作品的核心和作者的內心世界，分

析的內容包括文字和圖片（含插圖和照片）。藉由文本分析，可以了解創作者的中心思想和核心價值，以及創作形式、書寫技巧、文字內涵、文字美學、書寫風格和嵌入之價值觀。易言之，本研究除了文本的文字分析之外，也包含知識之轉化、文化之轉譯和文學意義之詮釋。蒲薪羽在其碩士學位論文〈杜虹自然書寫研究〉一文中，曾對「文本分析」有清楚之定義：

> 文本之分析，就本質而言，是將文學作品拆解，觀察其部分之間是如何拼湊相合而成；文本之詮釋的本質則是將某（些）文學上理論、思想知識相連的價值，應用到文本中。「文本」是紀錄文學符碼的載體，也是被閱讀者掌握的內容整體，文本分析則是根據文本的表現與潛在特質，經過文本查閱、鑑別、評價、歸類、整理而加以評析詮釋的過程。「文本分析法」之運用，針對具體作家作品的闡釋，解讀作品的內涵，分析作家的風格，進行相關理論的探究建構。〔註2〕

上文提供「文本分析」之定義。蒲薪羽對「文本分析法」有詳細和全方位的解釋，可供筆者做文本分析時的參考和提點。進行文本分析時，首先筆者爬梳吳明益和杜虹的環境倫理觀；其次，將二位作家蝴蝶書寫的文本做閱讀的理解、推論、分析和詮釋；繼之，歸納二位作家的自然書寫特質；最後，將文本分析的資料綜整，比較二位作家蝴蝶書寫之異同，發覺其中之價值。

二、比較研究法

「比較」是認識事物的一種管道，人類常藉由比較來認知、區別和確定事物之普遍性、相似性、特殊性和差異性，並判定彼此之間的關係；因此，比較研究（comparative research）成為常被運用的研究方法之一。根據國家教育研究院對「比較研究」名詞的解釋，有以下的描述：

> 依據目的指向，比較研究可分成求同比較和求異比較。求同比較是尋求不同事物的共同點以尋求事物發展的共同規律。求異比較是比較兩個事物的不同屬性，從而說明兩個事物的不同，以發現事物發生發展的特殊性。藉由對事物的「求同」與「求異」分析比較，可以使我們更加認識事物發展的多樣性與統一性。〔註3〕

〔註 2〕蒲薪羽，〈杜虹自然書寫研究〉，屏東：國立屏東大學中國語文學系碩士論文，2016 年。

〔註 3〕取自國家教育研究院雙語詞彙、學術名詞暨辭書資訊網，網址 https://reurl.cc/W3RpbD，擷取日期 2021 年 1 月 12 日。

綜上，筆者嘗試以文本比較的方法，分別對吳明益和杜虹的蝴蝶自然書寫進行比較研究。換句話說，在文本分析之後，進行文本比較，進而從中發現二位作家蝴蝶書寫之異同，探求其相同（統一性）與相異性（多樣性）。

本文以吳明益和杜虹蝴蝶自然書寫的文本為研究範圍，排除小說，分析比較二者之異同。吳明益的蝴蝶作品有《迷蝶誌》和《蝶道》，杜虹則有《比南方更南》、《有風走過》、《秋天的墾丁》、《南仁山森林世界：熱帶邊境生物多樣性》和《蝴蝶森林》。此外，也加上二本生態旅遊導覽手冊——吳明益為七星生態保育基金會認養的士林官邸所撰寫的《台北伊甸園：一本關於士林官邸歷史生態與延伸思考閱讀的手冊》和杜虹為屏東縣政府所撰寫的《相遇在風的海角——阿朗壹古道行旅》。本研究因涉及多文本的探討，範圍較廣，故文本分析的內容僅聚焦於蝴蝶書寫之部份；文本分析完後，筆者將於第五章嘗試比較二位作家蝴蝶書寫之異同，將從田野經驗、觀察視野和文學表現三個向度來比較。

第四節　文獻回顧與探討

一、首先，介紹有關吳明益自然書寫之研究概況：

談及臺灣的自然書寫，在創作與論述、佐證與辯證之間，幾乎都會引用吳明益的學說和觀點，因其在建構臺灣自然書寫並使其系統化和脈絡化有相當貢獻。吳明益較常被研究者引為佐證或辯證是一本修訂自他博士論文的著作《以書寫解放自然——台灣現代自然書寫的探索（1980～2002）》。〔註4〕在這本專著中，吳明益從當代臺灣自然書寫的界義、形成、演化和特質、西方自然書寫史、土地美學與環境倫理觀，到臺灣重要自然書寫者的創作內涵，都有相當精闢的闡述、探討和析論。

在論述臺灣自然書寫的歷程，吳明益在《臺灣自然書寫的作家論 1980～2002：以書寫解放自然 BOOK 2》〔註5〕一書中呈現出一個較為清晰的脈絡，因此以「影響整個社會的事件，以及在整個臺灣環境史上具有指標意義的事件」，與「出現某種新型態的自然與環境相關書寫，且此一書寫有延續的可能，

〔註4〕吳明益著，《以書寫解放自然：台灣現代自然書寫的探索》，臺北：大安，2004年。

〔註5〕參見吳明益，《臺灣自然書寫的作家論 1980～2002：以書寫解放自然 BOOK 2》，臺北：夏日，2012年。

或有後繼的追隨者」等觀察角度，嘗試為 1980 年以來的臺灣自然書寫發展劃分出演進時區。他提出的分期是：一、聽到土地的呼聲（1980～1985）；二、逐步演化出多樣性（1986～1995）；三、建立新倫理的摸索（1995～2000）。〔註6〕該書又以專章論述臺灣多位知名自然書寫作家的書寫歷程、特質和環境倫理觀（劉克襄、徐仁修、洪素麗、陳煌、陳玉峰、王家祥、廖鴻基和凌拂），提供筆者理解臺灣自然書寫的發展脈絡、價值評定及觀看視野，也為筆者在探討自然書寫的「環境倫理觀」時提供一定的參考價值和思考路徑。

　　吳明益另一本專著書《自然之心——從自然書寫到生態批評：以書寫解放自然 BOOK 3》〔註7〕為其重新回頭自我檢視自然書寫的歷程和成果之著。該書不僅有「論述」和「反思」，也擴及「生態批評」，對重要議題有更深入的討論與思考，也將原住民文學、濕地自然書寫納入其中。除了重要議題，也對「環境價值」和「土地態度」有專章的申論，其中〈一種照管土地的態度〉和〈傳遞知識是為了討論價值〉這二篇對於「環境價值」與「土地倫理」有深入論述，筆者可以藉此理解吳明益的環境倫理觀及其思想脈絡。

　　以上三本專著是吳明益自然書寫的論述，他企圖從自然書寫中的文學表述及其所透露出的環境倫理觀來觀看臺灣的「社會演化」，並從美學、倫理學和生態學等角度來評價臺灣這幾十年來自然書寫的典範作品，或對臺灣生態做批判和論述，提出新觀點。因此，筆者可藉這些專著來爬梳臺灣自然書寫與環境倫理的發展脈絡，回顧臺灣自然書寫的歷程。

　　簡義明《寂靜之聲——當代臺灣自然書寫的形成與發展（1979～2013）》，〔註8〕對臺灣現代自然書寫的進程亦有深入之探討。該書爬梳 1980 年代以後，這三十年臺灣自然書寫的脈絡，呈現出每個發展階段的重要議題和發展成果。書中深入分析臺灣多位重量級自然書寫作家的書寫策略和書寫特質，包括吳明益的《迷蝶誌》與《蝶道》，亦提及杜虹，因而能提供筆者檢視二位作家自然書寫的依據。

〔註6〕第一至三期參閱吳明益著，《以書寫解放自然：台灣現代自然書寫的探索》，頁198～213。另第四期：專業化、細膩化、分眾化的傾向已形成（2000～）參閱吳明益著，《自然之心——從自然書寫到生態批評：以書寫解放自然 BOOK 3》，臺北：夏日，2012 年，頁46。

〔註7〕參閱吳明益，《自然之心——從自然書寫到生態批評：以書寫解放自然 BOOK 3》，2012 年。

〔註8〕簡義明，《寂靜之聲——當代臺灣自然書寫的形成與發展（1979～2013）》，臺南：國立臺灣文學館，2013 年。

藍建春〈舞出幽微天啟——談吳明益的蝴蝶書寫〉〔註9〕以《迷蝶誌》與《蝶道》二部吳明益的代表性作品為分析範例。該文提出幾個問題：吳明益藉著蝴蝶看見了什麼？傳遞了什麼訊息？又留下哪些思索與體悟的痕跡？藍建春欲探究吳明益所謂的「幽微天啟」是什麼？又領受了哪些自然意志？該文透過知性與感性的啟示、文學與美學的實踐，將吳明益的蝴蝶密碼解鎖，有助於筆者理解「幽微天啟」可能的環境意識和文學意涵，並思索吳明益如何藉由蝴蝶的書寫展演出一場人與自然和諧共存的互動關係。

王鈺婷〈生態踏查與歷史記憶——從《迷蝶誌》到《蝶道》〉〔註10〕以蝴蝶為基點，帶領讀者走入吳明益舖下的一條人文歷史幽徑——包含蝴蝶生態習性與歷史環境變遷之論述，以及近代文明、歷史記憶與自然生態之間的辯證。王鈺婷認為吳明益用自然的視野來解讀臺灣土地的歷史記憶，又以環境史來解讀殖民歷史，亦嘗試從蝴蝶的遷徙來理解並想像臺灣——一個不斷變動的臺灣。該文隱喻了臺灣蝴蝶與臺灣歷史的微妙關係。

林柳君〈吳明益作品中的文化轉譯、美學實踐與隱喻政治〉〔註11〕探討文學與環境運動、環境議題之間的關係，以及文學家如何書寫自然。該文從三個層面進行探討：一、臺灣環境運動的社會背景，環境論述的社會力文化根源來自身體感知和權力認知，探討「身體權」、「環境權」等議題，以身體隱喻臺灣島的本體。二、文學之介入，探討臺灣當代自然書寫作家的光譜，以臺中市晨星出版社的「自然公園書系」為分析對象，並與吳明益《迷蝶誌》做比較，討論早期自然書寫困境和吳明益所採取的突圍策略。三、吳明益知識的實踐與作品的美學分析，其嘗試以文學編織感性與知性的話語，使作品兼具「知識轉化」與「文化轉譯」的效果。該文提供吳明益自然書寫策略和書寫特質之佐證，亦探討其如何將科學語言轉譯成文學語言。此三面向將提供筆者諸多思考之路徑。

藍依萍〈從《迷蝶誌》到《蝶道》——吳明益的蝴蝶書寫〉，〔註12〕探討

〔註 9〕陳明柔主編，藍建春著，〈舞出幽微天啟——談吳明益的蝴蝶書寫〉，《台灣的自然書寫》臺中：晨星，2006 年，頁 75～102。

〔註10〕陳明柔主編，王鈺婷著，〈生態踏查與歷史記憶——從《迷蝶誌》到《蝶道》〉，《台灣的自然書寫》，頁 103～125。

〔註11〕林柳君，〈吳明益作品中的文化轉譯、美學實踐與隱喻政治〉，新竹：國立清華大學臺灣文學研究所碩士論文，2011 年。

〔註12〕藍依萍，從《迷蝶誌》到《蝶道》——吳明益的蝴蝶書寫〉，臺東：國立臺東大學進修部暑期兒童文學所碩士班論文，2015 年。

吳明益《迷蝶誌》和《蝶道》二本創作中蝴蝶書寫的方式、特質和風格轉變。除此之外，也探討隱含於文本中的環境倫理觀和人文反思，並反映臺灣自然書寫的現況。尤其，從《迷蝶誌》到《蝶道》寫作風格轉換後所呈現的書寫特色、二書文本之比較和其他作家蝴蝶書寫之引介，皆提供筆者論述環境倫理觀、進行文本分析和比較時的重要參考。

二、繼之，筆者將介紹杜虹自然書寫研究之概況：

學術界專門論述杜虹的論文並不多見，以碩士學位論文居多。林雅玲〈軟派旅行文學──論杜虹自然旅行書寫〉，[註13] 對杜虹作品的探討聚焦於以自然為主題的「旅行書寫」，並將其自然書寫稱為「軟派旅行文學」。「旅行文學」做為一種文類，涉及科學、文學、美學和哲學等面向，尤其近年來女性行旅於自然的機會大增，因此有許多女性旅行文學作品的產出。該文首先比較男性和女性旅行文學之差異，再以杜虹《比南方更南》、《有風走過》與《秋天的墾丁》三本創作為討論核心，爬梳其自然旅行書寫的特質。「軟派旅行文學」書寫的意義在於軟派／陰柔／土地美學的自然旅行書寫，這是一種柔性的、貼近土地，與自然界等高，一種低姿態的關懷。林雅玲的論點對闡述杜虹的生態關懷和土地倫理具有參考價值。該篇論文是學術界少見的非學位論文、教授級的評論。

鄭宇辰〈書寫半島的美麗與哀愁──試論杜虹自然書寫的內涵與特質〉，[註14] 該期刊論文歸納出杜虹自然書寫的內涵與特質，透露其生態觀，並探討其蝴蝶書寫，特別是探討杜虹對恆春半島這一塊土地自然觀察和自然書寫的歷程。首先，介紹《比南方更南》、《有風走過》和《秋天的墾丁》三本散文作品的內容與特色；其次，聚焦於於恆春半島自然和人文的觀察。生態研究、解說員專業背景與女性敏銳纖細特質的融合，形塑杜虹知性、理性與感性交織的敘述姿態，成為其書寫的特色。最後，總結上述作品的分析，歸納出杜虹自然書寫的內涵與特質。

鄭宇辰另一部更全面性探究杜虹的自然書寫為其學位論文──〈指引一條綠色小徑：臺灣自然書寫者之旅遊導覽研究〉。[註15] 該篇論文以五位自

〔註13〕臺中技術學院應用中文系主編，林雅玲著，〈軟派旅行文學──論杜虹自然旅行書寫〉，《臺灣旅遊文學論文集》，臺北：五南，2006 年，頁 175～195。

〔註14〕鄭宇辰，〈書寫半島的美麗與哀愁──試論杜虹自然書寫的內涵與特質〉，《國立臺北教育大學語文集刊》第 16 期，2009 年 7 月，頁 169～193。

〔註15〕鄭宇辰，〈指引一條綠色小徑：臺灣自然書寫者之旅遊導覽研究〉，臺南：國立成功大學現代文學研究所碩士論文，2011 年。

然書寫者（吳永華、陳世一、杜虹、劉克襄和吳明益）曾出版的旅遊導覽手冊為文本分析對象。1990 年代，旅遊風氣盛行，形成一個契機，讓旅行成為一種引介；杜虹亦嘗試結合自然觀察與旅行，引人們走進自然，使旅行成為關懷自然的途徑。杜虹應地方政府之邀投入自然旅遊導覽手冊的編寫，除了提供實用性的資訊外，亦於導覽行文中向讀者傳遞一種人與自然的相處之道，使導覽手冊成為一種傳遞作者意念的新形式。該文有一段節錄自杜虹官方出版品導覽手冊的蝴蝶書寫，傳達了她的生態觀，鄭宇辰分別從「書寫半島的美麗與哀愁：杜虹的自然書寫歷程」和「讓官方出版品持回生命力：引領旅人感知的生動性解說」來介紹杜虹及其作品。前者介紹杜虹的背景和書寫歷程；後者介紹杜虹的書寫如何翻轉官方出版品的保守形式，賦予導覽手冊另一種生命力。鄭宇辰又以一完整的章節，討論吳明益從蝴蝶到水濱的創作歷程，回應其自然與自我之詰問的創作風格，亦有助於筆者思索吳明益自然書寫之轉變。

　　曾怡蓁學位論文〈屏東地景書寫研究──以在地作家散文作品為對象〉，〔註16〕該文以六位屏東在地作家──陳冠學、曾寬、周芬伶、李敏勇、郭漢辰和杜虹的散文作品為研究對象，經由作家作品的整理爬梳，曾怡蓁試圖畫出屏東文學更完整的輪廓，深入探討屏東的自然、人文與在地文學之特色，呈現作家家鄉地景的空間意義和庶民生活記憶的情感。杜虹是這六位作家之一，她的書寫主要以恆春半島為文學地景，展現南方文學的地方感和視野，並聚焦於環境與生態關懷，呈現屏東在地的自然觀察與環境生態省思。曾怡蓁的觀點提供探究杜虹自然書寫歷程和書寫特色之佐證或參考；該文的第四章〈屏東地景的意象與象徵〉，特別對於杜虹自然書寫的人文地景、在地性、親切感和地方感有深入的探討。

　　徐震宇博士學位論文〈屏東地區現代文學之研究，〔註17〕是第一本關於屏東地區「現代文學發展史」的專著。屏東縣早已有《屏東縣美術發展史》和《屏東縣音樂發展概說》，卻沒有「文學發展」之專門著述。徐震宇在前人的基礎上，整理出屏東地區現代文學的風華，將屏東現代文學劃分為「日治時期、光復到戒嚴前、戒嚴後迄今」三個時期。徐震宇從「屏東作家作品」裡，

〔註16〕曾怡蓁，〈屏東地景書寫研究──以在地作家散文作品為對象〉，屏東：國立屏東大學中國語文研究所碩士論文，2012 年。

〔註17〕徐震宇，〈屏東地區現代文學之研究〉，高雄：國立高雄師範大學國文學系博士論文，2013 年。

歸納這塊土地的文學資產，發現屏東現代文學作家的成就，從而賞析屏東區域的風土人情和文學之美。其中，杜虹被徐震宇歸於細膩抒情的女性文學作家，其《秋天的墾丁》被歸類「結合攝影、觀察和報導」的報導文學。徐震宇也借用人文地理學，說明地方、空間和地景等概念，為區域文學作論述。

學術界專門探究杜虹的論文尚在起步階段，蒲薪羽〈杜虹自然書寫研究〉是先驅之作。〔註18〕該篇論文研究範圍以杜虹自然書寫的散文出版品為主軸，以發表於報章刊物尚未集結成書的文學作品為輔，包括杜虹行走、觀察、解說、生活於墾丁國家公園所見的自然景觀及所感受的風土民情，也包括了她行旅於山巔與海濱、本島與外島的見聞與旅情。杜虹擅長書寫墾丁的自然生態和風土民情，在動物書寫方面以候鳥和墾丁國家公園的小動物為主要對象，近年尤以蝴蝶的書寫聞名。蒲薪羽論文中有六頁提及蝴蝶生態，是研究杜虹蝴蝶書寫的重要參考資料。該篇論文亦試圖從杜虹文本中評析其寫作形式、行文風格和觀點視角，兼及作家背景、經歷與文學創作歷程等論述；該篇作者亦多次和作家直接進行訪談，呈現多處作家的訪談記錄，對杜虹自然書寫的創作理念與文學成就能提供第一手資料和全方位的論述，是筆者研究杜虹自然書寫的重要學術參考資料。

第五節　章節架構與安排

本論文分六章，分別是：第一章緒論，第二章臺灣自然書寫中的蝴蝶書寫，第三章吳明益的環境倫理觀及蝴蝶書寫，第四章杜虹的環境倫理觀及蝴蝶書寫，第五章吳明益與杜虹蝴蝶書寫的比較，以及第六章結論。各章節架構安排如下：

第一章緒論，分五小節，先介紹本論文整體的設計與目標。第一節研究背景與重要性：先概述臺灣自然書寫的發展脈絡、涉入之議題，以及論述本研究的重要性。第二節研究動機與目的：說明筆者為何會以吳明益和杜虹的蝴蝶自然書寫為研究對象，以及本研究的目的為何。學術界尚未有人做吳明益和杜虹二位作家蝴蝶書寫之比較，故本研究是一個初探。第三節研究方法與範圍：研究方法為文本分析法和比較研究法；研究範圍以吳明益和杜虹的蝴蝶自然書寫為文本分析與比較的對象，共計九本著作。第四節文獻回顧與探討：包括相關

〔註18〕蒲薪羽，〈杜虹自然書寫研究〉，2016 年。

的專著、期刊和論文等的分析與回顧。第五節章節架構與安排，提出本論文的研究框架。

　　第二章探討臺灣自然書寫中的蝴蝶書寫，分三小節。第一節綜整臺灣自然書寫的發展概況，首先爬梳臺灣自然書寫之脈絡，從 80 年代「環境保護」的思維，到 90 年代跳脫「環境保護」，進入「人與自然和諧共處」的新倫理與新思維，再步入 2000 年以後專業化、細膩化與分眾化的趨勢，最後進入 2010 年後再演化後的新自然書寫。其次，於第二節爬梳自然書寫者的環境倫理主張，環境倫理源自西方，本節呈現自然書寫者引進臺灣的重要環境倫理觀，有亨利・大衛・梭羅、約翰・謬爾、李奧帕德和瑞秋・卡森之觀點。最後，於第三節探討臺灣蝴蝶書寫的興起，蝴蝶書寫是動物書寫下的次文類，而動物書寫屬自然書寫的一支，本節將爬梳臺灣蝴蝶自然書寫的發展脈絡。

　　第三章探討吳明益的環境倫理觀及蝴蝶自然書寫，分三小節。第一節論述吳明益的環境倫理觀，論述為何他說自己屬「溫和的人類中心主義」倫理觀，提出其說詞佐證及筆者之意見；第二節針對吳明益的蝴蝶書寫做文本分析；第三節綜整和歸納吳明益自然書寫的特質。

　　第四章探討杜虹的環境倫理觀及蝴蝶自然書寫，分三小節。第一節論述杜虹的環境倫理觀，說明其「生態中心」的倫理觀，並提出佐證及筆者之意見；第二節針對杜虹的蝴蝶書寫做文本分析；第三節綜整和歸納杜虹自然書寫的特質。

　　第五章吳明益與杜虹蝴蝶書寫的比較，分三小節。第一節比較二者田野之經驗；第二節比較二者觀察之視野；第三節比較二者文學之表現。筆者將於文本分析之後進行比較，呈現其異同。

　　第六章結論，分二小節。第一節提出主要發現，呈現本論文的研究發現和研究價值；第二節反省本研究不足之處，提示未來可以發展的課題和指出未來努力的方向。

第二章 臺灣自然書寫中的蝴蝶書寫

　　臺灣的「自然書寫」（nature writing）源於「因環境崩壞、為自然發聲」背景下所發展出的一種文類，是兼具「科學知識和文學語言」的文類，過去在文學界的用詞並不一致，有多種的賦名，有稱為田園文學、生態文學、荒野文學、自然主義文學，也有稱環境文學或自然寫作等。早期常以報導文學的類型呈現，在定義上並無普遍之共識或明顯之界線，較一致的看法認為它必須根植於豐富的田野經驗和扎實的生態觀察上，這是一種非傳統的文類和非虛構的文學。近年來，「自然書寫」一詞廣為文學界和一般讀者所熟悉和接受，已成為新興的文學類型，且成為環境論述重要的一支。本章將依次探討臺灣自然書寫的發展概況、自然書寫者的環境倫理主張和臺灣蝴蝶書寫的興起。

第一節　臺灣的自然書寫發展概況

　　欲探討臺灣的自然書寫發展概況，首先需對「自然書寫」進行了解。前臺灣文學館館長廖振富對自然書寫曾有以下扼要的表述：「以『臺灣』為基地所衍生的自然書寫作品，內容涵攝在地的山川草木、蟲魚鳥獸，同時觸及土地倫理與環境關懷。」〔註1〕這段引文，得知自然書寫包含三個重要的元素：自然萬物、土地倫理和環境關懷。《小森的筆記：自然書寫的時光》一書對臺灣當代自然書寫也有以下的歸納：

　　　　一、主要描寫「人」和「自然」的互動的關係。二、實際的自然體

〔註1〕廖振富，〈館長序〉，收錄於林佳靜《小森的筆記：自然書寫的時光》，臺南：
　　　　國立臺灣文學館，2018 年，頁 2。

驗，是寫作的必要經驗。三、自然知識的運用，常是書寫的寫作材料。四、常以個人敘述來書寫「我」的親身經歷。五、寫作者具有博學知識，可寫成特別的作品。六、作品呈現寫作者「覺醒與尊重」的價值觀。〔註2〕

更早，吳明益在自然書寫方面已奠定相當扎實之基礎，他曾以「自然書寫」作為 nature writing 的中文翻譯，而本文亦從他對自然書寫的解釋和界義，歸納出自然書寫的幾個要素：一、揉合「文學性」和「科學性」。二、「自然體驗」是加諸於作者身上的要求。三、書寫內容與環境議題和環境倫理有關。〔註3〕綜上要點，可以得知：「自然書寫是一種揉和觀察、實驗、記錄、感性聯想的書寫方式。在處理的內容上，則是結合了歷史、生態知識、倫理思考。」〔註4〕這是吳明益對自然書寫的界義。

簡義明對自然書寫也有以下的定義：

> 「自然書寫」（Nature Writing）是當代台灣文學中最有活力與創造力的類型之一。它呈現出一種人與自然互動的理智建構和情感結果。在傳統古典文學中，文人通常是將「自然」當作是心志的寄託對象，用以抒情，表達內心風景，「自然」本身的存在價值與環境意義容易被忽略與架空。而當代的「自然書寫」則會把「自然」當作是一個重要的理解和觀察對象，作家藉由知性的態度與方法，重構自然世界的生態秩序，並用以反思當前世界的生存與環境問題。〔註5〕

簡義明將自然書寫亦視為一種「人與互動的結果」，兼具情感、知性、理性和反思，不同於古人的借景抒情、寄託心志，自然書寫強調自然的價值和意義，自然已然是個「重要的理解和觀察對象」，並強調對環境的反思和覺醒。

關於自然書寫的起源，有學者認為臺灣的自然書寫崛起於 80 年代，這與自然保育觀念和環保意識覺醒有關，並將之放在全球化的脈絡來看待，不再以資本主義為主要的批判對象。但更多人直指資本主義的現代化和工業化才是

〔註2〕林佳靜，《小森的筆記：自然書寫的時光》，頁 14～15。該書改寫自國立臺灣文學館 2013 年出版，「臺灣文學史長編」之《寂靜之聲——當代臺灣自然書寫的形成與發展（1979～2013）》一書。

〔註3〕吳明益，《以書寫解放自然：臺灣現代自然書寫的探索（1980～2002）》，頁 9。

〔註4〕吳明益，《以書寫解放自然：臺灣現代自然書寫的探索（1980～2002）》，頁 32。

〔註5〕簡義明，〈土地的心跳與文學的胎動——當代「自然書寫」的意義與啟示〉，教育部人權教育諮詢暨資源中心網站，網址 http://hre.pro.edu.tw/bedu/4269，擷取日期 2021 年 7 月 1 日。

臺灣環境惡化的殺手，一味的追求經濟發展和工業文明，強化了人類的功利主義，導致大自然迫害和崩壞，才是臺灣環保運動與自然寫作興起的主要背景與原因。

80 年代初，知名生態攝影家和作家，也是臺灣環保運動先驅——徐仁修（1946～）就以影像和文字記錄異國蠻荒的經歷，也寫下臺灣荒野之美和對這片土地的眷戀。他深入異國蠻荒雨林，帶回第一手記錄；也上山下海，踏遍臺灣荒野，書寫臺灣的荒野情，展現對故園鄉土的關懷，其行文富人文思考和土地情感。《月落蠻荒》是徐仁修「蠻荒探險系列」的第一本書（1977），〔註6〕記錄了 1970 年代他以農業技術團的身分外派尼加拉瓜，於工作之餘在蠻荒之地的探險經歷。回臺之後，徐仁修陸續有許多攝影集和散文自然書寫系列出版。1995 年 6 月 25 日，他成立臺灣第一個、也是會員最多的環保組織——荒野保護協會，以籌款購買荒地保留生態和物種為宗旨。他的動物書寫以臺灣獼猴、小白鷺和黃頭鷺著稱。

1982 年，劉克襄（1957～）以鳥類生態作為散文創作題材，出版詩集《河下游》（1978）、〔註7〕自然著作《旅次札記》（1982），〔註8〕為臺灣自然書寫開啟扉頁，吳明益更稱其為「自然文學的先行者」。〔註9〕劉克襄對鳥類觀察入微、書寫細膩，被喻為「鳥人」。後來，劉克襄又以鳥類作為輻射點，創作題材擴及其他自然領域。他走入大自然，以踏查和旅行的方式，使土地美學成為文學的重要元素，不僅寫鳥，也寫鯨魚、野狗、小鎮、古道和鐵道，還有花草樹木以及對大自然的情懷。從早期的自然觀察，到後來的動物小說，以及晚近的人文旅行，劉克襄展現出不同的創作風格和自然書寫的各種可能性，例如：以詩、散文、小說、書信、繪本和觀察日記等形式來呈現。

韓韓（1948～）和馬以工（1948～）合著《我們只有一個地球》（1983），〔註10〕這是臺灣第一本關懷自己生活環境的創作書籍，書中內文於 1981 年在《聯合報》〈聯合副刊〉連載，是臺灣「環境議題」的最早報導，並引起讀者廣大的迴響。二位作家作為臺灣環保運動的女性先驅者，讓人聯想到美國自然作

〔註 6〕徐仁修，《月落蠻荒》，臺北：遠流，2000 年。該書初版於 1977 年出版。
〔註 7〕劉資懷，《河下游》，自費出版，1978 年。（劉資懷乃劉克襄筆名，也是三歲前的本名）
〔註 8〕劉克襄，《旅次札記》，臺北：時報文化，1982 年。
〔註 9〕吳明益，《以書寫解放自然：臺灣現代自然書寫的探索（1980～2002）》，頁 200。
〔註 10〕韓韓，馬以工，《我們只有一個地球》，臺北：九歌，1983 年。

家瑞秋‧卡森的《寂靜的春天》，[註11] 她提醒世人農藥、DDT 等化學物質的可怕，最後促使美國政府制定環境政策法。同樣的，在日本則有有吉佐和子在《朝日新聞》晨間版連載〈公害與你〉。[註12] 韓韓、馬以工亦如瑞秋‧卡森和有吉佐和子般展現女性文字的力量，鼓吹環境保護的重要，喚起民眾的環保意識，釐清生態學觀念並建立新觀念，對當時的公害污染、環境剝削、稀有動物之保護、自然環境保護區和國家公園之設立尤為關心和戮力。她們大聲疾呼，呼籲政府正視環境問題並藉由書寫嘗試推展一套新的人與環境的哲學觀。後來，臺灣的環保運動常以「我們只有一個地球」或「我們只有一個臺灣」做為訴求口號，進而促使更多環保行動與實踐的產生，足見她們當時的影響力。

陳冠學（1934～2011）透過《田園之秋》（1983）[註13] 描寫他棄教職回歸自然的生活，呈現一種「田園或牧歌式」的書寫。他以日記的體裁、敏銳細膩的觀察力、自然樸實的文字書寫自己粗茶淡飯、自給自足的田園日常，也描寫農村野生動植物、生態環境、地理景觀、天文氣象，以及對農村生活之觀察，流露對大武山的依戀與崇敬，並引老莊思想與自己對話，以探求人生哲理。書中分〈初秋〉、〈仲秋〉和〈晚秋〉三部分，始於 9 月 1 日，終於 11 月 30 日，共 91 日，篇篇皆是其歸隱田園後，晴耕雨讀的生活日常實錄，呈現南國農村的自然和諧與寧靜之美，被視為臺灣自然書寫的經典之作。

洪素麗（1947～），臺灣大學中文系畢業，赴美習畫，現為旅居國外的散文家、專業畫家，也是資深的賞鳥人。1979 年，開始關心自然，曾研修海岸生物課程，並以版畫和油畫描繪野生動植物，常以大自然為創作題材，作品被世界多座美術館收藏。她的文學作品《守望的魚》[註14] 最早的版本（1984）約莫與劉克襄賞鳥處女作《旅次札記》（1982）差不多時間問世。楊照曾說：

> 以出道早遲及寫作年資為標準來排台灣「自然寫作」的系譜的話，
> 洪素麗應該算是這個重要文類領域裡的前輩。她的《守望的魚》最
> 早的版本（由前衛出版社印行）問世的時間，與劉克襄賞鳥處女作

[註11] 瑞秋‧露意絲‧卡森（Rachel Louise Carson，1907～1964），美國海洋生物學家，其著作《寂靜的春天》（Silent Spring）引發美國和全世界對環境保護工作的重視。

[註12] 參見有吉佐和子著，《公害與你》，臺北：臺灣地球日，1993 年。

[註13] 陳冠學，《田園之秋》，臺北：東方，2006 年。該書初版於 1993 年由前衛出版。

[註14] 洪素麗，《守望的魚》，有二個版本，其一為臺北：前衛，1984 年。其二為臺中：晨星，1986 年。

> 《旅次札記》約莫相同。那時節，台灣根本沒有什麼「自然寫作」
> 的概念，甚至連「環保」都才剛引進在少數學者菁英圈內流傳而已。
> 從文學史上看，在《旅次札記》及《守望的魚》之前，只有徐仁修
> 的一些蠻荒歷險記，除此之外，「以文字探索自然」這條路途上，是
> 一片荒蕪。〔註15〕

由這段引文可見，在臺灣「自然寫作」的系譜裡，徐仁修、劉克襄和洪素麗算是此文類書寫的重要前輩；除此，在 1980 年代自然書寫一如楊照所言是「一片荒蕪」。韓韓和馬以工《我們只有一個地球》在當時〈聯合副刊〉連載時，引起了迴響，並榮獲 71 年度金鼎獎，而且在後來的環境運動上發揮極大影響力。無疑的，在自然書寫這一片荒蕪裡，韓韓和馬以工也算是重要前輩。

許多論者將韓韓和馬以工《我們只有一個地球》視為自然書寫的「揭幕之作」，但吳明益認為在此之前，已有徐仁修零星的叢林蠻荒之作、劉克襄的《旅次札記》和徐如林的《孤鷹行》。〔註16〕因此，筆者從吳明益和楊照之觀點，將徐仁修的蠻荒之作視為臺灣自然書寫的「揭幕之作」，而將《我們只有一個地球》視為掀起環保議題的「點火之作」。

這些早期知名的自然書寫作家從文學出發跨界到自然領域，移動在自然領域和文學世界之間，從未離開土地現場，或沿著歷史脈絡踏查先人足跡走去，或以行旅踏查、另闢蹊徑方式發現臺灣。最後以自然為墨、文學為筆來書寫、記錄臺灣生態或論述環保議題，為當時的臺灣文學開啟新的一頁。

楊照曾謂早期的自然書寫有著「焦慮不安」，劉克襄甚至曾以「濫情」來形容之；然而，筆者認為早期自然書寫作家這種沮喪且沉重之心正是與社會互動之後的交織情緒，亦深信點火者其有「點火者的價值」，若沒吹哨者點燃這第一把火，怎能引起政府和社會大眾的關注？當時臺灣的社會對環境保護相當漠視，甚且無知，環境生態的觀念也尚未建立，於是較敏感且有意識的作家將自然書寫作為一種策略和進路，尋找因應之道，並積極扮演催化者、推動者或社會行動者的角色，為臺灣的環境保護發聲。無論是說教、吶喊或大聲疾呼，筆者認為這些都是喚醒當時無知社會大眾的實然與必然之策略與行動。在那大時空之下，對於環境議題的書寫自有其特殊的背景和路徑，因此筆者不太

〔註15〕楊照，〈守望敗壞的天空——評洪素麗散文集《尋找一隻鳥的名字》〉，《臺灣光華雜誌》，1995 年 5 月。取自臺灣光華雜誌網站，網址 https://reurl.cc/Rr31Le，擷取日期 2022 年 6 月 29 日。

〔註16〕徐如林，《孤鷹行》，臺中：晨星，2017 年。該書最早出版於 1978 年。

苟同早期自然書寫作家被指控為「濫情」或「焦慮」。即便如此,這些先行者都為臺灣的土地取得了發言權,他們凝聚力量、喚起意識,為環境保護所做的每一分努力和所發揮的每一份影響力,都是值得肯定的。筆者亦發現同一世代的許多友人之環保意識深受《我們只有一個地球》所啟蒙和影響,即可得到部分之佐證。

1990 年代以後,後繼的自然書寫作家人才輩出,他們跳脫以「環境保護」和以「人類為中心」的思考框架,以及「以人的力量去保護地球」的傳統思維,呈現新的自然書寫樣貌和新的環境倫理思維,或走進山林、或遠離陸地、或漂向海洋、或找尋自己的天空、或回歸自己的荒野,進行更寬廣遼闊或更具個人風格的自然書寫,甚至先己身參與社會行動而後展開書寫。這一代自然書寫作家,有書寫山林的陳列(1946～)、書寫植物和山林的陳玉峯(1953～)、書寫老鷹的沈振中(1954～)、書寫海洋和鯨豚的廖鴻基(1957～)、書寫海洋和飛魚的夏曼・藍波安(1957～)、書寫自然荒野的王家祥(1966～)等人,他們的作品含括山林、荒野、海洋和動植物的書寫,具當代之意義、價值和代表性。

2000 年前後,自然書寫者有書寫蝴蝶、蛾和其他昆蟲的王瑞香(1952～),書寫蝴蝶、候鳥等動物和熱帶植物自然生態的杜虹(1964～),以採訪和報導文學與聲音地景為路徑的范欽慧(1965～),書寫蝴蝶和水岸的吳明益(1971～),以及書寫水生植物的李曉菁(1975～)等,這些幾乎都是當時臺灣新生代的自然書寫作家,而蝴蝶的書寫蔚為風氣,可謂黃金時期。

2010 年後,除書寫蝴蝶詩的張日郡崛起於文壇外,當代似乎尚未有讓一般讀者耳熟能詳的新世代自然書寫作家出現,是否代表自然書寫先暫告段落或已趨式微?吳明益不以為然。他在〈安靜的演化——我對近幾年臺灣自然導向文學出版的看法〉一文中,開篇即表示:

> 臺灣的自然書寫正在演化,演化的趨勢是:科普作品會持續出現,且愈見多元,具有感性文筆的科學研究者會更願意寫作「和個人經驗有關」的自然相關著作;而文學出發的作者,會動搖「純文學」的定義,類型文學會更加蓬勃,而也會有愈來愈多喜歡文學的下一代,同時具有難以取代的自然體驗,寫出「根植於臺灣」的自然書寫。〔註17〕

〔註17〕取自博客來閱讀生活誌作家讀書筆記網站,網址 https://okapi.books.com.tw/article/14072,擷取日期 2021 年 2 月 5 日。

新世代的自然書寫作家與前輩作家因生活經驗和生命記憶不同，而演化出不同的視野，文學思考路徑亦和前人大不相同，其自然書寫的文學體質與過往也不能相提並論。吳明益在該文中提到幾位令他驚豔的自然書寫作家，有使女性自然主義聲譜圖中之聲景音域擴大的新進女性寫作者——劉崇鳳與張卉君；還有主修昆蟲，跨界地理，對文學充滿熱情的徐振甫等人。吳明益認為這些都是值得注意的新銳自然書寫作家。

吳明益認為現代自然書寫的演化不同以往——自然和文學彼此有愈來愈趨近之現象。此外，他也提及：「……但這五年內出現的女性自然書寫者，恐怕在這類作者裡比例過半，這在過去四十年來的台灣自然書寫史裡在比例上之高是罕見的。」〔註18〕女性自然書寫作家比例過半，這意味著什麼？將是一個很重要的觀察點。依吳明益的觀點，自然書寫的新世代已然來臨，勢必帶來與前人不一樣的風格和樣貌，是今後值得觀察且令人期待的一刻。

臺灣自然書寫從 1980 年代萌芽，歷經 1990 年代的蛻變，2000 年的成熟和 2010 年的演化，在書寫的內容上愈趨成熟，表現形式也愈趨多元。從自然書寫的學術論文探討和自然書寫的出版系統來察看，可以發現 1990 年至 2010 年這二十年間是臺灣自然書寫的黃金時期。2010 年以後，吳明益雖不認為自然書寫已趨式微，但無論從知識界的學術論文之探討，或從出版系統的自然書寫之出版品來觀看，筆者認為當今的自然書寫的確無法與 1990 年至 2010 年間的蓬勃發展同日而語了。

臺灣自然書寫愈來愈多元，它的多樣性也從各種對生態環境的觀察記錄到報導文學，進而有散文、詩、書信、日記、繪本和區域誌等形式的作品出現，展現多元的新面向。雖然在數量與深度上無法與西方自然主義的文學作品相提並論，但自然書寫成為臺灣文學中重要的一種文體，已毋庸置疑，誠如簡義明所言：「自然書寫是當代台灣文學中最有活力與創造力的類型之一。」〔註19〕自然書寫作家幾乎擁有良好的形象，在臺灣當代文學史上普遍獲得正面的評價，甚至佔有一席之地，銘刻了一個重要的文學位置。

〔註18〕取自博客來閱讀生活誌作家讀書筆記網站，網址 https://okapi.books.com.tw/article/14072，擷取日期 2021 年 2 月 5 日。

〔註19〕簡義明，〈土地的心跳與文學的胎動——當代「自然書寫」的意義與啟示〉，教育部人權教育諮詢暨資源中心網站，網址 http://hre.pro.edu.tw/bedu/4269，擷取日期 2021 年 7 月 1 日。

第二節　自然書寫者的環境倫理主張

一、環境倫理觀的進程

　　古人道法自然，不違四時。曾幾何時，「人定勝天」和「人是萬物之靈」的信仰被奉為圭臬，導致自然律動和自然法則被破壞摧殘。天地無法言語，亦無法表達苦痛，所幸在一、二世紀前即有環保先知努力召喚人類的記憶和良知，為修護環境和保護自然而努力。

　　過去人只講究人際倫理，但倫理不能只有處理人與人、人與社會的關係。人生活在自然中，是自然裡的一員，與自然環境之間形成緊緊相偎相依的共生關係；自然是一個生態系統，人也是此生態系統的一員，一旦此生態系統遭受迫害，勢必影響其他物種和人類的存亡。人與自然既是息息相關，因之，人也需要思考和尋求一種與大自然的相處模式與倫理關係，規範人的權利和義務，使萬物適得其所。這是人類對自然的自我規範，是一種態度，一種價值，一種承諾，也是一種責任，而這種的倫理展現就是所謂的「環境倫理」。不顧環境倫理將導致權利的誤用、濫用，造成環境的迫害，臺灣過去諸多的環境問題，如：濫砍濫伐、濫捕濫殺、濫墾濫植、環境汙染、不當開發和外來種肆虐等，在在顯示我們對環境倫理的漠視和違逆。

　　環境倫理觀一直是自然書寫裡的核心價值，它是人類與整體大自然進行互動時，所秉持的一種思維、信仰和意念，而其交織而成的這套價值體系，可以指引環境社會運動的實踐或進行價值判斷。易言之，這是一種看待自然的態度、一種對待生命的方式、一種對待土地的情感、一種人類與自然的相處之道或是一門對生命的詮釋學。環境倫理學為一門新興的科學，探討如何關懷、重視、履行保護自然環境責任的理論與實務，其名稱源自 1979 年《環境倫理期刊》（The Journal of Environmental），發展至今僅有四十年歷史，其內涵包括倫理之探討，也涉及美學、科學、經濟和政治的議題。〔註20〕

　　吳明益也指出：

> 人與整體自然環境進行互動時，所秉持的思維，與所產生的反省與反省所產生的價值體系，稱為環境價值觀（environmental values）或環境倫理觀（environmental ethics）。不同的環境倫理觀對與環境互

〔註20〕參見楊冠政，《環境倫理概論（上）》，新北：大開資訊，2011 年，頁 40。

動時秉持的「價值判斷」各有不同。〔註21〕

每個人與自然有著不同的互動方式和思維模式，因此有著不同的環境倫理觀。

環境倫理觀的發展可粗略分三個進程，更細緻的分類先行研究者已探討至深，本文僅略述如下：

（一）第一時期：人類為中心的環境倫觀

人類進入工業文明後，丟棄了原本與環境互動的和諧關係，改以「人類為地球中心」的本位思考來論述環境的價值，這是一種「人類自利導向」的思維模式。生態學者陳玉峰曾說：

> 自我中心的鼻祖淵源流長，可追溯至自私基因，……自十七世紀以降，追求個人利益、自由主義、自由市場等等，對資源作最大利用的思潮，係資本主義的根本依據，也就是目前世界實質的主流。〔註22〕

資本主義講究追求個人利益和自由，並使其利益達到最大化，成為近代思想的主流，也導致自然資源被濫用，自然環境遭受迫害。

吳明益對人類中心主義也有以下的定義：

> ……意即主張人類在道德上僅考慮人類的利益，因此，對人類有利是唯一的道德考量。且人類在價值上優於其它萬物，且僅有人類具內在價值與道德判斷。〔註23〕

這段引文明確指出人類中心主義是以人為唯一和優先的考量，人類不同於萬物，還優於其他萬物；不僅有內具價值，亦具道德的價值判斷資格和能力，且傲驕的否定其他萬物的價值。

人類在文明之前，曾經可以與萬物和諧共處，分享土地和地上資源，只取所需的那一部分；資本主義盛行後，土地開始私有化，貪婪之心漸起，一切追求效率和最大化。過去，人類慣以為自己是自然的主宰，秉持「自我中心」的思維和「人定勝天」的信念，對動物濫捕濫殺，對植物濫砍濫伐，對土地濫墾濫種，對大自然資源濫用誤用，以及對大自然美景予取予求，諸如此類「不珍惜」和「征服」的心態和行為，都是一種以「人類為中心的環境倫觀」。這種自我中心的倫理觀易流於弱肉強食，耗盡地球上共有之自然資源，是一種

〔註21〕吳明益，《以書寫解放自然──臺灣現代自然書寫的探索 1980～2002》，頁246。

〔註22〕陳玉峯，《土地倫理與 921 大地震》，臺北：前衛，2000 年，頁 42～43。

〔註23〕吳明益，《臺灣自然寫作選》，臺北：二魚文化，2003 年，頁 21。

「唯利主義」和「唯用主義」，對環境極度不友善，亦缺乏社會公平與正義。

（二）第二時期：生命中心的環境倫理觀

及至環境保護觀念萌芽和環保意識覺醒，人類方有一絲覺明，開始學習尊重生命，不任意迫害大自然，不再濫捕、濫殺、濫砍、濫伐、濫用和對大自然予取予求，「動物權」、「尊重生命」和「尊敬自然」的觀念開始被關注和主張。人類雖意識到其他生命的存在和價值，但仍以自我為世界的中心和重心，這就是所謂的「生命中心的環境倫理觀」。陳玉峯認為：

> 以人類為中心的「人執」觀，其倫理學的根源可以邊沁（Bentham）的功利主義（Utilitarianism）為代表，強調「為最多人做最大的善」、「社會整體利益優先」、「己所不欲，勿施於人」、「為最多人做最大的善」，……當代「汙染者付費」概念亦脫胎於此。〔註24〕

從上述的論點可知，此階段之倫理觀仍強調「人」的價值，雖高於「人類為中心的環境倫觀」之層次，但仍把土地等自然資源視同商品，人類還是大自然的主宰。換言之，人的位階仍高於其他物種之生命，是土地的管理者和放牧者，是自然資源優先的使用者；土地隸屬於人類，是人類的管轄區，自然資源亦是人類的資產。因此，在此一階段，人類對於環境的污染和自然的迫害未必感到愧疚而有羞恥心。

（三）第三時期：生態中心的環境倫理觀

環境保育後來成為一種普世價值。大自然裡的萬物，無論是有生命的動物、植物或是沒有生命的礦物；無論山林原野或河流海洋；無論天上飛的或是地上爬的；凡天地之間的所有萬物位階皆相等，沒有高低、上下、好壞、優劣、貴賤之分。人類意識到自己只是萬物的一種，認知到自己只是自然界的一員，亦覺悟尊重生命價值和善盡環境保護是為人者的責任。人類若能善盡責任，則萬物皆能按照自然的生存法則，在自然裡共生共存，共榮共好；或者，在自然裡自自然然的消長、淘汰、滅絕或演進。能夠如此，則地球生態始能維持一種動態的和諧與平衡，這就是所謂的「生態中心的環境倫理觀」。陳玉峯認為：

> 此倫理觀源自自然是一開放性系統，別於傳統科學的物、化定律的密閉性，……自然是複雜網脈、連續變化、相互牽連的總體論；代

〔註24〕陳玉峯，《土地倫理與921大地震》，頁43。

　　表性人物如李奧波（Leopold）〔註25〕之直接肯定生命歧異度、生態
　　系歧異度本身即是一種「善」。〔註26〕

生態中心的環境倫理觀以自然整體為中心，肯定所有生命的歧異，歧異度意味
著所有生命各具「內在性價值」。此生態觀亦強調生態系的「總體論」或「整
全性」（holism），生態系多樣且複雜，無法切割，亦無法化約。

　　「內在性價值」相對於「工具性價值」，強調生命與生俱來且不附帶任何
條件的價值。「工具性價值是利用某種東西作為達到目的的手段；內在性價值
是事物本身所具備的價值，而毋須涉及其他附帶討論。」〔註27〕過去，人類將
自然視為具有工具性價值的存在，予取予求，人類才是內在性價值唯一的擁有
者。生態中心環境倫理觀的論者肯定所有生命價值和強調生命無位階；亦即，
萬物皆有與生俱來之內在性價值。總的來說，生態系是一張複雜的網，交織著
各種生命的內在性價值。

　　生態中心是最高層次的環境倫理觀，筆者認為一般人或許能擁有此概念，
但仍難以內化於心或落實在生活中；從事環境保育的工作者、自然書寫者或自
我要求較高者，或可以勉勵自己到達此一層次。此階段即使難以真正抵達，但
仍可為趨近目標而努力；一般人可將此視為一種情操或生活態度，作為人一生
中一條值得努力的路徑或一個追尋的目標。

　　爬梳環境倫理發展的軌跡，可以整理出以下的順序：人與自然間的互動與
角色，由早期的「人類為中心」的環境倫理觀，邁入到「生命中心」的環境倫
理觀，再進化至「生態中心」的環境倫理觀。環境倫理觀雖有三個進程，但卻
是同時存於現代的社會中。人類做為道德的、認知的批判者和監視者，更應屏
除自我的優越感，致力於提升自己環境倫理和道德思考的層次；即使無法達到
最高境界，也要期勉自己能盡量做到公平的善待自然萬物，尊重其他物種的生
命價值，為維護友善的生態環境而一生努力。

二、影響臺灣自然書寫的美國自然書寫作家

　　臺灣自然書寫作家的環境倫理觀深受美國自然書寫作家的影響。1970 年

〔註25〕李奧波（Leopold）即李奧帕德，為求統一性，除引文外，本文一律翻譯為李
　　　　奧帕德。
〔註26〕陳玉峯，《土地倫理與 921 大地震》，頁 44。
〔註27〕Holmes Rolston, III 著，王瑞香譯，《環境倫理夢——對自然界的義務與自然界
　　　　的價值》，臺北：國立編譯館，1996 年，頁 237。

代，美國生態保育的經典書籍陸續被引進臺灣，而這股西方思潮促使 1980 年代臺灣自然書寫的萌芽。誠如吳明益所說：

> 本地所使用的「自然寫作」一詞起源於美國文論界所使用的「Nature Writing」，且許多本土自然寫作作家深受美國自然寫作在觀察模式、環境倫理觀、文學技巧、表示形式上的啟發。〔註28〕

這段引文，吳明益明確指出自然書寫起源於美國，並明示臺灣許多自然書寫作家深受美國自然書寫的影響。

在瑞秋・卡森《寂靜的春天》之導言，吳明益亦提到：

> 《寂靜的春天》的中譯最早是從 1970 年由溫繼榮、李文蓉合譯的版本。這個時間點之後，台灣才漸漸出現結合自然科學、生態學、環境倫理學與文學的「現代自然書寫」（modern nature writing）。台灣許多自然書寫者都深受這部書的啟發。〔註29〕

《寂靜的春天》引進臺灣後，催生了臺灣的自然寫作。吳明益舉「深受影響」的作家有徐仁修、馬以工、劉克襄和李曉菁等人，而其專著的相關論述亦多方佐證西方的自然書寫於 1970 年代傳入臺灣，並啟發了許多臺灣自然書寫作家的思維。〔註30〕

臺灣自然書寫由西方「橫向移植」而來，深受美國自然書寫作家之影響。下文，筆者只聚焦於影響臺灣自然書寫的幾位重要美國自然書寫作家，將探討其經典環保著作對臺灣自然書寫之影響。簡言之，筆者僅探討被譽為「三大自然寫作大師」梭羅、繆爾、李奧帕德，以及瑞秋・卡森四位自然書寫者及其代表作品。

（一）亨利・大衛・梭羅（Henry David Thoreau，1817～1862）

大衛・梭羅是美國自然主義者，作家、詩人、哲學家、博物學家、生態學家和環境保護運動先驅；《湖濱散記》是其代表之作，亦是美國文學的經典之作。梭羅在波士頓西北方二十哩的華爾騰湖畔蓋了一間小木屋，於 1845 年 7 月 4 日搬進去，開始了二年又二個月的獨居生活，寫下了經典之作《湖濱散記》。

〔註28〕吳明益，《以書寫解放自然——臺灣現代自然書寫的探索 1980～2002》，頁 10。

〔註29〕瑞秋・卡森著，吳明益導言，〈最靈敏的耳朵——關於《寂靜的春天》〉，《寂靜的春天》，臺中：晨星，2013 年，頁 4。

〔註30〕參閱吳明益著，《以書寫解放自然：臺灣現代自然書寫的探索（1980～2002）》，2004 年。

　　《湖濱散記》忠實記錄梭羅在華爾騰湖追求簡樸、回歸自然，與自然共存的生活；這也是一本探討人生本質的書，勉人遵從自然的律動，自由自在的生活。該書生前文名不高，二十世紀後作品重獲評價，文學地位從此無可撼搖。《湖濱散記》所探討的主題和表達的情操，不是一個地方，也不是一個時代，而是攸關全人類、全地球，甚至延續至以後的世代。

　　梭羅與詩人愛默生（Ralph Waldo Emerson）亦師亦友，除了向愛默生借地蓋小木屋外，其人格、思想和文風皆受到愛默生的影響。《湖濱散記》〈梭羅的生平和湖濱散記〉曾有一段描寫：

> 愛默生這部將自然視為人的德性、語言、藝術、學問等的進步原動
> 力，以詩一般的文體滔滔訴說自然的偉大和神秘的作品，給梭羅的
> 人格、思想的形成帶來重大的影響。〔註31〕

愛默生和梭羅都信仰大自然，相信大自然的偉大，認為人只要向大自然謙卑學習，領會大自然的「幽微天啟」，從中引出無限的教誨和深意就可以了。此段行文，不僅看見梭羅的思想受到愛默生影響，愛默生其詩般的文風亦影響了梭羅，而這些思想和文風後來也直接或間接影響了臺灣許多的自然書寫作家，例如：劉克襄文學裡的詩意、吳明益蝴蝶書寫裡所領受的「幽微天啟」。

（二）約翰・繆爾（John Muir，1838～1914）

　　約翰・繆爾是美國早期環保運動的領袖和博物學家。終生獻身保育運動，催生了優勝美地國家公園（Yosemite）和大峽谷國家公園（Grand Canyon），世界第一座國家公園黃石公園（Yellowstone）也因優勝美地國家公園才有機會成立，〔註32〕因而約翰・繆爾被稱為「國家公園之父」。

　　大學期間，約翰・繆爾常以打零工方式四處旅行探險。1874 年，開啟寫作的生涯，發表一系列關於加州內華達山的作品，被廣為流傳；以日記形式書寫的《夏日走過山間》即是其代表作之一，呈現內華達山裡的自然美景和動植物生態，也流露出他對大自然的讚嘆和疼惜。「讓陽光灑在心上而非身上；讓溪流穿身而過，而非從旁流過。」即是出自繆爾的名句。

　　繆爾崇尚儉樸生活與心靈再造，著作以旅行記錄和自然哲學為主，其思想亦影響了後來的環保運動。1892 年，他創立了美國最重要、組織最龐大且

〔註31〕梭羅，《湖濱散記》，臺北：志文，2012 年，頁 6～7。愛默生這部書指的是《自然》一書，於 1836 年出版。
〔註32〕優勝美地國家公園是世界第一座州立公園，而後才成為美國第二座國家公園。

歷史最悠久的草根性環保組織「喜耶拉山友會」，〔註33〕邀百萬會員一起探索、欣賞和保護地球的荒野；直至 1914 年去世前，他一直都和山友一起為自然保育而努力。

《夏日走過山間》是約翰·繆爾一部按照日期先後書寫而成的盛夏日記，從 1869 年 6 月 3 日寫到 1869 年 9 月 22 日。杜虹《有風走過》其按日期的表現形式類似於陳冠學《田園之秋》，而《田園之秋》是否受到《夏日走過山間》之影響？筆者認為陳冠學追求他心中的桃花源，這種渴望一如繆爾一生追求他心中的曠野；而筆者也以為身為臺灣第一座國家公園第一批解說員一份子的杜虹於工作教育訓練中或多或少也曾受到「國家公園之父」的影響或啟示。因之，筆者推測陳冠學《田園之秋》和杜虹《有風走過》日記體裁的創作形式和內涵，極有可能直接或間接受到《夏日走過山間》一書之影響或啟發；或許，這也是陳冠學和杜虹向繆爾的學習和致敬。

（三）奧爾多·李奧帕德（Aldo Leopold，1887～1948）

奧爾多·李奧帕德，美國人，被譽為「生態保育之父」、「環境倫理之父」和「最偉大的荒野詩人」，創立美國的荒野協會，終身致力野生動物和荒野保護。他的《沙郡年紀》（A Sand County Almanac，1949），〔註34〕是第一本有系統介紹生態中心倫理觀的著作，被譽為有「保育界的聖經」、「自然寫作的經典」、「世紀之書」，以及「寫給下一世代的土地之書」。李奧帕德的學說使環境倫理學產生了革命性的思想，在那被認為「土地的存在是為了生產蜂蜜和牛奶」的年代，他提出一個劃時代的革命性概念——土地倫理（Land Ethic），這是一種新的倫理觀，一種「處理人與土地，以及人與在土地上生長的動物和植物之間的倫理觀」，翻轉了世人的土地觀，進而促成環境倫理（Environmental Ethics）的生成。土地倫理此一概念又源於他「社群」（community）的概念，有幾個重要觀點：

> 土地的倫理規範擴展了群體的範圍，納入了土壤、水和動植物，這些東西可以統稱為土地。〔註35〕

〔註33〕參見約翰·繆爾，《夏日走過山間》，臺北：天下文化，封面摺頁。

〔註34〕奧爾多·李奧帕德（Aldo Leopold）著，李靜瀅譯，《沙郡年紀——像山一樣思考，荒野詩人寫給我們的自然之歌》，臺北：果力，2015 年。以下該書簡稱《沙郡年紀》。

〔註35〕奧爾多·李奧帕德（Aldo Leopold）著，李靜瀅譯，《沙郡年紀》，頁 255。

> 在人與土地形成的群體中，土地倫理讓人類的角色從征服者變成一
> 般成員和公民。這必然意味著他對群體其他成員以及對群體本身的
> 尊重。〔註36〕

> 自然資源保護是人與土地的和諧狀態。〔註37〕

> 讓土地所有者負起所有對土地的責任。〔註38〕

> 一件事如果有助於維護生物群的完整、穩定和美感，就是正確的，
> 否則就是錯誤的。〔註39〕

上述觀點重新定義「土地」，其範圍擴大，強調對環境的「尊重」、「和諧」和「責任」，亦強調對環境的「完整、穩定和美感」。這種新的感知與覺醒使李奧帕德提出「土地倫理」和「土地美學」的新概念，他認為土地是一個社群，由土壤、水和動植物彼此之間的流動關係所形成的一個完整生態系。人是自然的一部分，也是社群的成員之一，亦屬於土地國的一份子；人與自然無法二分，也不能對立。於此，李奧帕德提出自然生態「無國界」的視野。

大自然豐富的資源，人類若節制且明智的使用，將可永續無虞；若不知節制，則萬劫不復；即使改變自然，也要以和緩、漸進的手段，這種的態度源自李奧帕德的「生態良知與土地美學」。〔註40〕李奧帕德希望人類拋棄經濟決定論，重視自然美學和生態價值，而這就是「生態中心倫理觀」的核心價值。

（四）瑞秋・卡森（Rachel Carson，1907～1964）

瑞秋・卡森，美國海洋生物學家、國際知名自然文學家、環境議題報導者、環境倫理學家和環境保護先驅，其著作《寂靜的春天》是一本經典的環境覺醒之作。該書中，瑞秋・卡森控訴美國政府放任化學藥物的濫用危害了自然環境，引發美國和全世界對環境保護的重視；其警世箴言，啟發了世人，促使環境思維的改變。

瑞秋・卡森以寫書的方式揭露化學毒藥對環境生態的迫害，起初她也有遲疑和壓力，曾經化學界抹黑她，出版界阻撓她，但她不畏險阻，勇於擔負起

〔註36〕奧爾多・李奧帕德（Aldo Leopold）著，李靜瀅譯，《沙郡年紀》，頁256。
〔註37〕奧爾多・李奧帕德（Aldo Leopold）著，李靜瀅譯，《沙郡年紀》，頁259。
〔註38〕奧爾多・李奧帕德（Aldo Leopold）著，李靜瀅譯，《沙郡年紀》，頁265。
〔註39〕奧爾多・李奧帕德（Aldo Leopold）著，李靜瀅譯，《沙郡年紀》，頁276。
〔註40〕奧爾多・李奧帕德著，吳明益序，〈吳明益序〉，《沙郡年紀》，頁13。

社會責任,她說:「若我保持沉默,我將不會安心。」〔註41〕秉著良知,她對
這些外來威脅不為所動。她又說:

> 拯救生物界的美,一直是我心目中最重要的事;而且人們對這世界
> 無知而殘暴的迫害行為,也讓我感到深惡痛覺……現在我相信,我
> 至少提供了一點幫助。〔註42〕

瑞秋・卡森所謂的「一點幫助」只是個謙說之詞,這「一點幫助」其實對生態
環境已經產生莫大的影響,為那個時代帶來鮮為人知的環境倫理新觀念,而最
大的幫助是改變世人對環境的看法。

吳明益說:「瑞秋・卡森是個理性,受過良好專業訓練的科學家,同時也
具有詩人的洞察力和敏感度。」〔註43〕這種理性之眼和詩人之心也深深影響了
臺灣許多的自然書寫作家,使他們的自然書寫兼具理性和感性。無疑的,吳明
益的理性、感性和詩性亦受其影響。

吳明益又稱瑞秋・卡森有那個時代「最靈敏的耳朵」,因為她聽得見寄居
蟹走路的聲音,辨別得出小蝦抖落身上小水珠的聲音,而這些細膩的觀察也影
響了臺灣後來自然書寫者觀察之模式和情思之傳達。

綜觀臺灣的自然書寫者受到西方自然書寫橫向移植之影響,誠如吳明益
所言大多都曾受到梭羅、繆爾、李奧帕德和瑞秋・卡森的影響,不僅環境倫理
觀,其行文風格和寫作形式也受到影響和啟發,筆者將於下文分析和探討。

三、臺灣代表性自然書寫作家

檢視臺灣自然書寫的系譜,毋庸置疑,劉克襄、徐仁修、洪素麗、陳玉峯、
王家祥和吳明益都是重要的名字。以下,筆者將介紹這六位臺灣代表性的自然
書寫作家,以及另外四位重要的女性自然書寫作家的環境倫理主張,並檢驗其
受到西方自然書寫啟發或影響之部分。

(一)劉克襄(1957～)

劉克襄是臺灣自然書寫的前輩,他深入島嶼寫下許多膾炙人口的自然書
寫作品,有詩集、觀察日記、旅行文學、小說和論述等,在臺灣自然書寫銘刻

〔註41〕瑞秋・卡森著,保羅・布魯克編輯序,〈寫在書前〉,《寂靜的春天》,臺北:野
人,2017 年,頁 18。
〔註42〕瑞秋・卡森著,保羅・布魯克編輯序,〈寫在書前〉,《寂靜的春天》,頁 19。
〔註43〕瑞秋・卡森著,保羅・布魯克編輯序,〈寫在書前〉,《寂靜的春天》,頁 20。

一個相當重要的位置。他素有「鳥人」之稱，有許多鳥類的觀察記錄，也書寫野狗、獼猴、鯨魚、古道和鐵道等。

劉克襄在《自然旅情》〈賞鳥入門〉一文曾說：「……我個人一直堅持先要確立一項基本的觀念：把鳥當成跟你一樣的生命來看。」〔註44〕又引鳥類學家喬治‧桑頓之語：「對鳥而言，大地是沒有國家界線的。」〔註45〕還引李奧帕德的名言：「鳥類的故事永遠不如人類的感人，但他自自然然。」〔註46〕劉克襄也說：「……一個有心的野鳥觀察者，他舉起望遠鏡時，看到的不只是鳥類，或者鳥類周遭的生存環境，他也看到一個自己的夢想，一個自己對世界的態度。」〔註47〕

從這些引文得知，劉克襄受到西方鳥類學家喬治‧桑頓和生態學家李奧帕德相當之影響。「一個自己對世界的態度」指出個人的環境倫理觀；「把鳥當成跟你一樣的生命來看」、「大地是沒有國家界線的」、「鳥類……他自自然然」、「看到鳥類周遭的生存環境」等語就是「尊重每一生命的內聚價值」、「土地國」、「生命無位階」和「整全性」的環境倫理觀，一種接近「生態中心」的環境倫理觀。

劉克襄在《海風下》推薦序〈共鳴〉指出，瑞秋‧卡森《寂靜的春天》和《海洋環繞著我們》這二部作品，「都曾引起相當深遠而廣泛的影響」。〔註48〕又說：「……我個人最喜歡卻是這兩本描述海岸動物的書籍。〔註49〕放諸更長遠的時間檢驗，或從自然寫作的觀點，我認為這兩本書的意義可能更甚於前兩本……。比較這兩本書，我則比較喜歡《海風下》，大概是它的內容談到的多半與鳥類有關吧！」〔註50〕劉克襄在這段自我剖述中，清楚的表達自己曾受到瑞秋‧卡森的影響，其早期鳥類的自然書寫更深受影響，從「這兩本書的意義……」和「我則比較喜歡《海風下》……」等語都可以明確得知。

（二）徐仁修（1946～）

「荒地」傳達了徐仁修的環境倫理觀。他在《荒地有情》〈人若有情地不

〔註44〕劉克襄，〈賞鳥入門〉，《自然旅情》，臺中：晨星，1992 年，頁 20。

〔註45〕劉克襄，〈賞鳥入門〉，《自然旅情》，頁 21。

〔註46〕劉克襄，〈賞鳥入門〉，《自然旅情》，頁 21。

〔註47〕劉克襄，〈賞鳥入門〉，《自然旅情》，頁 21。

〔註48〕瑞秋‧卡森著，劉克襄推薦序，〈共鳴〉，《海風下》（Under the Sea Wind），臺北：季節風，1994 年，頁 10。

〔註49〕此二本書指的是《海風下》（Under the Sea Wind）和《在海之濱》（The Edge of the Sea）。

〔註50〕劉克襄，〈賞鳥入門〉，《自然旅情》，頁 21。

慌〉一文曾寫道：

> 「荒地」一詞可以代表人類站在一己之私的立場來看待大自然的偏
> 見，也隱含了人類短視、缺少真正智慧的狹隘心胸。這主要是因為
> 人太過於從經濟角度看大自然，以為不能直接生產人類必需品的原
> 野就是荒地。〔註51〕
>
> 荒地其實不荒，它有著豐富的各色各樣野生植物，供養著各種昆蟲、
> 鳥獸⋯⋯，若從大自然的角度來說，荒地亦有情，它往往是野生動
> 植物的天堂。〔註52〕

荒地對人類來說是無用之地，對野生動植物來說卻是天堂。這段引文，徐仁修
為「荒地」做了最好的註解，也傳達了他「荒野」的主張；而其荒野的主張是
受了李奧帕德的影響。李奧帕德創立美國荒野協會，徐仁修也創立臺灣荒野協
會，由此可以得到明證。

有一次徐仁修在登雪山的途中，發現一簇結實纍纍的玉山懸鉤子，決定
只享用一半的果實，另一半留給野生動物，他說：「我才體會到梭羅在《湖濱
散記》說的：『如果你想要知道漿果的色、香、味，你得請教牧童和鷓鴣。』」
〔註53〕由上可見，徐仁修的「分享」和「荒野」觀念受到了西方自然大師的影
響，並於生活中實踐。

徐仁修亦說：

> 人只有安安分分、心甘情願從自認為大自然的一分子出發，去體悟
> 大自然的大生命，而與大自然親密地生活在一起，才能在踏實的生
> 活中體悟生命的奧義；如果人類自以為聰明，自以為可以超越、控
> 制大自然，那麼人類終將自食惡果。〔註54〕

「人只有安安分分、心甘情願從自認為大自然的一分子⋯⋯」此語與約翰・謬
爾「人是『在自然』中」〔註55〕的觀念不謀而合，這也正是李奧帕德「土地
國」的核心概念，他們皆以大自然為師。除此之外，徐仁修學農，注意到農藥
的汙染，這是卡森《寂靜的春天》帶給他影響；同時他也自言是梭羅《湖濱散

〔註51〕徐仁修，《荒地有情》，臺北：大樹，1993 年，頁 47。

〔註52〕徐仁修，《荒地有情》，頁 47。

〔註53〕徐仁修，《荒地有情》，頁 3。

〔註54〕徐仁修，〈人類最需要的〉，《不要跟我說再見 臺灣》，臺北：錦繡，1987 年，頁 210。

〔註55〕吳明益，《蝶道》，臺北：二魚文化，2010 年，頁 223。

記》的忠實讀者。綜上，可推定徐仁修接受西方思潮諸多的啟發。

徐仁修是自然書寫的前輩，他的環境倫理觀超越了當時「人定勝天」的主流思想，走在時代的前沿，也影響了後繼的自然書寫者。

（三）洪素麗（1947～）

洪素麗長年旅居國外，是一位國際賞鳥人，雖時有不在臺灣現場之遺憾，但她常以回眸故鄉的姿態，喚回故鄉的回憶，例如：寫下關渡之鳥、玉山之景、南臺灣之樹。她也曾回航，重新著陸故鄉，再度凝視和發現臺灣之美，寫下《綠色本命山》，〔註 56〕該書連結中西文化和自然想像，再現臺灣史料與現場，展現新的寫作風格。

洪素麗在早期之作《守望的魚》自序即表達了她的生態觀：

> 自然生態保育工作，關鍵不是像呵護孩子一樣去呵護自然，人類有沒有能力呵護自然？還是個問題。保育自然主旨是不破壞、不干擾罷了！要知道，是人在仰賴大自然而生存，大自然並不仰賴大自然生存！沒有人類，大自然可以生存得更好；人類沒有大自然，卻一天也活不下去了。〔註57〕

「是人在仰賴大自然而生存，大自然並不仰賴大自然生存！」這句引文呼應了約翰・繆爾「人是『在自然』中」的觀點。人是自然界的一份子，只要依自然的法則在自然裡自自然然的生活，不破壞、不干擾大自然，則大自然一切安好，無需人類呵護，人類也無能力呵護自然。這種觀點在當時的臺灣是一種很新的觀點，可謂大自然的先知。

洪素麗亦曾在《守望的魚》〈環境哲學的省思〉提出她對臺灣早期環境倫理的觀察，她說：「除了對自然界的好奇與認知的缺乏外，我們還欠缺一種對大環境的共識感。」〔註58〕此大環境的「共識感」正呼應了李奧帕德土地倫理「社群」的概念，小環境和大環境息息相關，環環相扣，彼此存在一種流動關係，形成一個完整的生態系。「共識感」讓每一物種能得到應有的關照和尊重；缺乏「共識感」則對周遭萬物缺乏同理心，甚至漠不關心。

洪素麗長住美國，常在美、加各地旅遊中賞魚、賞鳥和其他動植物，書中她經常推崇國外的環保概念和社會行動，並深受影響和感動。她曾寫道：

〔註56〕洪素麗，《綠色本命山》，南投：玉山國家公園，1992 年。
〔註57〕洪素麗自序，〈自然主義的文學〉，《守望的魚》，臺中：晨星，1992 年，頁 10。
〔註58〕洪素麗，〈環境哲學的省思〉，《守望的魚》，頁 104。

「這裡，大自然是物主。我們只是暫時的闖入者，沒有權力去迫害。」〔註59〕
又提及自己正在閱讀一本書《柴山主義》，〔註60〕對臺灣民眾缺乏環境保育
概念和消費大自然的行為，以及政府錯誤的環保政策，十分感傷。她說：「柴
山公園的保育規劃，是簡單的，只要還予自然面目就行了。」〔註61〕其中，
「大自然是物主」和「只要還予自然面目」二個觀點呼應了美國環保先驅們
的自然主張。

（四）陳玉峯（1953～）

陳玉峯是生態學博士，是自然書寫界少數自然領域科班出身的作家，也
是推動臺灣生態保育和環境社會運動的代表人物。他深入臺灣山林、自然野
地，以山林書寫和社會行動來拯救臺灣的山林，不遺餘力。他的自然書寫具
專業知識，情思細膩，勇於發出不平之鳴，揭發臺灣生態之不公不義，對環
境官僚封閉的體系大膽控訴和撻伐；也探討臺灣生態的人文研究，反省人與
土地倫理之關係；又長期推動森林保育與環境運動，促成 1991 年臺灣當局
宣布禁伐天然林。

陳玉峯在《人與自然的對決》一書中，曾提及他的環境倫理觀：

> ……保育生物學並不強調「經濟掛帥」。其內在倫理的哲學主要包
> 括：生物或生命的多樣性本身是好的，生態的錯綜複雜性也是良善
> 的，關於演化及其成果亦給予正面評價，更且，地球生命的歧異度，
> 具有一內在不可分割的價值。這些都是來自數十億年的傳承與演
> 變，斷非人類文明所能取代，何況尊重自然界的任何生命，原本是
> 人類重要的文化遺產之一。〔註62〕

> 任何措施或事物，若能傾向於保存生物社會的完整性、穩定性與自
> 然的美感，信仰它並實踐它，土地倫理才能逐步發生。〔註63〕

上述行文，陳玉峯直接肯定生命和生態系之歧異度，歧異度本身對生態來說
是一種良善；亦強調生態的完整性、穩定性與自然的美感，此即李奧帕德土
地倫理和土地美學之信仰和實踐。關於自然生界系統的運作、自然界演化的

〔註59〕洪素麗，〈過境鳥〉，《尋找一隻鳥的名字》，臺中：晨星，1994 年，頁 8。
〔註60〕涂幸枝編，《柴山主義》，臺中：晨星，1993 年。
〔註61〕洪素麗，〈獅子的反撲〉，《尋找一隻鳥的名字》，頁 94。
〔註62〕陳玉峯，《人與自然的對決》，臺中：晨星，1992 年，頁 21。
〔註63〕陳玉峯，《人與自然的對決》，頁 23。

歧異度等生態觀，陳玉峰在《生態臺灣》一書亦有闡述。〔註64〕

（五）王家祥（1966～）

　　王家祥是知名的歷史小說家和自然書寫者，也是典型文化人「介入型」的社會參與者，曾為約翰‧繆爾《夏日走過山間》中文版寫了四頁的序，並尊稱這位「美國國家公園之父」為「原野的先知」。在序中，王家祥寫下了他的推薦：

> 年後細想，其實繆爾的故事最吸引我內心嚮往的是，他在曠野的孤寂尋找靈性的提昇，他是個悲天憫人的自由人，他身無分文、經濟困窘、必須受雇於羊群主人，卻熱切地追尋自然的美，……他在捍衛他的道場優勝美地，這樣的故事其實和世界各地的先知聖哲的故事是殊途同歸的，他是原野的先知，探尋的都是美麗複雜的生命。〔註65〕

> ……覺得自己快要失去力量，但是不知怎麼地，只要讓我想起繆爾所說的，要讓陽光灑在身上，要讓溪流穿驅而過，我就立刻能醒悟，擺脫無名煩惱與困惑，覺得心中起風了……。〔註66〕

> 要是繆爾的書對你有些影響，我想應該不只是他說的內華達山脈有多美；而是他熱切地想要親近那不凡的曠野，也引起你想要找尋自己的曠野的嚮往，並且在找到之後，瞭解他捍衛生命永恆道場的心。〔註67〕

對照王家祥的自然書寫歷程和生活狀況，隱隱可以瞥見約翰‧繆爾的影子。王家祥是一個自然行腳的苦行僧，臺灣的荒野就是他的道場；他深入臺灣的角落，探尋真正的荒野，寫下《文明荒野》一書，〔註68〕表達對荒野的嚮往。他認為人類需要一個荒野，荒野也可以存在都市之中，荒野之中的生物各有不同智慧，「我們需要在荒野中尋求滋養」，而其荒野的主張就是受了生態學之父李奧帕德的影響。此外，當他在荒野中失去力量時，繆爾的話語也帶給他力量，這股力量正是繆爾的影響力。

〔註64〕參見陳玉峯，《生態臺灣》，臺中：晨星，1996年，頁188～189。
〔註65〕約翰‧繆爾著，王家祥序，〈王家祥序〉，《夏日走過山間》，1998年，頁III。
〔註66〕約翰‧繆爾著，王家祥序，〈王家祥序〉，《夏日走過山間》，頁IV。
〔註67〕約翰‧繆爾著，王家祥序，〈王家祥序〉，《夏日走過山間》，頁IV。
〔註68〕王家祥，《文明荒野》，臺中：晨星，1990年。

王家祥在《文明荒野》、《自然的禱告者》和《四季的聲音》等作品中建立了一套人與環境的互動觀，他曾多次提到李奧帕德的土地倫理、野地與文明和保育美學等概念，其行文脈絡與結構也與李奧帕德非常相似，顯現他對李奧帕德土地美學的承繼與致意。王家祥目前的道場和曠野在臺東縣東河鄉都蘭村，他回歸自然做個自然人，面對真實無偽的自己；即使經濟拮据，困頓無助，也要用生命去援救流浪貓狗，堅持他生命中不朽的價值，捍衛他生命中永恆的道場。

（六）吳明益（1971～）

吳明益曾為《沙郡年紀》中文版寫導讀序〈野性，蘊藏著世界的救贖〉，也為《寂靜的春天》中文版寫導言〈最靈敏的耳朵〉，由此可推知，基本上他是認同且推薦李奧帕德和瑞秋·卡森的生態觀點。分析如下：

吳明益曾自述在寫作生涯裡最常翻閱的二部作品是《波赫士全集》[註69]和《沙郡年紀》，他說：「當我陷入思考自然的兩難議題，以至於思緒停頓之時，往往幾行的閱讀就能讓我重拾熱情。」[註70]從「最常翻閱」和「重拾熱情」二處就可以得知李奧帕德的《沙郡年紀》深深影響了吳明益的自然書寫，讀者亦可以在他的其他著作中發現李奧帕德的身影，如：《台北伊甸園》和《蝶道》等書。

在為《寂靜的春天》寫序前夕，吳明益做了一趟從花蓮至蘇澳的旅行，身上沒有帶任何一本書，但瑞秋·卡森「海洋三部曲」的書名始終出現在他的腦海裡。[註71]他說：「當這三本書的書名連在一起唸的時候，簡直像一首關於海的詩一樣。」[註72]而這詩般的語言也影響了吳明益日後的書寫，筆者將於第三章第三節再行分析。除了詩意的語言，吳明益的自然書寫在寫作形式亦可窺見《沙郡年紀》的痕跡，例如：《迷蝶誌》和《蝶道》手繪的插畫、楔子的置放，文學與科學語言的轉譯等。所謂「見序觀人」，為《沙郡年紀》和《寂靜的春天》二書寫序，似乎吳明益已召告讀者：自己承繼自李奧帕德和

[註69] 波赫士，《波赫士全集》，臺北：臺灣商務，2002 年。波赫士是第一位影響歐美文學的拉丁美洲作家，《波赫士全集》是拉丁美洲文學，開啟西班牙語文的奇幻風貌。

[註70] 奧爾多·李奧帕德，《沙郡年紀》，頁 11。

[註71] 瑞秋·卡森的「海洋三部曲」指的是《Under the Sea-Wind》、《The Sea Around Us》和《The Edge of Sea》。

[註72] 瑞秋·卡森著，吳明益導言，〈最靈敏的耳朵〉，《寂靜的春天》，頁 2。

瑞秋‧卡森，並受其啟蒙和影響。

（七）其他重要女性自然書寫作家

1. 凌拂（1952～）

吳明益曾讚譽凌拂：「無異是繼洪素麗之後，最出色的女性自然書寫者。」〔註73〕她以《食野之苹——臺灣野菜圖譜》〔註74〕和《與荒野相遇》〔註75〕二書奠定她在自然書寫的地位。《臺灣的森林》〔註76〕是凌拂譯讀威廉‧傑普森（William Jaspersohn）《森林的誕生》〔註77〕之後的臺灣本土版，可見她的確受到了威廉‧傑普森的影響，而後才寫下《臺灣的森林》一書。

凌拂山居多年，始終觀照自然。生活即是她的觀察，她從日常裡感知和咀嚼生活，採原野裡之野蔬、望天空之大冠鷲、觀夜裡之流螢……。生活中與大自然相遇交錯之場景與梭羅之山居歲月有著類似的氛圍，而這種不太依賴資本主義，簡樸生活的實踐，也與梭羅的理念不謀而合。吳明益又謂凌拂的自然書寫有三個特質，其一是「雅緻與親近之美」的土地美學，〔註78〕而「土地美學」正也是李奧帕德在《沙郡年紀》所提出的革命性觀念之一。該書多處呈現透過敏銳感知能力所獲致的自然之美，而這種美的感受遠超過視覺上的感受，只要我們願意建構更敏銳的感知能力，就可以擁有「美的收成」。凌拂不僅實踐了梭羅的簡樸生活，也履行了李奧帕德的土地美學。

2. 杜虹（1964～）

杜虹在她的所有著作中未曾提及西方環保先驅對她的影響，僅在蒲薪羽的訪談中透露出其自然書寫深受中國詩人蘇東坡的影響。〔註79〕筆者認為杜虹身為臺灣第一座國家公園——墾丁國家公園的第一批解說員，其對「國家公園之父」當不會陌生；二十世紀吹起的這股「國家公園」的保育思潮，勢必對國家公園的工作人員有所衝擊或啟發。尤其，約翰‧繆爾觀察記錄的內華達山脈

〔註73〕吳明益，《臺灣自然書寫的作家論 1980～2002：以書寫解放自然 BOOK 2》，頁 372。

〔註74〕凌拂，《食野之苹：臺灣野菜圖譜》，臺北：時報文化，1995 年。

〔註75〕凌拂，《與荒野相遇》，臺北：聯合文學，1999 年。

〔註76〕凌拂，《臺灣的森林》，臺北：玉山社，1998 年。

〔註77〕威廉‧傑普森著，凌拂譯，《森林的誕生》，臺北：玉山社，1998 年。

〔註78〕吳明益，《臺灣自然書寫的作家論 1980～2002：以書寫解放自然 BOOK 2》，頁 379。

〔註79〕參見蒲薪羽，〈杜虹自然書寫研究〉，頁 249。

「地質年輕，山勢起伏，景觀多變，是美國境內最像臺灣的地方。」〔註80〕這座與臺灣相像的山脈應該會引起國家公園員工的關注，推測喜愛閱讀的杜虹也應熟稔約翰·繆爾的相關著作。另外，杜虹也曾在國立屏東商業技術學院休閒事業經營系兼任助理教授，教授「生態觀光概論」和「國家公園概論」，「國家公園之父」約翰·繆爾必是「國家公園概論」這門課的靈魂和關鍵人物。因此，筆者亦推定杜虹的言說或論述或多或少受其影響或啟發。〔註81〕

3. 范欽慧（1965～）

范欽慧，廣播節目主持人、田野錄音師，長年以聲音記錄臺灣，致力推動聲音地景，也是個擅長以報導文學為路徑的自然書寫作家。在〈新土地倫理觀〉一文，她提到：

> 人不能脫離自然，因為人是生態體系的一部份，尤其是原住民，更
> 可以找出人與自然之間的關係，做這樣的結合。〔註82〕

> 「環境倫理」會是下一個世紀人類最重要的課題。……事實上，人
> 類只是自然體系的一部份，人類只是地球眾多的物種之一，但我們
> 卻消耗了大部份的資源。因此反對過度開發，不應該被詮釋為單純
> 的「反商」情結，而是基於對土地破壞的基本良知與警覺。〔註83〕

這段引文中「人是生態體系的一部份」、「人類是只是自然體系的一部份」和「人類是只是地球眾多的物種之一」等觀念正與李奧帕德《沙郡年紀》之「社群」概念不謀而合，而「基本良知與警覺」正是生態中心環境倫理觀的核心價值，而且「環境倫理」一詞直接被呈現，故筆者也認為范欽慧或多或少、直接或間接，承繼了李奧帕德之環境倫理觀。

4. 李曉菁（1975～）

李曉菁的創作文類以報導文學為主，她在臺灣各地進行水生植物生態的田野調查，最後將深入濕地的親身踏查集結《小草的旅行——發現水生植物》一書。她在該書自序中曾直接表明：「書架最容易拿到手的地方，總固定幾本外國自然經典文學作品：梭羅的《湖濱散記》、瑞秋·卡森的《寂靜的春

〔註80〕 參見約翰·繆爾著，臺大植物系教授郭城孟序，〈百年前的保育先知〉，《夏日走過山間》，頁 VI。
〔註81〕 關於杜虹的環境倫理主張，筆者將於第四章第一節探討。
〔註82〕 范欽慧，〈新土地倫理觀〉，《與自然相遇的人》，臺中：晨星，2001 年，頁 93。
〔註83〕 范欽慧，〈新土地倫理觀〉，《與自然相遇的人》，頁 94。

天》、李奧帕德的《沙郡年紀》。」〔註84〕《小草的旅行——發現水生植物》出版時，李曉菁大約 25 歲，可見國外的自然經典也影響了當時年輕世代的自然書寫作家。

李曉菁當時並不算是多產的作家，卻屢屢被自然書寫的前輩點名，筆者認為這可能是與她當時獲得許多文學獎項的肯定有關，例如：聯合報文學獎、時報文學獎、永續臺灣生態報導獎和臺灣省文學獎等，是 2000 年新寫作時代的後起之秀，故能引起文學界的注意，在《新的寫作時代》一書中可以得到部份之印證。〔註85〕

綜上之例，可以發現臺灣的自然書作家，許多前輩、中生代或新生代，直接或間接受到早期美國主要的自然書寫作家啟蒙或影響，誠如吳明益先前所言：「許多本土自然寫作作家深受美國自然寫作家啟發。」〔註86〕臺灣的自然書寫作家從大師們的環境倫理觀、文學風格和文學形式所得到的啟發，橫向移植於自然書寫的創作中；但也另闢蹊徑，開啟自己的新視野或提出自己的新觀點，甚至影響新生代的自然書寫作家。無論橫向或縱向移植，人類覺醒和尊重自然始終才是自然書寫的核心價值。

第三節　臺灣蝴蝶書寫的興起

在探討臺灣蝴蝶書寫的興起之前，筆者認為定義「蝴蝶書寫」有其必要。然而，關於蝴蝶書寫一詞過去並沒有明確之定義，學術界也未曾正式探討，僅於藍建春〈舞出幽微天啟——談吳明益的蝴蝶書寫〉〔註 87〕曾出現「蝴蝶書寫」一詞。藍依萍亦曾在其碩士學位論文簡單探討過「蝴蝶書寫」的發跡，故本文「蝴蝶書寫」將採其之定義：

〔註84〕李曉菁，〈自序〉，《小草的旅行——發現水生植物》，臺北：田野影像，2000年，頁 6。

〔註85〕參見陳義芝編，《新的寫作時代》，臺北：聯經，1999 年。該書收錄第 21 屆聯合報文學獎得獎作品十五篇，作者均為當時文學界創作菁英，有張瀛太、陳淑瑤、樊小玉、紀大偉、張德寧、丁寶淑、陳大為、陳柏伶、鍾宇鵬、紀小樣、鍾文音、李志薔、李曉菁、李展平，各篇均附得獎感言，並收錄五篇不同文類的「決審會議紀要」，展現 1999 年文學的新批評與新觀念。

〔註86〕吳明益，《以書寫解放自然——臺灣現代自然書寫的探索 1980～2002》，頁10。

〔註87〕陳明柔主編，藍建春著，〈舞出幽微天啟——談吳明益的蝴蝶書寫〉，《臺灣的自然書寫》，頁 78。

> 「蝴蝶書寫」係以蝴蝶為主題之書寫，內容需符應相關的生物學與
> 生態學之科學知識，透過感官體驗描寫蝴蝶之生活史、外觀、習性、
> 生態及動物與人類互動之種種面向。〔註88〕

從上文之定義，當代蝴蝶書寫需涵蓋「科學知識」和「感官體驗」，絕對不是
坐於案牘前的想像、片斷的蝴蝶常識或來自生活中的聽說，野外的觀察是蝴
蝶書寫者必要之經驗。

　　1990 年代以後，臺灣自然書寫蔚為風潮，從自然書寫出版品的日趨蓬勃
可以得到印證。其中，有關動物的自然書寫十分豐富，有人守候鷹鳥、有人追
逐鯨豚、有人愛戀貓狗、有人觀察昆蟲……，但之於蝴蝶的自然書寫相對不
多，且大多數是單篇散文的創作，在吳明益《迷蝶誌》之前，文學界並未出現
蝴蝶書寫的專書。目前，在臺灣當代蝴蝶自然書寫的散文作家中，以吳明益的
蝴蝶書寫最為知名，杜虹近年的《蝴蝶森林》緊追其後，張日郡則有《離蝶最
近的遠方》詩集出版，〔註89〕亦引起文學界注目。

　　其實，在吳明益和杜虹這二位作家前後，也有一些作家有蝴蝶書寫的創
作，有詩、有散文、有報導文學、也有導覽手冊。藍依萍已論述過林清玄〈蝴
蝶的傳說〉、徐仁修〈夜訪紫蝶幽谷〉、〈巷弄的彩蝶〉和〈初夏記趣〉，以及
洪田浚〈蝶舞〉。〔註90〕以下，筆者將補充藍依萍論述的不足，加入一些遺珠
之作。

一、林清玄《我們不能再沉默》〈蝴蝶的傳說〉（1984）

　　林清玄〈蝴蝶的傳說〉收錄在陳煌主編的《我們不能再沉默》一書，該
書依發表日期先後順序收錄 27 篇早期臺灣自然書寫作家的作品。蝴蝶加工
業的沒落和美濃水庫的興建二起蝴蝶事件，讓林清玄寫下〈蝴蝶的傳說〉，文
中首先描寫蘭嶼瀕臨絕種的珠光黃裳鳳蝶，其次描寫美濃黃蝶翠谷即將消失
的黃蝶。

　　〈蝴蝶的傳說〉是林清玄有所呼籲之作，他為文欲喚起讀者的環保意識，
但礙於蝴蝶知識和資訊的不足，文中仍有部分待釐清之處。林清玄謂珠光黃裳
鳳蝶（即珠光鳳蝶）為臺灣「最大最美的蝴蝶」，筆者認為這樣的形容可能失

〔註88〕藍依萍，從《《迷蝶誌》到《蝶道》——吳明益的蝴蝶書寫〉，頁 17。
〔註89〕張日郡，《離蝶最近的遠方》，新北：遠景，2015 年。
〔註90〕參見藍依萍著，從《迷蝶誌》到《蝶道》——吳明益的蝴蝶書寫〉，頁 179～
　　　　187。

之客觀：一來美的標準向來很主觀，因此很難評定什麼是最美的蝴蝶；二來最大的定義雖可以科學工具來衡量，但數據卻難獲一致性。依據黃裳鳳蝶專家杜虹的說法：「墾丁的黃裳鳳蝶展翅可達 15 至 20 公分。」〔註91〕而蘭嶼珠光鳳蝶展翅的長度則說法不一，依文化部臺灣大百科全書的資料顯示：「珠光鳳蝶雄蝶展翅長約 110 公厘到 140 公厘，雌蝶展翅長約 120 公厘到 150 公厘，也有個體長達 160 公厘的紀錄。」〔註92〕依國立自然博物館網站資料顯示：「植物園溫室前的模型是原產蘭嶼的珠光鳳蝶，牠的雌蝶展翅可達 14 公分，是臺灣原生蝶類中體型最大的。」〔註93〕即使官方資料如此顯示，珠光鳳蝶展翅的長度亦不及黃裳鳳蝶專家杜虹所提供的數據資料。因之，蘭嶼珠光鳳蝶是否為臺灣最大的鳳蝶仍有待商榷。

　　林清玄又提及：聽說一隻珠光鳳蝶的價錢可以賣到八十元。此與吳明益到蘭嶼踏查訪問所得相差八倍，蘭嶼人告訴吳明益一隻珠光鳳蝶的價格是十塊錢，因此珠光鳳蝶又叫「十塊鳳蝶」。林清玄又說：「……濫捕濫殺的結果，使得原本數量有限的『珠光黃裳鳳蝶』瀕臨絕種，差不多要永遠在世界上消失。」〔註94〕「牠生長的地方僅限於蘭嶼原始森林的邊緣，範圍不過五、六平方公里，數量非常有限。」〔註95〕實際上，珠光黃裳鳳蝶並不是臺灣的特有種，牠的分布範圍不限於蘭嶼，亦分布在菲律賓北部的幾個離島；因此，即使珠光鳳蝶在臺灣消失，並不意味著牠們也將在地球上消失。再者，蝴蝶的濫殺濫捕，固然會使蝴蝶的族群數量減少，而棲地的破壞和消失才是導致蝴蝶瀕臨絕種的最大因素。林清玄會有這樣的錯誤認知，推是與當時資訊取得不易有關。

　　林清玄又謂美濃水庫的興建將導致洪水一來，蝴蝶屍骨無存，黃蝶翠谷日後必「黃水漫漫」。於此，筆者認同藍依萍的觀點：即使興建水庫也未必導致「黃水漫漫」之景象，「黃水漫漫」可能是文學之誇飾或文學之想像。即便

〔註91〕杜虹，《相遇在風的海角──阿朗壹古道行旅》，屏東：屏東縣政府，2013 年，頁 156。以下該書簡稱《相遇在風的海角》。

〔註92〕文化部臺灣大百科全書，網址 https://nrch.culture.tw/twpedia.aspx?id=13919，擷取日期 2021 年 6 月 19 日。

〔註93〕國立自然博物館網站，網址 https://reurl.cc/e641bW，擷取日期 2021 年 6 月 19 日。

〔註94〕陳煌主編，林清玄著，〈蝴蝶的傳說〉，《我們不能再沉默》，臺北：駿馬文化，1986 年，頁 55。

〔註95〕陳煌主編，林清玄著，〈蝴蝶的傳說〉，《我們不能再沉默》，頁 55。

如此,卻也映照出林清玄內心對黃蝶消失的不捨與不安。又,他認為美濃水庫之興建勢在必行,但實際上美濃水庫興建案在後來的抗議聲中腰斬,黃蝶翠谷因而被保留了下來,而這樣的結果是他在書寫〈蝴蝶的傳說〉時,始料未及的。

　　〈蝴蝶的傳說〉不全然是林清玄的「聽說」,黃蝶翠谷對林清玄來說,其實不是陌生的地方,離他小時候的住家車程只有十分鐘,步行亦只需一個多小時。黃蝶翠谷是林清玄小時候學校遠足常去之地,他如此描繪印象中的小黃蝶:

> 讀小學的時候,學校遠足經常選擇「黃蝶翠谷」(當時沒這麼好聽的名字,我們叫它「萬蝶谷」。)尤其在春天的時候去,走進谷裏,沿著河溪兩岸的卵石上,棲息著無以數計的蝴蝶,人聲一走近,那原本浮在石上像落葉鋪滿的小黃蝶,會嘩然飛起,幾乎遮蔽了整個天空。〔註96〕

黃蝶翠谷的蝴蝶數量最多時,「幾乎遮蔽了天空」。林清玄在山谷看到了蝴蝶產卵、成蟲、結蛹、羽化、飛翔和死亡的過程,蝴蝶短暫的生命亦帶給他許多人生的啟示。林清玄對於自己孩子熟悉書裡的蝴蝶,卻不見蝴蝶的影子,感到憂心;面對水庫的興建,蝴蝶翠谷的即將消失,感到失落。因此,他寫下了〈蝴蝶的傳說〉。

　　林清玄將該文賦名為〈蝴蝶的傳說〉緣於他對家鄉黃蝶翠谷的小黃蝶充滿記憶與情感,唯恐一種叫做「蝴蝶」的美麗昆蟲即將消失在地球上,最後成為「傳說」。他的蝴蝶觀察大多來自早期的經驗,撰寫該文時雖走訪了一趟黃蝶翠谷,但因缺乏長期的田野調查和科普資訊,導致其行文較缺乏科學的知識,而這也是早期自然書寫作家面臨的書寫困境和思想侷限。該文是目前為止筆者爬梳到的臺灣最早的蝴蝶書寫(1984),雖部分行文缺乏科學的依據或佐證,但筆者認為林清玄已盡最大的努力為臺灣的蝴蝶發聲,對美濃水庫的停止興建,功不可沒!

二、陳煌《我們不能再沉默》〈蝶道〉(1985)

　　陳煌於 1985 年左右,寫了不少關於生態的散文,〈蝶道〉是其中之一。

　　八月的清早,陳煌想一探黃蝶翠谷,山谷小溪的上空正是淡黃蝶幽靜的

〔註96〕陳煌主編,林清玄著,〈蝴蝶的傳說〉,《我們不能再沉默》,頁56。

蝶道，牠們在此交配、繁衍。日治時代，官方在美濃大量種植鐵道木以做槍托，〔註97〕而鐵道木剛好是淡黃蝶的食草，使得淡黃蝶族群數量大增。一夜的山雨，陳煌未遇淡黃蝶而心有遺憾，更擔心起牠們的生死。

陳煌關心自然生態，深知自己自然知識不足，他說：「我暗自懊悔，對植物的缺乏，和對淡黃蝶生態的不深刻了解，實在令人惶恐。」〔註98〕這惶恐來自內心的自省，他明白自己蝴蝶專業知識的不足和田野經驗的缺乏，使得蝴蝶的書寫無法深刻。然陳煌於行文中，會引用蝴蝶專家陳維壽《臺灣蝴蝶世界》的資料來彌補己之不足。即便如此，他心中仍有許多疑問，諸如：為何淡黃蝶選擇鐵道木為食草？牠們如何集結在蝶道而不失散？交配求偶的力量來自何處？鱗片為何排列如此整齊？陳煌如此反覆的自我詰問，顯現他對蝴蝶知識的渴求，但也流露其蝴蝶知識的不足與對蝴蝶書寫信心的缺乏。

於鐵道木和淡黃蝶之關係，陳煌曾有以下的描述：

> 聽說，對鐵道木而言，淡黃蝶是害蟲……。然則，對已長成達二十年以上的樹齡的鐵道木而言，淡黃蝶族群並未對它們構成如何的威脅。這種原因可能幾項：一、鐵道木數量甚多，足可供應所有淡黃蝶族群的消耗。……〔註99〕

此段引文，陳煌用了「聽說」和「可能」二個不確定的語詞，隱含他對於鐵道木和淡黃蝶關係的闡述語多猜測，不是很有把握。當時陳煌的確對淡黃蝶的生態並不是很了解，使得他的蝴蝶書寫同樣也面臨早期自然書寫作家的左支右絀。他於該書〈編者註〉對此有所解釋：

> 寫《蝶道》一文時，我不僅發現手邊的資料不夠，同時也感受到中國人對自然生態的研究缺乏──許多調查研究都是單憑個人長年記錄所得，而政府卻始終未能在這方面致力與配合，不免令人嘆惋。〔註100〕

陳煌除了懊悔自己的蝴蝶知識不足，也感嘆資訊和研究不足，更感慨政府對自然生態的漠視。他又寫道：

> 我們從未曉得淡黃蝶或伯勞鳥，可以的話，會做怎樣的抗議。〔註101〕

〔註97〕鐵道木即鐵刀木，因用於製作槍托，也用於製造鐵道之枕木，故名。
〔註98〕陳煌主編，陳煌著，〈蝶道〉，《我們不能再沉默》，頁133。
〔註99〕陳煌主編，陳煌著，〈蝶道〉，《我們不能再沉默》，頁136。
〔註100〕陳煌主編，陳煌著，〈蝶道〉，《我們不能再沉默》，頁139。
〔註101〕陳煌主編，陳煌著，〈蝶道〉，《我們不能再沉默》，頁138。

> ……對淡黃蝶睽違未遇的失望心情，轉而變成暗自沉重激憤！……
> 近些年來，我們為生態保育運動而疾呼，然則在這方面卻收效不
> 彰，……誰在關心社會？誰在關心土地？更多值得關心的動物已逐
> 漸離我們而去，我們還在等什麼？〔註102〕

因為政府對環境的漠視，使得早期自然書寫作家心情低落，甚至沉重激憤，需質疑、抗議或大聲疾呼以喚起政府和社會大眾對土地和環境的關心。

　　這種大聲疾呼常被後來的自然書寫者或評論者所詬病和檢討，然早期這種聲響透露出作家對萬物的憐憫與同情之心，正是一股覺醒的力量，「疾呼」自有其時代的背景。筆者認為，沒有早期這批自然書寫者的焦慮和疾呼，就難以喚起當時民眾的環保意識和政府對環境保護的重視。無疑的，他們是臺灣環境運動的先行者和重要推手。

三、徐仁修

（一）《不要跟我說再見臺灣》〈夜訪紫蝶谷〉（1987）

　　初冬下午，徐仁修隨著排灣族的捕蝶人進入屏東縣瑪家鄉的蝴蝶谷，此事追溯陳維壽對蝴蝶谷的追根究柢。有一次，原住民的學生打電話給陳維壽老師，徐仁修轉述如下：

> 空中發現了一條好像用黑色沙粒組成的河流，不斷地往同一方向
> 流動，消失在萬巒鄉的一個山谷中，而每一粒黑點好像是一隻蝴
> 蝶。〔註103〕

這條「蝴蝶之河」一直是陳維壽想追尋的蝴蝶谷。他如此這般的鍥而不捨：

> 沿著蝴蝶流向一路追踪，終於找到了流沙的盡頭——蝴蝶谷。幾十
> 萬隻蝴蝶，密密麻麻地停棲在樹上，把樹木都改了顏色，披上一層
> 蝴蝶衣裳。〔註104〕

陳維壽大概花了三年的時間才找到蝴蝶谷。徐仁修如此描寫陳維壽風塵僕僕追蝶的旅程，同時聯想到加拿大多倫多大學鄔奎哈教授花了四十年才找到一億隻樺斑蝶過冬的家——在數千里外的墨西哥樅樹林裡，這個大發現使其名垂博物史。

〔註102〕陳煌主編，陳煌著，〈蝶道〉，《我們不能再沉默》，頁139。
〔註103〕徐仁修，〈夜訪紫蝶幽谷〉，《不要跟我說再見 臺灣》，臺北：錦繡，1987年，
　　　　頁123。
〔註104〕徐仁修，〈夜訪紫蝶幽谷〉，《不要跟我說再見 臺灣》，頁123。

〈夜訪紫蝶谷〉一文，徐仁修以蒙太奇時空交錯的手法呈現蝴蝶的畫面。首先，描寫自己跟著原住民的捕蝶人走進蝴蝶谷；接著，回想陳維壽和鄒奎哈追尋蝴蝶谷的二段歷史；最後，在跌跌撞撞中他們一行人來到深山裡有千萬隻斑蝶的蝴蝶谷（主要是端紫斑蝶、圓翅斑蝶和少數青斑蝶），並寫下亞熱帶蝴蝶越冬的現象，牠們不吃不喝，安靜「擬葉」過冬。

徐仁修也寫下夜間捕蝶人捕蝶的畫面：

> 一棵一棵樹不斷地被搖動，蝴蝶一群一群地自投羅網，那景象簡直
> 驚心動魄，短短一個小時裏，山地人已捕獲六大袋近兩萬隻的斑
> 蝶。〔註105〕

這段文字呈現自然書寫裡少見的捕蝶人捕蝶的畫面，捕獲的蝴蝶數量之多令人驚心。吳明益《單車失竊記》〈鐵馬誌 II Psyche〉也書寫了捕蝶人，但小說是他根據臺灣捕蝶史再虛構的情節，不同於徐仁修的真實描摹。

文末，徐仁修如是呼籲：「保護蝴蝶首須保護山林和荒野。」〔註106〕呼應了捕蝶人捕蝶雖造成蝴蝶數量減少，但人類破壞大自然造成蝴蝶棲地減少才是蝴蝶消失主因的說法。同時，這句話也傳達了徐仁修荒野的主張，荒野中的一切「本然就美」。該文是徐仁修早期的自然書寫，可以感受他對人類無知的喟嘆及窺見其先進的環境倫理觀。除此，徐仁修於文字之外，亦呈現三大幅蝴蝶的照片，第一幅是蝴蝶谷的紫色斑蝶，第二幅是成群飛舞的彩蝶，第三幅是捕蝶人以引誘劑捕獲蝴蝶。圖中，首先呈現蝴蝶谷生機盎然的畫面，繼而依序轉場至死亡幽谷的畫面，這樣的鋪陳使讀者頓時產生一種失落感，而這種失落感似乎再次提醒了讀者：蝴蝶王國已消失，蝴蝶保育刻不容緩。

（二）《自然四季》〈初夏記趣〉（1999）

《自然四季》是徐仁修四季的自然觀察與體驗。〈初夏記趣〉之〈蓮霧樹〉描寫初夏蓮霧樹上的許多小動物，有白頭翁、紅嘴黑鵯、五色鳥、綠繡眼、赤腹松鼠和許多「酒客」。徐仁修如此描述：

> 樹下的落果一天一天增多，初夏的高溫使落果很快地發酵，散發出
> 水果酒的香味。現在接到邀請的「酒客」就更多了——金龜子、鍬
> 形蟲、天牛、黑豔甲蟲……對我來說，這些昆蟲只是陪客，我真正

〔註105〕徐仁修，〈夜訪紫蝶幽谷〉，《不要跟我說再見 臺灣》，頁125。
〔註106〕徐仁修，〈夜訪紫蝶幽谷〉，《不要跟我說再見 臺灣》，頁12。

注意的是蝴蝶。〔註107〕

由此可見，〈蓮霧樹〉一文的主角是蝴蝶，蝴蝶才是真正的「酒客」。徐仁修記錄了琉璃蛺蝶、白三線蝶、黃三線蝶、臺灣單帶蛺蝶、豹紋蝶、紅星斑蛺蝶、大玉帶蔭蝶、白條斑蔭蝶和大環紋蝶，這九種蝴蝶正在享受夏日的蓮霧大餐，行文顯見他對蝴蝶的熟稔。

徐仁修還寫道：「現在『酒過三巡』，牠們一隻隻醺醺然地忘了此時此地，忘了我是誰，尤其是著名的大環紋蝶。」〔註108〕醉酒的大環紋蝶讓徐仁修可以從各種角度、各種距離拍攝，而其他動物大快朵頤後也借酒裝瘋或沉沉睡去。文中還有四幅蝴蝶吸食蓮霧的圖片，圖文相映成趣，呈現自然書寫輕鬆的畫面。

〈蓮霧樹〉展現徐仁修對小動物的熟稔和信手捻來的自然知識，雖然他的自然書寫向來是攝影語言勝過文字美學，但做為一個荒野保護者或大自然的觀察家，筆者認為這樣未經雕琢的文字反而更適合自然書寫文類下的報導文學，簡白的語言輕易轉化了科學知識，使一般讀者能輕鬆的沉浸在科普的知識裡。

（三）《荒野有歌》〈巷弄中的彩蝶〉（2002）

徐仁修〈巷弄中的彩蝶〉描寫了都市中紋白蝶的生態，紋白蝶以十字花科為食草，大量落戶於都市中。1960 年後，從日本來的紋白蝶大舉入侵臺灣，甚至追趕臺灣紋白蝶，使得臺灣的原住民紋白蝶離開平地，轉入山區。

都市大樓興建，提供臺灣紋白蝶喜愛的半陰環境，巷弄中的野生十字花科則提供了食草（例如：山芥菜和薺菜），移至高山的臺灣紋白蝶再度飛回平地，甚至在都市中安身立命。文中，徐仁修呈現都市臺灣紋白蝶的食草和生命史的觀察記錄，其平易近人的科學文字不失童心，充滿幽默和童趣，例如：「有的幼蟲爬到漆著巷弄號碼的牆上化蛹，彷彿這樣比較容易記住牠們羽化的地方。」〔註109〕這也是該篇賦名〈巷弄中的彩蝶〉的由來。

徐仁修理性呈現都市臺灣紋白蝶的觀察記錄，予一般讀者蝴蝶的科普知識，亦展現其敏銳的觀察力和豐富聯想力，例如：在描述臺灣紋白蝶從卵到羽化成蝶時，他寫道：「大概只要三星期，似乎只有這麼短而迅速的週期，才

〔註107〕徐仁修，〈初夏記趣〉，《自然四季》，臺北：遠流，1999 年，頁 50。
〔註108〕徐仁修，〈初夏記趣〉，《自然四季》，頁 50～51。
〔註109〕徐仁修，〈巷弄中的彩蝶〉，《荒野有歌》，臺北：遠流，2002 年，頁 24。

能跟上都市生活的急速腳步」〔註110〕。同時,藉由臺灣紋白蝶的遷徙之路聯想到臺灣原住民的遷徙之路,他說:「我常常想,臺灣原住民的命運多麼像臺灣紋白蝶——從低地被逼上高山,現在又有很多原住民回流到都市謀生。」〔註111〕徐仁修以臺灣紋白蝶隱喻都市人生活的匆忙,以及原住民的遷徙和適應力。

雖說徐仁修的自然書寫不以文字取勝,但他仍將豐富的田野觀察、自然知識和攝影照片匯入隱喻人類社會的文字中,展現他自然書寫的另一風貌。

四、余光中《夢與地理》〈大白斑蝶〉(1990)

> 一朵花真的是一個天國嗎?
>
> 要探多少個天國才滿足呢?
>
> 多自由啊,唯美的使徒
>
> 這麼翩翩地素妝而舞
>
> 這世界,你辛苦的爬來
>
> 就應該瀟灑的飛去
>
> 乘春天還年輕,飛吧
>
> 飛回哲學家正甜的午夢
>
> 一路要提防,切莫闖進
>
> 昆蟲學家採標本的袋網
>
> 讓一根無情的針
>
> 穿腸成唯美的栩栩如生〔註112〕

1985 年,余光中移居高雄西子灣,他常用文學之筆淡抹西子灣之美,也開始創作臺灣鄉土詩。自 1986 年至 1987 年,余光中為墾丁寫下十九首的小品詩——〈墾丁十九首〉,〔註113〕他寫山〈大尖山〉,風〈落山風〉,日〈金色時辰〉和〈南灣之晡〉,漁夫〈討海人〉,海〈銀夢海岸〉和〈問海〉,沙〈浪淘沙〉、〈風吹砂〉、〈貝殼砂〉和〈保力溪砂嘴〉,瀑布〈山海瀑〉,樹〈銀葉板根〉

〔註110〕徐仁修,〈巷弄中的彩蝶〉,《荒野有歌》,頁 26。

〔註111〕徐仁修,〈巷弄中的彩蝶〉,《荒野有歌》,頁 28。

〔註112〕余光中,《夢與地理》,臺北:洪範書店,1990 年,頁 109~110。

〔註113〕《墾丁十九首》後記:小品十九首自民國 75 年底至 76 年初陸續寫成,均為王慶華攝影而作,並與張曉風、鍾玲、羅青、席慕蓉、林清玄、蔣勳等同類小品收入 76 年 8 月出版的《墾丁國家公園詩文攝影集》。

和〈風駝樹〉，牧神〈牧神午寐〉，花〈蟛蜞菊〉，鳥〈灰面鵟〉，蝶〈大白斑蝶〉以及岩石〈青蛙石〉。〈大白斑蝶〉是其中的第十八首。

余光中寫〈大白斑蝶〉用了二個典故：一是英國詩人威廉‧布雷克[註114]一首很有名的小詩：「一沙一世界，一花一天國，掌中握無限，剎那是永恆。」另一是「莊周夢蝶」的故事，這是哲學家「正甜的午夢」。〈大白斑蝶〉是一首只有十二行的短詩，幽默中帶有哲學家深層的覺醒與哲思──辛苦的爬來就該瀟灑的飛去。詩末，余光中還特別提醒大白斑蝶這位唯美的使徒，千萬不要誤入捕蝶網而被無情的針穿腸成標本，流露對大白斑蝶的憐愛之情。

五、洪田浚《柴山主義》〈蝶舞〉（1993）

〈蝶舞〉一文，洪田浚帶領讀者進入高雄人的厝邊──柴山野生自然公園。首先，他介紹柴山的歷史，並引述19世紀下半葉打狗山英國領事館副領事史溫侯一段有關柴山「蝴蝶集結成空中河流」的文字敘述，見證柴山蝴蝶群飛的過去。後來，洪田浚也追隨史溫侯逐蝶的足跡，但蝴蝶群飛的天空之河已消失。

〈蝶舞〉的天空之河讓洪田浚想起了高雄六龜荖濃溪谷和茂林鄉濁口溪畔的斑蝶群；接著，他又憶起蝴蝶專家陳維壽在屏東縣萬巒鄉發現的天空之河，十萬隻的彩蝶頓時使樹林變了色。最後，聯想到加拿大學者花了四十年，才在墨西哥一處隱密的山谷找到一億隻樺斑蝶遷徙過冬的地方。[註115]

撫今追昔，柴山蝶舞的天空之河雖已消失，但仍可見琉球青斑蝶和小紫斑蝶的蝶屍，而玉帶鳳蝶的幼蟲正在吃著烏柑仔的細葉。洪田浚寫下：

> 拍下這第一次看到的生態循環過程，立刻對這種一般人憎惡的軟體蟲，產生無比親切的感情，好像是無數世代以來的好朋友，重新相見。[註116]

洪田浚與蝴蝶為友，因此日後才有機會書寫蝴蝶，他寫下蝴蝶的食草、吸水、求偶、打架、交尾和產卵。〈蝶舞〉是一篇臺灣早期的蝴蝶書寫，文字雖平舖

〔註114〕威廉‧布萊克（William Blake，1757～1827），英國浪漫主義詩人、畫家兼版畫家，浮雕蝕刻的先驅者，擅寫警句的大師。

〔註115〕筆者發現洪田浚〈蝶舞〉一文，其中描寫陳維壽在屏東縣萬巒鄉發現的天空之河（1987），以及加拿大學者花了40年才在墨西哥找到一億隻樺斑蝶遷徙過冬的地方，這二處的描述有參考徐仁修〈夜訪紫蝶谷〉，而徐仁修的相關描述則是轉自陳維壽的第一手資料。

〔註116〕涂幸枝編，洪田浚著，〈蝶舞〉，《柴山主義》，頁95。

直述,但藉由柴山這塊田野的蝴蝶觀察,卻也真實呈現當時南臺灣的蝴蝶觀察記錄,帶給一般讀者蝴蝶的科普知識。

六、劉克襄《小綠山三部曲》(1993～1996)

劉克襄以觀鳥起家,後來他的自然觀察活動,不再遠走他方,改以關懷地方周遭的自然環境為主。其中,自家附近的小山頭被他命名為「小綠山」,〔註117〕是他觀察的田野。觀察三年的小綠山,讓他寫下《小綠山三部曲》:《小綠山之歌》、《小綠山之舞》和《小綠山之精靈》,完整記錄了小綠山四季豐饒的生態。

(一)《小綠山之歌》之蝶(1993)

〈臺灣波紋蛇目蝶〉一文,首先描寫臺灣紋白蝶在菜畦飛舞,時而停在霍香薊、昭和草、黃鵪菜或油菜花上;接者,在林道上鞍部記錄到一隻臺灣波紋蛇目蝶,是早來一個月的蝴蝶,除此無他。相對於墾丁,〈玉帶鳳蝶〉在小綠山是弱勢族群,因為食草馬櫻丹並不多;然在墾丁則四處可見,因此有蝴蝶「大發生」。〔註118〕〈琉球三線蝶、孔雀蛺蝶〉則記錄了琉球三線蝶、孔雀蛺蝶、林上的玉帶鳳蝶、大琉璃紋鳳蝶、青帶鳳蝶和大鳳蝶,林下的波紋蛇目蝶和玉帶蔭蝶,該文記錄的蝶種雖很多,但均未再深入介紹。〈白波紋小灰蝶〉記錄了活動中的玉帶蔭蝶和臺灣波紋蛇目蝶,林冠上層的大琉璃紋鳳蝶和烏鴉鳳蝶,林邊的白波紋小灰蝶則喜歡棲息於野薑花。〈枯葉蝶〉記錄小綠山不常見之蝶——枯葉蝶,枯葉蝶有枯葉的色澤與紋理的腹面,是劉克襄第二次遇見,此經驗可遇不可求。〈孔雀蛺蝶〉一文不僅記錄孔雀蛺蝶,也記錄大鳳蝶、飛得快的青帶鳳蝶,還有數量變多的黑拱蝶。

劉克襄觀察的小綠山位於臺北盆地南方,是一座位在他住家附近的普通小山頭。《小綠山之歌》主要以鳥類的觀察為主,但也出現幾篇蝴蝶的書寫,涉及的自然知識很多,關於蝴蝶的描寫並不多,每一篇章不單只是介紹蝴蝶此單一物種,也介紹小綠山其他眾多的小動物和植物,是以該書以蝴蝶為標題的篇章其實並不是以蝴蝶為主體,小綠山多樣性的物種才是主體。

(二)《小綠山之舞》之蝶(1993、1994、1996)

〈雌褐蔭蝶〉是劉克襄1993年12月16日的日記,記錄小綠山行動迅速

〔註117〕劉克襄的小綠山是臺北盆地近郊的普通小山頭,位在他文山區住家萬芳社區附近。

〔註118〕「大發生」指發生了週期性,幾年一回蝴蝶群聚、群飛的現象。

的雌褐蔭蝶雌蝶。小綠山夏日常見玉帶蔭蝶，秋天有波紋玉帶蔭蝶，這三種蝶
種有何差異，劉克襄因看不出差異，所以也沒有多做描寫。

〈小單帶蛺蝶〉是劉克襄 1994 年 1 月 31 日的日記，記錄小綠山的蝶
種，計有石墻蝶、黑樹蔭蝶、琉球小灰蝶、臺灣紋白蝶、琉球青斑蝶和小單
帶蛺蝶。小單帶蛺蝶和臺灣單帶蛺蝶雄蝶長得很像，劉克襄從二者的觸鬚、
顏色、腰身環帶、飛行速度、食草和領域行為來分辨，可以輕易分辨出二者
的不同；此外，還描寫牠們的外觀、領域、動作和食草等。但因描寫得都不
夠深入，也無圖片輔助說明，一般讀者很難清楚明白，只能說這是一篇小綠
山的蝴蝶觀察記錄。

〈紅邊黃小灰蝶〉是劉克襄 1994 年 3 月 21 日的日記，菜畦裡有三、四
十隻臺灣紋白蝶，有十幾隻在啜水。一隻紅邊黃小灰蝶徘徊食草火炭母上方；
菜畦裡，還有琉球三線蝶、黑鳳蝶和紫端斑蝶。該文描寫了蝴蝶的吸水畫面和
食草火炭母。同樣的，也只是輕描淡寫，亦無圖片做輔助說明。

〈烏鴉鳳蝶〉是劉克襄 1994 年 3 月 28 日的日記，文中只用四行文字來
描述烏鴉鳳蝶，因其尾狀突起物相當細長而能馬上鑑定出蝶種，但也未多加
描寫。

〈白條斑蔭蝶〉是劉克襄 1994 年 4 月 8 日的日記，文中只用三行文字
來描述白條斑蔭蝶：「稜線上有一隻蛇目蝶科的白條斑蔭蝶，停棲在野狗的糞
便上，和麗蠅忘情地覓食；因了麗蠅干擾，牠不停地擺動黑色的翅膀。」〔註
119〕除了描寫白條斑蔭蝶的食糞現象，也描寫琉球青斑蝶和紫蛇目蝶的翩翩
舞姿。

〈細蝶〉是劉克襄 1994 年 4 月 20 日的日記，文中只用二行文字描寫細
蝶：「有隻蝶飄過空中，從其下腹仰望，是細蝶的紋路；飛行緩慢，更證明無
誤。牠的體型略大，是隻雌蝶」〔註 120〕。文中還穿插介紹其他小動物，末段
則提了一下紋白蝶和燈蛾，文字就此結束。

〈琉璃蛺蝶〉是劉克襄 1994 年 5 月 30 日的日記，關於小標題琉璃蛺蝶
只寫了一句：「在菜畦上，記錄一種漂亮的蝴蝶，琉璃蛺蝶。那兩道紫色泛光
的斑紋帶相當醒目，飛行迅速。」〔註 121〕其餘也未對蝴蝶多加描述。

〔註 119〕劉克襄，《小綠山之舞》，臺北：時報，1995 年，頁 197。
〔註 120〕劉克襄，《小綠山之舞》，頁 197。
〔註 121〕劉克襄，《小綠山之舞》，頁 284。

　　〈白尾小灰蝶〉是劉克襄 1996 年 6 月 9 日的日記，白尾小灰蝶一直被誤認為淡青波紋小灰蝶，直到他捉回去鑑定才確認。劉克襄對白尾小灰蝶的外貌有細微的描述：「捉到一隻雌蝶，正面看時，後翅黑斑兩個並列，框框橙色；翅有青色光澤。腹面黑點四個有白框。」〔註122〕顯見他對蝴蝶外表特徵的熟悉。

　　《小綠山之舞》是劉克襄在小綠山日記式的自然觀察記錄。但有一天，劉克襄覺得很沮喪，因為他自覺這是「呆板而枯燥的數字和簡單的敘述」。〔註123〕雖說如此，劉克襄與小綠山一草一木的互動，仍提供都市人就近參與自然觀察的模式、找出人與自然之間的一種相處方式，鼓勵一般都市居民走出戶外、親近大自然。

　　（三）《小綠山之精靈》之蝶（1994、1995）

　　《小綠山之精靈》的蝴蝶書寫，一如《小綠山之歌》和《小綠山之舞》，都是劉克襄在小綠山以物種觀察記錄為書寫目的，可說是一種日誌式的觀察手記或一種區域自然誌，展現他對大自然長期的關注與投入。該書關於蝴蝶的觀察記錄，一如前述的小綠山二部曲的風格，故本文不再詳加分析。

七、顏新珠〈再見！蝴蝶村〉（1999）

　　〈「再見」！蝴蝶村〉〔註124〕一文再現臺灣蝴蝶產業史，是一篇關於臺灣蝴蝶產業的專題報導。埔里曾是臺灣蝴蝶產業的重鎮，顏新珠以埔里在地人的身份書寫一篇關於蝴蝶產業史的報導文學，使讀者能更清晰理解蝴蝶在這片土地上留下的痕跡。最輝煌時期，埔里曾有 47 家的蝴蝶加工廠，見證臺灣「蝴蝶王國」的盛名。那時捕捉蝴蝶是許多家戶的重要生計，一年有幾千萬隻，甚至上億隻的蝴蝶外銷，養活了困頓的鄉下人，也為臺灣賺取了巨額外匯。

〔註122〕劉克襄，《小綠山之舞》，頁 304。
〔註123〕劉克襄，《小綠山之舞》，頁 283。
〔註124〕顏新珠，〈「再見」！蝴蝶村〉，《新故鄉雜誌》季刊第三期「在地觀察系列」埔里特輯，1999 年 9 月，頁 46～65。該文亦可見於南投縣文學資料館網站。後收錄於美國知名自然書寫作家蘿賽著（Sharman Apt Russell），張琰譯，《蝴蝶的祕密生命》，（出版十周年優雅紀念版），臺北：貓頭鷹，2016 年；亦收錄於蘿賽著，張琰譯，《蝴蝶熱：一段追尋美與蛻變的科學自然史》中文版之〈後話〉，臺北：貓頭鷹，2021 年。

　　埔里曾有滿山滿谷的蝶影舞動，這座山城是美麗的「蝴蝶村」。19 世紀，英國外交官斯文豪曾來臺採集蝴蝶，並將標本送至大英博物館；19 世紀末，日本人多田來臺採集動物，改變了蝴蝶的命運。臺灣捕蝶的始祖是余木生，身手矯健的他為日本人捉蝶。一次意外，他發現愛喝酒的枯葉蝶，並研發捕蝶的新技術，讓他一天可以捉上千隻蝴蝶。後來，余家全家相繼投入捕蝶行列，還買了六部腳踏車當捕蝶工具，兒子余清金甚至能以策略取勝，徒手捕蝶。

　　顏新珠還描繪了埔里的「大發生」，當時埔里鎮上到處是蝴蝶。二次世界大戰，蝴蝶銷日受阻，余家珍藏的蝴蝶標本也因保存不當，只好整批往河裡倒。有一次，余家因緣際會認識了臺大教授凌霄，合作將蝴蝶大量銷售日本。後來，余清金自立門戶，美國的廣告公司找上門，欲向他訂購一千萬隻的蝴蝶，並希望在每張廣告信封上用玻璃紙置入蝴蝶標本以增加閱讀率，反應熱烈，效果奇佳，訂單逐年增加。此後，余清金開始建構全臺的捕蝶網路，手下員工有一、二千人，其中女工幾百人在做蝴蝶加工。埔里是蝴蝶集散地，上品和稀有蝶種被運往國外做研究標本；數量多、外形美的則做蝴蝶加工，製成裝飾品；瑕疵蝴蝶則成為蝶畫材料。余家將臺灣蝴蝶產業推上最高峰。

　　物換星移，蝴蝶棲地遭迫害，族群銳減，捕蝶業沒落；現在的埔里，蝴蝶生態農場反而成為主流；從掠奪到復育，埔里人期待能「再現蝴蝶村」。如果人類能將蝴蝶視為朋友，他們深信「再見！蝴蝶村」不是夢想。

　　走筆至此，筆者幾乎可以確定〈再見！蝴蝶村〉搭起吳明益小說《單車失竊記》〈鐵馬誌 II Psyche〉﹝註 125﹞的鷹架，吳明益以顏新珠所述之臺灣蝴蝶捕蝶史和蝴蝶工藝史為基調，運用文學想像展開故事敘述，最後串起一段段臺灣的蝴蝶史。但小說具虛構的特質，故該篇的蝴蝶書寫不在本文討論範圍之列。

　　鍾文音小說《在河左岸》〈蝴蝶美麗翅衣上的生命裂縫〉也置入了臺灣捕蝴蝶史和蝴蝶產業史，描述了主人公的外公（余姓人家）是幫日本人捕捉蝶蝴的捕蝶人，也在家中的工作室製作蝴蝶標本。﹝註 126﹞文中並以蝴蝶標本隱喻臥病的姐姐和在河左岸從事妓女工作的菊菊。鍾文音擅長書寫家族記憶和家族史，但因小說虛虛實實，故該文亦不納入蝴蝶自然書寫範疇。該文創作的年代（2003），亦可見證蝴蝶書寫的黃金歲月。

﹝註 125﹞ 參閱吳明益著，《單車失竊記》，臺北：麥田，2015，頁 105～125。
﹝註 126﹞ 參閱鍾文音著，〈蝴蝶美麗翅衣上的生命裂縫〉，《在河左岸》，臺北：大田，
　　　　　2003，頁 61～95。

八、王瑞香《自然裡的女人》（2000）

　　紋白蝶幼蟲入侵王瑞香栽種的薺菜，她起先殺害紋白蝶，繼而竟興起飼養紋白蝶幼蟲的念頭，最後她從上班族變為業餘的毛毛蟲飼養者和觀察者。她在公寓陽臺盆景和自家附近的小徑觀察昆蟲完整的生命史和生命現象；更進一步，在野外採集毛毛蟲回家飼養，一併認識了蛾、節肢動物、鳥類、蝴蝶和蝴蝶食草。大自然展演一場場精彩的昆蟲秀，紅色小甲蟲、小螳螂、避債蛾、大琉璃鳳蝶和尺蠖輪番登場。王瑞香在大自然裡學習，心中五味雜陳，收穫、挫折、驚豔、喟嘆、欣喜和失落皆有。

　　〈故鄉新路〉一文，王瑞香以日記形式記錄她的觀察。5 月 24 日，描寫一群吸水的蝴蝶，她辨得出青帶鳳蝶、單帶蛺蝶、黑端豹斑蝶……，還近觀大琉璃鳳蝶的吸水現象與難得一見的排泄畫面。6 月 21 日，蝴蝶繁多且熱鬧，計有黑脈樺斑蝶、臺灣黃蝶、青斑蝶、柑橘鳳蝶、烏鴉鳳蝶、單帶蛺蝶和琉璃蛺蝶等。8 月 31 日，花間出現青斑蝶、樺斑蝶、臺灣鳳蝶，還有變褐弄蝶，但王瑞香對蝴蝶的樣態並未多加描繪，顯示她在初養蝴蝶階段，僅熟稔蝶名並能加以辨識。

　　〈貓捉蝴蝶〉一文，王瑞香描寫從卵開始養起的紋白蝶羽化成功，卻被貓撲殺了；起初她對貓生氣，最後檢討是自己的疏忽所導致，因而反省起人的自我中心。〈「黑」手指的菜園〉則描寫自家陽臺上的小菜園裡無尾鳳蝶的成長和回歸自然。最後，空中的小菜園也成了大自然的一部分。

　　〈愛生與懼生〉記錄一條幼蟲被寄生的死亡之路。王瑞香從野外捉了一隻毛蟲回家飼養，化蛹的過程充滿期待，但實際上這卻是一段非常寫實且令人震撼的過程，在「愛生」（幼蟲）與「懼生」（寄生蟲）之間，王瑞香思索著這生死的瞬間。〈一物剋一物〉同樣描寫毛蟲被寄生的現象，但這次是描寫「重覆寄生」，也就是說寄主本身也是寄生蟲，這讓她體會到「一物剋一物」的道理，更感受到生命的艱辛與不易。王瑞香因為愈來愈豐富的養蝶經驗，故能如此逼真寫下蝴蝶被寄生的驚悚畫面，並反思生命與死亡交錯的哲理。

　　〈今日沒有死亡事件〉一文，王瑞香描寫她的蝴蝶死亡慘重，接連好幾天且不知原因。她做了許多死亡原因的分析，包括昆蟲寄生、食草、氣溫、濕度和螞蟻入侵等因素，全文充滿死亡的陰影，幸運的是這一天沒有發生死亡事件。〈養蟲五月回顧〉一文，則回顧飼養毛毛蟲的心路歷程，有收穫、也有代價。〈為蟲作嫁〉描述一隻颱風過後大難不死的無尾鳳蝶的蛹被繫上了人工絲線，

而以人工介入的方式使蛹羽化成蝶，在臺灣的蝴蝶書寫中是非常罕見的題材。

〈黑端豹斑蝶的午餐〉一文，王瑞香描寫她拾獲一隻黑端豹斑蝶的幼蟲，但牠的食草堇菜難覓，尋尋覓覓，午餐終於有著落，最後黑端豹斑蝶也羽化成蝶，該文呈現養蝶人陷入恐慌與焦急之情緒。〈美麗的美食家〉描寫的是美食家鳳蝶家族，牠們的食草是帶有香氣的葉子，例如：柑桔屬、樟科、芸香科……，王瑞香展現她對蝴蝶食草的如數家珍。〈昆蟲界的巫婆〉描寫蝶和蛾的不同，除了外型、活動時間、食草，還有「羽衣」風格的不同，「假如蝴蝶是昆蟲界的皇后的話，那麼蛾類就是巫婆，因為牠們的色彩實在太奇怪、太不協調了……。」〔註127〕王瑞香如此比喻蝶蛾，表達了她個人的喜好，雖將蛾喻為「巫婆」，但其實在《自然裡的女人》一書，王瑞香對蛾有多篇精彩生動的書寫。

〈石碇印象〉一文，出現了許多小動物，蝴蝶的書寫則聚焦於群集性的細蝶生態和食草的介紹。最後，王瑞香感嘆2000年的石碇已從自然觀察點淪為垃圾觀察點，自然已被文化滲透或破壞。〈福山三日行記〉是王瑞香跟著林業試驗所研究人員上山做調查的工作日記，她在福山記錄紅邊黃小灰蝶、臺灣三線蝶、紋白蝶、環紋蝶、鳳蝶和琉璃蛺蝶。〈福山觀察日記〉延續蛾的研究計畫，這是為期二年的研究計畫，不僅取樣，也做標本；因著蛾的研究，也順便一道觀察蝴蝶。此行王瑞香還攜了三個即將羽化的無尾鳳蝶的蛹上山，蝶蛹最後成功羽化，飛向自然；但因錯過了觀察的時間，並未對羽化的過程詳加描述。

王瑞香自詡為「捉毛蟲的女人」，她在住家附近定點觀察、捕捉毛蟲，然後在家飼養，羽化後再放行野外。這些毛蟲有些是蝴蝶的幼蟲，有些是蛾的幼蟲。書中有許多關於蝴蝶、蛾，還有其他昆蟲和植物的書寫，但以蝴蝶的書寫居多，蛾的書寫其次。《自然裡的女人》雖不是一本蝴蝶的專著，但作者王瑞香其親身飼養蝶、蛾幼蟲的經驗，並加以觀察記錄，娓娓訴說，形成該書以蝶、蛾為主角的自然書寫特色。

九、吳明益《迷蝶誌》和《蝶道》（2000、2003）

2000年，吳明益的《迷蝶誌》出版，是臺灣第一本以蝴蝶此單一物種來書寫的專著。吳明益的蝴蝶書寫提供一條新的自然書寫路徑，呈現蝴蝶書寫的新樣貌，引起文學界和讀者注意。三年後，另一本蝴蝶專書《蝶道》出版，再度引起文學界的注目。筆者將於本文第三章對吳明益蝴蝶書寫做深入探討。

〔註127〕王瑞香，《自然裡的女人》，臺北：天培文化，2000年，頁146。

十、徐振甫〈泰雅〉（2013）

徐振甫是吳明益成功高中的學弟，受到蝴蝶專家陳維壽老師（也是該校退休老師）和學長吳明益的影響，於高中時期即有蝴蝶書寫的得獎創作。〈泰雅〉是他高三的作品，該篇少作曾獲得「臺積電青年學生文學獎」小說首獎。〔註128〕

〈泰雅〉描寫的主角乃數量極為稀少，極少被記錄且隱藏偏遠山區，甚至有可能已經絕種的「泰雅鋩灰蝶」，這是一種「幼生期不明、食草不明、生態習性不明」，採集地點多在福山通往拉拉山道路上的稀有蝶種。高三的準大學生小小跟著泰雅青年尤命到福巴越嶺尋找傳說中的泰雅鋩灰蝶，他們一路蜿蜒上山追蝶，身心困頓疲乏，卻無所獲。回程時，似乎發現了泰雅鋩灰蝶，小小急忙按下快門，但因蝴蝶照片太小、特徵不明顯而無法確認，留下許多待解之謎。

徐振甫第一次寫蝶，方才十八歲，即挑戰臺灣最稀有、最神祕的蝶種——泰雅鋩灰蝶（又稱泰雅綠小灰蝶），此與一般蝴蝶書寫者喜以一般蝶種、特有蝶種或保育類等明星蝶種為主角大不相同。他研讀了許多史料，首先提及鹿野忠雄曾採集到此種未曾記錄過的雌蝶。接著，提及江崎悌三與白水隆曾一同發表此一新種蝴蝶，並以棲地命名為 Tayal（中文名稱為「泰雅鋩灰蝶」）。之後數十年，追蝶人追 Tayal 未果，只採集到極少數的標本，而且極有可能只是近似蝶種。十多年前，臺灣與日本蝴蝶專家合作採集泰雅鋩灰蝶，仍無功而返；甚至在臺灣蝴蝶圖鑑裡做了以下的結論：泰雅鋩灰蝶如夢似幻，數量極其稀少，或許再也沒有機會被發現。

泰雅鋩灰蝶這種習性未明的謎樣蝶種到底滅絕了嗎？徐振甫給了讀者如同泰雅鋩灰蝶般神祕而隱晦的答案。筆者因好奇而上網搜尋，意外發現神祕的泰雅鋩灰蝶的生活史於在 2015 年被蘇錦平等人破解了，〔註129〕並將此一發現發表於特生中心出版的《自然保育季刊》（2016）。〔註130〕筆者以為蘇錦平之發現若早於徐振甫書寫〈泰雅〉之時，或徐振甫書寫〈泰雅〉晚於蘇錦平發現之時，那麼〈泰雅〉將呈現不同的風貌和結局；或許，不會有〈泰雅〉這篇文章的存在。

〔註128〕徐振甫，〈泰雅〉，取自聯副文學遊藝場網站，網址 https://reurl.cc/vqzDKL，擷取日期 2021 年 8 月 6 日。

〔註129〕參閱臺灣蝴蝶保育協會網站，網址 https://reurl.cc/9rk5va，擷取日期 2021 年 8 月 6 日。

〔註130〕蘇錦平、張瓊瑤，〈臺灣最神祕的蝴蝶——泰雅鋩灰蝶生物介紹〉，《自然保育季刊》第 93 期，2016 年 3 月，頁 44～53。

十一、杜虹《蝴蝶森林》（2015）

　　杜虹早期的動物書寫以墾丁的候鳥鷹、鷺等，以及國家公園裡的小動物為主要對象，蝴蝶的書寫並不多見。《比南方更南》是杜虹最早的作品集，該書〈蝴蝶之死〉一文極有可能是她的第一篇蝴蝶書寫。依蒲薪羽碩士論文整理的杜虹文學創作年表，〔註131〕得知：2005 年發表於《中國時報》〈人間副刊〉之〈蝶之生〉是杜虹第一篇發表於報章的蝴蝶書寫，其改寫版亦曾收錄於國小南一版國語課本第八冊（四年級下學期，2021）。爾後，杜虹陸續有蝴蝶書寫的單篇發表於報章，最後集結成《蝴蝶森林》一書，這是她過去十餘年自然書寫的精華，也是她蝴蝶書寫的代表之作。關於杜虹的蝴蝶書寫，筆者將於本文第四章做深入探討。

十二、張日郡《離蝶最近的遠方》（2015）

　　張日郡是臺灣新生代的自然書寫作家，他的自然書寫深受吳明益影響，於其著作《離蝶最近的遠方》的後記可以得到印證，他自言：「關於自然與文學結合方面，吳明益的自然書寫作品是我創作最重要啟蒙與起點。」〔註132〕張日郡在自序中亦曾如此描述：

> 我閱讀到吳明益先生的《迷蝶誌》（2000）與《蝶道》（2003）深受
> 震撼與感動，原來有人選擇了另一種創作方式——先身受而有感。
> 我明白感動的原因，來自吳益先生踏查的非虛構經驗，以及面對自
> 然或另一個生命時，那種謙虛的、誠懇的態度。〔註133〕

張日郡的蝴蝶書寫深受吳明益的影響，有二：一是吳明益非虛構的野地經驗；二是吳明益謙虛和誠懇的態度，而這二點也是當代自然書寫者必備的條件。張日郡也以蝴蝶為創作素材，將文字結合攝影，創作了臺灣第一本蝴蝶詩集《離蝶最近的遠方》——一本關於「旅行、攝影與詩的越界」的詩集。

　　除此之外，張日郡的蝴蝶書寫更要溯及他的童年經驗，來自雲林縣林內鄉的他，從小就有與蝴蝶接觸的經驗，每年春天紫斑蝶會飛越他的故鄉，而這種自小與蝴蝶相遇的經驗累積了他日後蝴蝶書寫的能量。他又於 2003 年習詩，2009 年學攝影，依循著吳明益和杜虹的方向，踏入逐蝶、寫蝶之路。

〔註131〕蒲薪羽，〈杜虹自然書寫研究〉，頁 260。
〔註132〕張日郡，《離蝶最近的遠方》，新北：遠景，2015 年，頁 207。
〔註133〕張日郡，《離蝶最近的遠方》，頁 11。

　　三行詩是《離蝶最近的遠方》的一大特色，約佔該書篇幅的四分之一，舉其〈蝶的三行〉前六首為例：〔註134〕

之一
眼底開始孳生灰藍色鱗片
匯集得以返回
童年的一道銀河

之二
我明白你的苦衷
因為在飛向天空之前
我們都是葉片上的三流演員

之三
你躲進自己的小木盒裡
變出一對和平的翅膀，我將記得
這是魔法師給世界最棒的變態手法

之四
借我你的複眼
我還能否告訴你我愛的食草
故鄉的蜜源

之五
有些蝴蝶會提前收攏
所有季節的枯葉
僅為了被你輕忽略

之六
你的使命：
讓流星從此只落在你的肩上
我們都有了理由可以許願

〔註134〕張日郡，《離蝶最近的遠方》，頁 22～27。

〈蝶的三行〉每首詩只有短短三行，輕薄短小，線條簡單，卻饒富情趣，也意有所指，令人會心一笑。第一首詩描寫過境家鄉林內的紫斑蝶，讓張日郡憶起了童年；第二首詩的「三流演員」意指未羽化成蝶的幼蟲或蛹，如三流演員，無法引人注目；第三首詩以「變態手法」描寫蝴蝶羽化的過程，彷彿魔術師施了魔法；第四首詩點出蝴蝶的食草和蜜源難尋，隱喻蝴蝶棲地遭受迫害；第五首詩描寫枯葉蝶的保護色，能免於天敵的覬覦；第六首詩描寫身上背負流星記號的流星紋蛺蝶蘊藏許願的意象和想像。

張日郡的三行詩用字簡潔，一如小而精緻的蝴蝶；其詩風格之輕巧，一如蝶之輕舞。張日郡以新詩開拓蝴蝶書寫的形式和語境，他的老師丁威仁曾如此推薦他：

> 我敢言，張日郡的《離蝶最近的遠方》是臺灣自然寫作迄今最好的詩集，同時也將改變臺灣自然寫作的創作思維和方法，……畢竟我看到了詩人最好的質素與生命。〔註135〕

張日郡為臺灣新生代的自然書寫作家，以蝴蝶新詩的創作崛起於文壇，他承繼了前輩，也自我開拓新局。

十三、李有成〈迷路蝴蝶〉（2016）

一隻褐色的蝴蝶
飛落在我的外套長袖
靜立不動，要陪伴我
在繁忙的捷運上
三個小孩，圍立在我的座位前
好奇地對著蝴蝶指指點點
或許這是第一次
那樣親近微弱的生命

蝴蝶在我的外套衣袖停留
始終不願離去
莫非要我帶路，迷路蝴蝶
忘了記憶中的家園

〔註135〕張日郡著，丁威仁推薦序，〈每個家的書架都應該挪出安放自然的空間〉，《離蝶最近的遠方》，頁5～6。

在陌生的城市，孤獨，恐慌
找不到回家的路
向我求助，跟隨我
要我帶牠回家
只因為我心中還有許多荒野
微風徐徐吹拂，清澈的流水
潺潺，岸邊的蘆荻
小樹歌舞，花草低聲歡唱
自然的律動
如今卻換來令人哀傷的
鄉愁。蝴蝶鼓動雙翼
要召喚家園的記憶

那三個小孩隨著一位老婦
在東門站下車。「蝴蝶，再見。」
小女孩說。我抬起手來
小心翼翼，讓蝴蝶跟他們道別
這城市沒有荒野
這城市不老
只是漸漸失去記憶
這城市讓蝴蝶找不到
親人，找不到
那條引領牠回家的路

「下一站，大安森林公園站，左側開門。」
車廂裡乘客逐漸稀落
我揹上背包，揹上蝴蝶
沉重的鄉愁，步出五號出口
走進大安森林公園
夜色漸暗，在公園暈黃的路燈下
我輕捏蝴蝶的雙翼

> 然後放手，看牠奮力展翼離去
>
> 我也漸漸失去記憶
>
> 漸漸忘了我的荒野
>
> 我的家園。「迷路蝴蝶
>
> 請記住我，下回再見
>
> 請告訴我如何回去。」〔註136〕

記憶／迷路、荒野／城市，兩兩映照，是這首詩之靈魂與關鍵。整首詩二次提到鄉愁，三次提到荒野，四次提到記憶，鄉愁、荒野和記憶彼此縈繞糾纏，是「我」情感之流向。沒有記憶，於是「我」迷路；因為迷路，於是「我」找不到荒野；荒野不再，剩下都市，於是荒野成了「我」的鄉愁。記憶是最關鍵的，只要有記憶，「我」就可以找回荒野；有了荒野，蝴蝶和「我」就可以回家。

〈迷路蝴蝶〉是一首都市捷運上的蝴蝶想像詩。這首詩的作者，看似沒有蝴蝶的觀察田野，其實他的田野就存在小時候的記憶中，那是「微風徐徐吹拂，清澈的流水潺潺，岸邊的蘆荻小樹歌舞，花草低聲歡唱自然的律動」的荒野。只因為身在城市叢林，而城市沒記憶，所以記憶消失了；因為記憶消失了，荒野也消失了，只剩下永遠的鄉愁。這是一首帶著淡淡鄉愁和哀愁的生態哀悼詩。

十四、廖金山〈斯氏紫斑蝶的傳說〉（2017）

茂林是魯凱族的故鄉，也是紫斑蝶的故鄉。《斯氏紫斑蝶的傳說》是一本關於環境教育的繪本，該書作者廖金山生長於蝴蝶的故鄉美濃，從小是個追蝶人，長大成為蝴蝶志工，也是紫斑蝶生態保育協會的理事。他跟著紫斑蝶專家詹家龍深入紫蝶谷追逐紫蝶，也成為紫斑蝶達人。

紫斑蝶像候鳥一樣，會隨著季節南遷北移。茂林紫蝶谷的紫斑蝶與墨西哥帝王斑蝶谷，並列世界級二大越冬型蝴蝶谷，因而臺灣的紫斑蝶擁有「紫色寶藏」之譽。臺灣的紫斑蝶有小紫斑蝶、圓翅紫斑蝶、斯氏紫斑蝶、端紫斑蝶，斯氏紫斑蝶是第一個被命名的蝶種，而大紫斑蝶已滅絕。該繪本以淺顯文字與小讀者交流紫斑蝶的發現、賦名、棲地、食草和遷徙行為，希望透過繪本閱讀為臺灣的生態保育埋下種子。

〔註136〕李有成，《迷路蝴蝶》，新北：聯經，2018 年，頁 72～78。〈迷路蝴蝶〉寫於 2016 年 11 月 11 日，曾於 2017 年 1 月 11 日刊載於《自由時報》〈自由副刊〉。

　　《斯氏紫斑蝶的傳說》是一本官方出版品，[註137] 透過紫斑蝶的棲息和遷徙，邀請小讀者一起欣賞蝴蝶、守護蝴蝶，進而喚起對環境的感知。該繪本圖文並茂，繪者林家棟亦出生於美濃，臺師大美術系畢業，目前是自由插畫家，曾獲金鼎獎，其筆下的紫斑蝶栩栩如生，躍然紙上。

　　綜上整理，可以發現臺灣的蝴蝶書寫約莫興起於 1980 年代，因美濃水庫的計畫興建，林清玄鳴出了第一槍，寫下美濃的黃蝶；而後，陳煌也寫美濃黃蝶，徐仁修則寫紫斑蝶。以上，這些作家皆以臺灣二大熱門賞蝶區——黃蝶翠谷和紫蝶谷做為書寫的場域，展現南臺灣蝴蝶之美和觀蝶之視角。

　　1990 年前後，余光中寫墾丁之大白斑蝶；洪田浚寫柴山之蝶；劉克襄寫小綠山之蝶。2000 年前後，是蝴蝶書寫的黃金時期，有徐仁修寫初夏之蝶、顏新珠寫埔里之蝶、杜虹寫墾丁之蝶、王瑞香寫自養之蝶、吳明益寫迷蝶和蝶道、徐仁修寫都市巷弄之蝶等。

　　2010 年以後，吳明益寫黃蝶詩[註138]、徐振甫寫鉄灰蝶、張日郡寫蝴蝶詩、李有成寫迷路之蝶和廖金山寫紫斑蝶。2018 年後，少見蝴蝶的文學作品發表或出版，蝴蝶書寫似乎暫告段落或漸趨沒落。

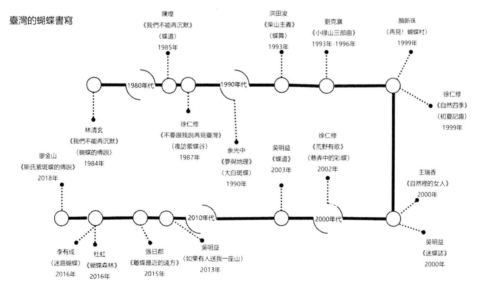

圖一　臺灣蝴蝶書寫時間軸（筆者自行繪製）

〔註137〕廖金山著，林家棟繪，《斯氏紫斑蝶的傳說》，高雄：交通部觀光局茂林國家風景區管處，2018 年。

〔註138〕吳明益，〈如果有人送我一座山〉，2013 年。該首詩將於第三章第二節介紹。

小結

　　本章首先介紹臺灣自然書寫的發展概況，先界定自然書寫的意涵和要素，再爬梳自然書寫的發展脈絡。其次，爬梳自然書寫者環境倫理觀發展的軌跡。最後，爬梳臺灣蝴蝶書寫的概況。吳明益和杜虹二位皆是指標性作家，可謂文學界蝴蝶的代言人。

　　「自然書寫」從吳明益對 nature writing 的翻譯和引介，包含三個重要的元素：自然萬物、土地倫理和環境關懷。除此，還具有幾個重要元素：人與自然的關係、田野的自然體驗、自然知識的運用、以「我」的親身經歷來敘述、寫作者具有博物學知識、能自創作風格，以及對環境的覺醒與尊重。

　　1980 年代，自然書寫作家開始展露頭角，因環境遭遇迫害，他們重視環境保護，也開始產生環境意識。1990 年代，自然書寫人才輩出，強調尊重自然、與自然和諧共處；此時期，自然書寫的範圍擴大，已涵蓋山林荒野、海洋河流和野生動植物等。2000 年代，自然書寫講究專業化和分工化，蝴蝶書寫大放異彩。2010 年後，自然書寫演化出新樣貌——自然和文學愈來愈趨近，女性作家超過半數，究其原因之一，與女性自然書寫作家勇於嘗試，使其移動田野間的行動力增強有關。

　　綜整自然書寫作家的崛起時間和表現，可將自然書寫畫分以下幾個時期：80 年代是環保意識覺醒時期，代表人物有徐仁修、劉克襄、馬以工、韓韓、陳冠學和洪素麗等，其中徐仁修、劉克襄和洪素麗等人持續在自然書寫的道路上努力，進而能走入下一個時期。90 年代是新環境倫理和新環境思維注入的時期，代表人物有陳列、陳玉峯、沈振中、廖鴻基和王家祥等人，他們秉持生態中心倫理觀的思維，為臺灣的自然書寫注入新活力。2000 年是專業化和分工化的時期，代表人物有：書寫蝶、蛾的王瑞香，書寫蝴蝶的吳明益和杜虹、書寫聲音地景的范欽慧、書寫水草的李曉菁等人。2010 年以後是再演化時期，新生代自然書寫作家加入，張日郡、徐振甫、劉崇鳳與張卉君等人帶來不同於過去的自然書寫新元素與新氣象。

　　環境倫理觀是自然書寫最核心價值，有三個進程：一、秉持「自我中心」的思維和「人定勝天」的信念，是為「人類為中心的環境倫觀」。二、人類開始學習尊重生命，意識到其他生命的存在和價值，但仍以自我為世界的中心，是為「生命中心的環境倫理觀」。三、人類認知到自己只是自然界的一員，亦

認知尊重生命價值和善盡環境保護的責任，是為「生態中心的環境倫理觀」。此三種環境倫理觀並存於現代社會，而自然書寫者通常會以生態中心的環境倫理觀自許。

臺灣的蝴蝶自然書寫約莫起於 1980 年代，初有林清玄、陳煌和徐仁修的蝴蝶書寫。1990 年代，有余光中、徐仁修、洪田浚和劉克襄的蝴蝶書寫。2000 年前後，是蝴蝶書寫的全盛時期，有顏新珠、王瑞香、吳明益、徐仁修和杜虹的蝴蝶書寫。2010 年以後，則有杜虹、吳明益、徐振甫、張日郡、李有成和廖金山等作家的蝴蝶書寫。這些作家的蝴蝶書寫，在臺灣的文學花園裡綻放花朵、頻添色彩。

筆者發現，蝴蝶書寫可以劉克襄的《小綠山三部曲》為分水嶺。在此之前，蝴蝶書寫作家大多未能長時間投入於田野的觀察，因之也較少能分享長期的觀蝶經驗或呈現更多元的觀蝶視野；而徐仁修和原住民深入屏東山區，記錄捕蝶人捕蝶的活動則是珍稀的歷史記錄。這些作家皆表達對蝴蝶物種和蝴蝶生態的關心。劉克襄的《小綠山三部曲》是為期三年的都市近郊動植物的觀察記錄，而在他之後的蝴蝶書寫作家，於童年、於生活、於工作，幾乎都有長期的蝴蝶田野經驗，因此能呈現更多元的創作，甚至有蝴蝶專著的出版。

筆者又發現 2000 年前後，是臺灣蝴蝶書寫的黃金時期，尤其是吳明益的《迷蝶誌》和《蝶道》將蝴蝶書寫推到了最高峰。2015 年後，蝴蝶書寫有下滑的趨勢，從蝴蝶書寫的出版品或發表數量即可窺知一二。2020 年前後，各地仍有許多賞蝶活動舉行，〔註139〕美濃黃蝶祭也持續舉辦之際，為何蝴蝶書寫式微？筆者將之歸因如下：一、吳明益締造臺灣蝴蝶書寫的巔峰，成就非凡，幾乎讓其他作家難以超越。二、同時期的杜虹，研究蝴蝶二十年，又以蝴蝶博士身份書寫蝴蝶，其在文學界「專業的權威」幾乎無人能出其右，亦難以超越。三、新生代作家張日郡以蝴蝶詩崛起於文壇，他以不同的書寫形式來表現蝴蝶，避開了與吳明益和杜虹蝴蝶散文創作被比較的尷尬，形成自己的特色和風格，因此有機會崛起文壇。

吳明益、杜虹和張日郡三人皆各有自己的觀蝶田野，具備蝴蝶的專業知識和觀察能力，同時擅長蝴蝶之攝影，表現出個人蝴蝶書寫之文采和風格。加上蝴蝶書寫素材多已被採用，後繼者的蝴蝶書寫若要超越前人，門檻很高，不易

〔註139〕2021 年，臺灣各地原有許多賞蝶活動，但因新冠肺炎疫情嚴重，五月下旬，活動陸續取消。

跨越。此外，蝴蝶體型小且飛行速度快，不易觀察，光是指認蝴蝶和辨識蝴蝶的難度就很高，還需具備蝴蝶的專業知識、長期的田野經驗、文學的創作能力和具水準的拍攝技巧等，而這些能力皆需長期累積才能形成功力。

綜上所述，是筆者認為造成蝴蝶書寫暫告段落或漸趨式微的主要原因。總括來說，認識蝴蝶和書寫蝴蝶皆非易事，既費力又費心，且專業，在在考驗後繼欲嘗試的自然書寫者，故筆者認為再創蝴蝶書寫高峰恐非指日可待。

第三章　吳明益的環境倫理觀及蝴蝶書寫

　　筆者已於本文第二章爬梳自然書寫者的環境倫理觀，可分三個進程：人類中心、生命中心和生態中心的環境倫理觀。每個人因生活經驗或價值觀不同，因而對待自然環境的態度、與大自然想處的方式也會有所不同，在生活中力行環保的能力亦有所落差，故每個人各自擁有不同的環境倫理觀。對一個自然書寫者而言，環境倫理的信仰、傾向和實踐，深深影響其對待環境的態度、寫作的特質和所欲傳遞的生命價值。本章，筆者將爬梳吳明益的文本，聚焦於蝴蝶書寫之面向，試圖從文本中找出證據，引出流露在文字外或隱含於文字裡的環境倫理，並分析其自然書寫的特質。

第一節　吳明益的環境倫理觀

　　吳明益生長於臺北市中華商場，畢業於輔仁大學大眾傳播系廣告組，攝影為系上必修課程，加上廣告組出身，學院的專業訓練使他擅長於攝影和文字撰寫。大學畢業後，曾於《音樂雜誌》和《廣告》擔任主筆，撰寫評論。1997 年，考上國立中央大學中國文學研究所，從此踏入文學的學術領域，並獲文學碩士和博士學位。考上研究所那年暑假，吳明益因工讀受訓而成為商業性昆蟲展館臨時的解說員，從此開啟認識蝴蝶之門；而昆蟲解說員的身分又形成一個契機，使吳明益展開日後一連串的蝴蝶田野調查活動，從尋蝶、追蝶到迷蝶，進而寫蝶。

　　吳明益現任國立東華大學華文文學系教授，研究領域是現代文學、自然書寫、文學批評理論和文學創作等；寫作、畫圖、攝影、旅行、閱讀和文學研究是他的興趣。目前是臺灣當代主流及重量級作家，也是國際級的作家，其創作以散文和小說為主，曾獲國內多項大獎，諸如：聯合文學小說新人獎、梁實秋文學獎和聯合報文學獎小說大獎等。長篇小說《複眼人》獲法國島嶼文學獎小說獎、《Time Out Beijing》百年來最佳中文小說，被翻譯成十多國的語言；另一長篇小說《單車失竊記》也被翻譯成多國的語言，並於 2018 年入圍英國布克國際獎，〔註1〕是臺灣第一位入圍此獎項的作家。短篇小說《天橋上的魔術師》則於 2021 年被臺灣公共電視臺改編為同名迷你的電視劇集。

　　吳明益成名於蝴蝶的自然書寫，他的環境倫理觀受美國環保先驅和自然寫作大師之啟蒙，亦曾受國內自然書寫前輩作家影響，分析如下：

一、溫和的人類中心主義

　　梭羅最著名的散文集《湖濱散記》、《種子的信仰》〔註2〕和瑞秋・卡森《寂靜的春天》〔註3〕、李奧帕德的《沙郡年紀》，以及美國「國家公園之父」約翰・繆爾的《夏日走過山間》等書都影響了臺灣許多生態學家或自然書寫者的環境倫理觀。吳明益亦曾受這些作家之影響或啟發，從其著作《迷蝶誌》、《台北伊甸園》和《蝶道》之自述和論述中，以及他為《寂靜的春天》中文版所撰寫之推薦序即可窺知一二。

　　欲探討吳明益對土地、環境和生命的關照態度，可從他的第一本著作《本日公休》找到蛛絲馬跡。他於該書的自序裡曾言：「我開始掙扎於過去以人為思考中心的模式，以及人本為依歸的價值觀。」〔註4〕從吳明益的自述中，可以發現他初始的環境倫理觀是以「人類為中心」為思考模式，而後才掙扎蛻變，這轉變源於中央大學「文學院那片用千年紅檜神木製成的木牌」。他寫道：

〔註1〕The Man Booker Prize 是英國每年頒給長篇小說的聞名獎項，參選資格必須是英國、國協成員國，以及愛爾蘭共和國的英語系作家。2005 年起，設立每二年頒發一次的布克國際獎（The International Booker Prize）。2016 年起，這個獎項有調整，每年頒布給一部英文翻譯作品，獲獎作品的五萬英鎊獎金由該書的作者和翻譯者平分。參閱臺北市立圖書館網站，網址 https://reurl.cc/6a5nZ5，擷取日期 2021 年 6 月 20 日。

〔註2〕梭羅著，陳義仁譯，《種子的信仰》（Faith in a Seed），臺北：果力，2017 年。

〔註3〕瑞秋・卡森，《寂靜的春天》，2017 年。

〔註4〕吳明益，《本日公休》，臺北：九歌，1997 年，頁 13。

> 我並不是一個反人類中心主義者。相比之下，我較能接受諾頓
> （Bryan G. Norton）在〈環境倫理與溫和的人類中心主義〉這篇文章
> 中提到的「溫和的人類中心主義」。諾頓認為，強烈的人類中心主義
> 以人類為一切利益的考量核心，透過感受的喜好（a felt preference）
> 來判斷事物是否具有價值。換句話說，覺得蝴蝶是美麗的，或蝴蝶
> 是可賣錢的，便逕自捏斃蝴蝶，這是依靠感受的喜好來運用自然。
> 但溫和的人類中心主義，必須有一個完整的世界觀，以省察過的喜
> 好（a considered preference）對待自然。這是一種理想，因為那些感
> 覺的喜好在省察後必須被揚棄，並沒有一個準則可供篩選。〔註5〕

這段行文，吳明益清楚表達自己的環境倫理觀，自言並不是個「反人類中心主
義」者，而是個「溫和的人類中心主義」者。「感受的喜好」與「省察過的喜
好」不同，可用來判別事物的價值，而後者是吳明益的理念。

吳明益於《蝶道》一書，再次強調他的環境倫理觀，他說：

> 關於倫理上的認知，我不是人類中心主義者（Anthorpocentrism）、不
> 是一個反人類中心主義者（Anti-anthorpocentrism），不是一個人道主
> 義，也不是一個生命中心主義者（Biocentrism）。〔註6〕

綜上，得知吳明益強調自己的環境倫理觀，既非人類中心主義，亦不是生命中
心主義者，誠如他所言：是一種「溫和的人類中心主義」。這是一種介於「人
類中心主義」與「生命中心主義」之間的環境倫理觀。

李奧帕德的土地倫理觀有幾個革命性的觀點，亦深深影響吳明益的環境
倫理觀：

> 其一是「社群」的概念（The Community Concept）。李奧帕德認為必
> 須將人視為土地國的一份子，透過整全的研究，試著去「保存生物
> 社群的完整、穩定和美感」，才是人類與自然的相處之道。李奧帕德
> 定義下的「土地」包括了土壤、水、植物和動物，以及它們彼此之
> 間的流動性關係，直言之，就是一個完整的生態系。這生態系每一
> 種生物與生態都屬於社群關係，共同組成「土地金字塔」（The Land
> Pyramid）。〔註7〕

〔註5〕吳明益，《迷蝶誌》，臺北：夏日，2010年，頁202。
〔註6〕吳明益，《蝶道》，臺北：二魚文化，2010年，頁277。
〔註7〕奧爾多・李奧帕德著，吳明益導讀序，《沙郡年紀》，頁13。

李奧帕德的「社群」有二個重要概念：一是土地國的概念；二是完整、穩定和美感的概念。此二概念亦是「生態中心倫理觀」的核心概念。

吳明益不認為自己是生命中心主義者，亦不高唱生態中心的環境倫理觀，坦言自己還是會上便利商店、逛夜市、使用消毒過的自來水，也使用相機、底片和幻燈機等一些傷害地球的東西，所以說自己只能算是個「溫和的人類中心主義者」。其實，吳明益在書寫《迷蝶誌》和《蝶道》階段，已具備土地國、社群的整全觀與土地美學的概念，並一再強調所有物種無位階之分和生命本身的「內具價值」，〔註 8〕又總是期許自己能以「朋友或戀人的姿態來對待其他生命」。在吳明益蝴蝶的書寫階段，從其書寫、言說、論述和生態觀來檢視，無庸置疑，他已展現出生態中心層次的倫理觀。做為一個文明人，吳明益誠實面對「人」的身分，以及身為「文明人」難以避免之惡，只願稱自己是「溫和的人類中心主義者」，這是出自於他對自我的嚴格和高標準要求。

除此之外，在吳明益《台北伊甸園：一本關於士林官邸歷史生態與延伸思考閱讀的手冊》一書，亦可發現他受梭羅影響之痕跡。他引梭羅之言：「在這樣的季節中生長，好像玉米在夜間生長。」〔註9〕他期盼人們能過一種純粹的生活，一輩子都在大自然裡發現生活。他進一步解釋：「接觸自然……當然也不是離群索居、或將人文環境排除在自然環境之外的一種活動。」〔註10〕這種不將「人文環境排除在自然環境之外」的理念，符應他「溫和的人類中心主義」的說法。

吳明益曾為《寂靜的春天》中文版再版撰寫導言，提及：「臺灣許多自然書寫作家都深受這部書的啟發，比方說……徐仁修……馬以工……李曉菁……。……我心想卡森女士一定會滿意一個更正確的版本，繼續在這海島上發揮它的影響力。」〔註11〕吳明益雖未直言他的生態倫理觀受到瑞秋・卡森的影響，但由他為《寂靜的春天》寫了四頁導言，還希望此書「繼續發揮它的影響力」，並稱讚卡森女士有雙「最靈敏的耳朵」，〔註12〕才能聽見海風下寄居蟹行走的聲音、小水珠的叮咚聲，卡森之影響已不言而喻，而其細膩的觀察和

〔註 8〕參閱吳明益，《迷蝶誌》，頁 201～203。
〔註 9〕吳明益，《台北伊甸園——一本關於士林官邸歷史生態與延伸思考閱讀的手冊》，臺北：前衛，2002 年，頁 25。（以下該書簡稱《台北伊甸園》）
〔註10〕吳明益，《台北伊甸園》，頁 25。
〔註11〕瑞秋・卡森，《寂靜的春天》，頁 4～5。
〔註12〕瑞秋・卡森，《寂靜的春天》，頁 5。

摹寫也影響吳明益日後的自然書寫。

　　除了受到國外自然寫作大師之影響，〔註 13〕吳明益又受到臺灣哪些作家的影響呢？他在新版《迷蝶誌》作者序中，直指：

　　　　……有三個人對我意義重大，分別是蝶類專家陳維壽老師，深深投

　　　　入環境運動的陳玉峯教授，以及在我的印象裡，總是一個人到各處

　　　　去旅行、觀察自然的劉克襄先生。〔註 14〕

吳明益自覺寫《迷蝶誌》時，「昆蟲的知識膚淺得很」，〔註 15〕蝴蝶專家陳維壽給了他許多蝴蝶的專業知識。關於劉克襄和陳玉峯的環境倫理觀，筆者已於第二章第二節論述過，此不再重覆。在吳明益的論述中，讀者經常可以望見臺灣自然書寫前輩劉克襄和環保運動中堅份子陳玉峯二位作家的身影，他們的環境倫理觀對吳明益有一定程度的啟發和影響。

　　劉克襄在《山黃麻家書》〈捕捉方式〉描寫自己曾掙扎於是否該用鳥網捕鳥、套上腳環來做觀察記錄；或者為了鑑定屬種，是否要用網抓昆蟲，做成標本？最後，劉克襄堅持其信念，他認為：

　　　　保存一個物種，遠比認識牠來得急迫。……我通常用一種很不科學

　　　　而愚笨的方法：設法接近觀察的昆蟲，貼身近看。〔註 16〕

　　　　觀察鳥類也是一樣。不用腳環，就是怕影響牠們的覓食行為，甚至

　　　　影響生命危險。我都是設法找出每隻鳥的個別特徵，藉以認識牠們；

　　　　相對的，也用很長的時間，讓牠們熟悉我的到來，甚而認同我，接

　　　　受我是牠們的成員之一。〔註 17〕

劉克襄這種「不科學而愚笨」的方法：不用鳥網、不做標本、貼身近看的方式，深深影響了吳明益日後的蝴蝶觀察。

　　吳明益也有一段類似的描寫，可以呼應上文：

　　　　於是，我慢慢領悟，捕蟲網的使用，其實也是一種怠惰。我們省略

　　　　了與另一個生命戀愛的過程，而選擇了一種單純的、粗糙的認識方

　　　　式。有一天，我們或許以捕蟲網而能背誦所有的蝶名，但卻不可能

〔註 13〕梭羅、繆爾與李奧帕德被並列為三大自然寫作大師，參見《湖濱散記》封底
　　　　介紹。

〔註 14〕吳明益，《迷蝶誌》，頁 21。

〔註 15〕吳明益，《迷蝶誌》，頁 22。

〔註 16〕劉克襄，〈捕捉方式〉，《山黃麻家書》，臺中：晨星，1994 年，頁 130～131。

〔註 17〕劉克襄，〈捕捉方式〉，《山黃麻家書》，頁 131。

　　結識任何一隻蝴蝶。生命不是一個三五個字連起來的符號。〔註18〕
吳明益不同意用捕蝶網捕蝶就如同劉克襄不願意以鳥籠捕鳥的道理一樣,認
為這是一種「怠惰」;也不苟同為了認識蝴蝶而將蝴蝶製成標本。劉克襄和吳
明益二人皆以相同的模式來認識所觀察的物種,先熟悉,再認同,最後被接
受;而捕捉工具都是二人不使用的手段。

二、自然萬物與人類同等

　　在保育觀念未普及的年代,蝴蝶和其他物種常被「貨幣化」;換言之,被
視同等值的貨幣。彼時,捕捉和販賣蝴蝶是維持家庭生計的管道,是商人致富
的手段,甚至是國家經濟發展的政策。吳明益《迷蝶誌》〈十塊鳳蝶〉描寫蘭
嶼珠光鳳蝶被稱做「十塊鳳蝶」,乃因一隻被捕捉到的鳳蝶價值臺幣十元。他
在《單車失竊記》〈鐵馬誌 II〉也有一段臺灣早期蝴蝶產業史之描寫。在蝴蝶
產業巔峰時期,販賣蝴蝶和製作蝴蝶工藝品是許多家戶賴以為生的產業,每年
被專業採蝶人所捕捉的蝴蝶難以估計。蝴蝶被「貨幣化」,吳明益不以為然,
他在《迷蝶誌》〈十塊鳳蝶〉和〈飛翔的眼神〉寫到:

> 標本商以十塊驅使達悟人捕蝶,然後以百倍的價格,賣給都市人或
> 外國人做為牆上的裝飾,他們用肥油的手指著,多麼美麗的蝴蝶
> 啊!〔註19〕

> 但如果我們是動心於蝴蝶這種生命的美麗,或將其視為具有內具價
> 值的獨特生命,卻不一定要循著買賣、蒐藏或研究的手段來獵取、
> 認識蝴蝶。〔註20〕

吳明益以「肥油的手」點出人類的無知、貪慾和高傲,而「具有內具價值的獨
特生命」正透露出他的環境價值觀,此即是一種「生態中心倫理觀」的展現。
對生命被「貨幣化」,吳明益溫柔而堅定的表達了立場。

　　「內具價值的獨特生命」的倫理觀使吳明益能對所有物種一視同仁,沒
有誰應該被矮化或該被歸類於害蟲之屬。他寫道:

> 我常想,上帝應該並非專為人們創造柑橘樹,
> 薄翅天牛與柑橘鳳蝶,難道就不是上帝的子民?

〔註18〕吳明益,《迷蝶誌》,頁 144～145。
〔註19〕吳明益,《迷蝶誌》,頁 59。
〔註20〕吳明益,《迷蝶誌》,頁 203。

> 而被人類豢養，身懷劇毒孤獨站立的柑橘樹，
>
> 恐怕也失去了，和天牛與鳳蝶幼蟲搏鬥後而生存下來的驕傲吧？
>
> 〔註21〕

薄翅天牛常對柑橘樹進行環狀剝皮，使柑橘樹停止生長，因此柑橘鳳蝶常被人類視為「害蟲」。人類自以為是造物者，有權決定其他物種的好壞優劣，評定其生命價值，吳明益委婉表達他的不認同。他認為昆蟲也是上帝的子民、是自然界的一員，每個生命都有與生俱來的「內具價值」，透露出他承繼自李奧帕德的環境倫理觀。

如前所述，吳明益認為萬物應與人類站在同等的位階上，生命沒有高低優劣之分，眾生一律平等。因此，他在《迷蝶誌》和《蝶道》始終用「他」來指稱雄蝶和「她」來指稱雌蝶，物種和人類的位階既是平等，就不需再創造另一個代名詞「牠」來指稱人類以外的物種，這就是他秉持「自然萬物與人類同等」的最佳明證。

三、以生命對待生命的信仰

吳明益在《台北伊甸園》曾下了一個副標題：「生態旅遊不能沒有信仰——拋棄知識的炫耀。」〔註22〕他認為解說教育不是要創造一個動植物的專家，而是要想方設法引起人們對生活環境的興趣和關懷，獲致內心的感動和感激。吳明益如此告訴讀者：

> 我們希望這本以一種獨特方式撰寫的解說手冊，最後為你開啟的門，是通往找尋一種信念去生活的「全人」，在你觀察這些生命時，都有一個你信服的信念在支持著。〔註23〕
>
> ……我們並不是昆蟲學者，但在生活中，亦時時會與昆蟲偶遇。或許學習一種生命對待生命的方式，遠比判分兩種生物體間生殖器的差異來得更為急切。……學習如何以一個「人」的姿態去面對其他生命（包含人與其他異種生命），恐怕是更為緊要的課題。〔註24〕

吳明益在擔任昆蟲解說員或在士林官邸觀察自然時，經常看見小朋友只會背誦蝴蝶的名稱或用記憶的知識去分辨蝴蝶的性別，甚至粗魯的和蝴蝶拍照、

〔註21〕吳明益，《迷蝶誌》，頁72。
〔註22〕吳明益，《台北伊甸園》，頁27。
〔註23〕吳明益，《台北伊甸園》，頁27。
〔註24〕吳明益，《迷蝶誌》，頁201。

殘暴的捉弄蝴蝶，因此他認為學習以一種生命對待生命的方式比炫耀蝴蝶的
知識重要得多。但他也不認為知識是無用的，知識仍有其必要性，他寫道：

> 知識使得那些過去被我們錯過的物事被召喚回來，可以使我們更深
> 層地認識環境。而我們希望您拋棄的，只是那種比賽記鳥名、記蝶
> 名，把知識拿來做為炫耀的姿態。〔註25〕

吳明益能寫出和喚出上百種蝴蝶，他不認為自然知識不重要，而是不願知識
流於炫耀。他認為拋棄知識性的炫耀，才能以欣賞的角度和尊重的態度來關
看生命。

生命有所限，亦有所長，每個生命都有其獨特的內具價值。蝴蝶的美麗不
需人類用任何手段來奪取，認識蝴蝶亦不需透過獵取的方式，因為蝴蝶不是
「作物」，也不是「獵物」。動物是有主體的生命，享有被尊重而不被傷害、宰
制的權利，人類並沒有擁有任意對待動物或自然的權利。動物跟人類一樣可以
感知苦痛，人類應該以對待人的態度和方式來對待動物，不使牠們遭受苦痛。
因此，生命除了不可以「貨幣化」外，更需要「以生命對待生命」的態度和方
式來相待和欣賞。

吳明益在《迷蝶誌》亦提到：

> 我想提供一種角度，即是文學愛好者，結識另一種生命的想法、感
> 受與思維。而這種生命，給了我回頭面對「人」時，深深的戰慄、
> 啟發與面對生命的輕盈姿態。〔註26〕

吳明益一直希望人類能用另一種思維，學習用生命結識生命，用生命對待生
命。這種以「人」的姿態而非「萬物之靈」的姿態去善待其他生命，一直是他
強調的環境倫理觀。

人類中心主義者常因無知或缺乏同理心而在觀賞大自然的同時，洩漏出
或展現出自己的高傲，而忽略其他生命的本質和價值。吳明益希望人類能把
愛推及萬物，能以一個「人」的姿態去對待其他生命、欣賞其他生命，在欣賞
中發現生命內在價值的感動，並感激萬物所賜予的美好。

四、土地國：人類只是自然之一員

吳明益曾說：「生態旅遊不能沒有信仰。」〔註27〕此一信仰是什麼？他引

〔註25〕吳明益，《台北伊甸園》，頁28。
〔註26〕吳明益，《迷蝶誌》，頁173。
〔註27〕吳明益，《台北伊甸園》，頁27。

用梭羅的語言：「一個人若想要活得豐富而堅強，一定要在自己的故鄉。我已在此度過這四十個年，學習這些田野的語言，因此更能表達自我。」〔註28〕又引用詩人愛默生之言：「你腳下踏著這點土，你如果不覺得它比這世界上任何別的土更甜潤，那我就認為你這個人毫無希望了。」〔註29〕可見田野和土地就是梭羅和吳明益的信仰。

吳明益引梭羅和愛默生的觀點，認為認識和欣賞大自然時要腳踏上這片土地才有意義和希望，這種強調土地的價值，正是「土地國」的概念；而這裡所指涉的土地，範圍不侷限於自然，也包括個人和所處的人文環境。「土地國」不同於民族國家，「民族是一個『想像的共同體』」，〔註30〕民族國家就是政治想像的集合體，有其邊界；而土地國沒有邊界，是無邊界國，地球上所有生命皆是土地國的子民。梭羅身為土地國的一員，他以田野的語言來認識另一種生命，這種語言不同於知識的語言，而是環境信仰的語言。吳明益藉由梭羅和愛默生的田野語言和土地信仰傳遞了個人的環境倫理觀。

土地是孕育生命的母親；土地上的河流，是大地的乳汁；土地的命運，就是人類的命運。然而，土地國的母親已經生病了。吳明益寫下：

> 土地像一位終年生產卻無暇休養的母親，正將她的生命活力，竭力地奉獻給土地上高壯油綠的人工作物。子女總是粗心地忽略了，母親正在快速衰老的事實。〔註31〕

人類過度開發土地，砍伐原始林，種上人工的經濟作物，使滋養萬物的大地之母因長年無法休息而快速衰老。吳明益提醒人類要疼惜大地之母，守護土地國上孕育萬物生命的母親。

吳明益還提醒人類不要太自利而蓋了許多破壞大自然的建設，傷害了母親而不自知，他說：

> 在我們興建核四、濱南工業區、七輕、八輕、美濃水庫時，其實未能把殺害土地、殺害其他生命的成本列入算計，未能把我們子孫將失去的，其他生命的友誼和他們直接和間接的蔭護納入計算……。〔註32〕

〔註28〕梭羅，《種子的信仰》，頁15。
〔註29〕吳明益，《台北伊甸園》，頁28。
〔註30〕班納迪克‧安德森（Benedict Richard O'Gorman Anderson）著，吳叡人譯，《想像的共同體：民族主義的起源與散布》，臺北：時報出版，2010年，頁12～13。
〔註31〕吳明益，《迷蝶誌》，頁43。
〔註32〕吳明益，《迷蝶誌》，頁49～50。

科技和工業被人類神化,如果人類還不自知,吳明益認為「人類終會寂寞的死去」。〔註33〕大地是母親,人類是大地之子,而土地國的孩子卻忽略了母親的健康。吳明益提醒孩子要重新尋回那份對母親的愛,並守護那終年勞苦、無私的母親——讓她休生養息,不再受傷、不再蒼老。

爬梳《迷蝶誌》、《蝶道》和《台北伊甸園》三書,筆者歸納出四點吳明益的環境倫理觀:溫和的人類中心主義,萬物與人類同等,以生命對待生命,以及人類是土地國的一員。吳明益不以「生命中心」或位階更高的「生態中心」環境倫理觀自居,只稱自己是「溫和的人類中心主義者」。吳明益不使自己的倫理主張陳義過高,因為他自認自己也有一些文明人的生活習慣,但筆者認為他的環境倫理早已高過於此。之於環境倫理,吳明益向來自有其信仰與堅持,並嚴格要求自我,於生活中力行,例如:他的出版品始終堅持使用再生紙,封面不上光,並以低耗能來印刷,也盡可能延長相機等器材的使用壽命等。

總括來說,觀察吳明益對土地的關照和檢視其環境倫理的論述,可以肯定的說:其生態關早已和「生態中心」的環境倫理主張不謀而合了。只是身為一個現代人,吳明益誠懇且謙卑面對現代文明無可避免對環境所造成的傷害,所以說自己是個「溫和的人類中心主義」。

第二節　吳明益的蝴蝶書寫

1997 年,吳明益擔任蝴蝶解說員時,便展開一連串觀蝶的旅程。他以文字、攝影作品、手繪插畫來記錄蝴蝶的外型、習性和生態,也寫下他對蝴蝶的迷戀和想像。以下,分別就他的《迷蝶誌》、《台北伊甸園》和《蝶道》三書的蝴蝶書寫進行文本分析:

一、《迷蝶誌》(2000)

〈寄蝶〉是吳明益早期發表在報上的蝴蝶書寫作品,該文於 1998 年獲梁實秋文學獎。初次擔任昆蟲展館臨時解說員的吳明益讚嘆小小的溫室竟有幾十種和幾百隻的蝴蝶,興奮的以為自己是個魔法師,隨時可以馬上變出好多種昆蟲,更掌握了給誰摸的權利。蜜源植物和陽光不足,使蝴蝶奄奄一息,甚至死亡,孩童的踐踏更使情況雪上加霜,但老闆卻不在乎這些,只心繫蝴蝶和

〔註33〕吳明益,《迷蝶誌》,頁 50。

昆蟲可轉換的貨幣價值。

第一次寄自墾丁的蝴蝶，讓吳明益寫下〈寄蝶〉一文。墾丁的大白斑蝶和青斑蝶被囚禁在都市華麗的牢籠裡，成了拍照的炫耀品或蝴蝶標本，吳明益為此感到難過！展覽近尾聲，老闆將翅翼殘破、無法駕馭風的蝴蝶往大樓窗口丟出，吳明益的眼角有一種酸楚湧了上來。他想起了恆春和蘭嶼隨風而飛的白色舞者才是真正的大白斑蝶，而不是人們口中的「大笨蝶」。吳明益開篇就讓讀者認識其蝴蝶書寫之要角——大白斑蝶。

〈寄蝶〉可以直譯為「寄自墾丁的蝴蝶」，亦可隱喻吳明益「寄情於蝶」之初心。文中，吳明益對蝴蝶的遭遇提出個人的叩問：人類何時才能有切膚之體悟？

〈寂寞而死〉一文，吳明益與朋友到花蓮富源訪蝶，看到「數百隻細蝶全身佈滿肉棘，色澤鮮豔的幼蟲，彼此擁抱、並臥、交纏、疊沓，讓人感到一種神祕的恐怖。」〔註34〕吳明益直接表達他視覺上的不舒服，但他知道這是細蝶集體合作嚇退敵人、虛張聲勢的把戲；為了生存，沒有一隻細蝶幼蟲可以置身事外。該篇以細蝶為主角，除了領會細蝶以身體展現存在的祕密，也用來暗諷現代文明。科技、工業和水庫雖帶來舒適的生活，但過於安逸或把利益當前，將造成環境的改變和迫害，無人可以置身事外，若人類不思反省，終究會「寂寞而死」。文章末句，吳明益以「人類終會寂寞地死去」〔註35〕一語呼應〈寂寞而死〉之篇名，製造出前呼後應之效果，凸顯了主題，使主題更鮮明；末句又如警世之語，似乎又再次提醒了讀者。

〈十塊鳳蝶〉描寫的對象是蘭嶼的保育類蝴蝶——珠光鳳蝶。吳明益與朋友踏上蘭嶼尋找珠光鳳蝶，第一次聽見蘭嶼人用「孩子」來指稱蝴蝶幼蟲。「短暫一個多小時，我們並沒有遇上珠光鳳蝶，太陽便幾乎把所有的蝶哄了回家。」〔註36〕吳明益以「哄了回家」，呼應蘭嶼人以「孩子」來指稱蝴蝶，用詞幽默、充滿童趣。

蘭嶼人不識「珠光鳳蝶」，暗示了當時島上居民對蝴蝶賦名的不熟悉；而把珠光鳳蝶喚做「十塊鳳蝶」則非常寫實且生活化。吳明益不以〈珠光鳳蝶〉而以〈十塊鳳蝶〉為篇名，多少帶點諷刺之意；他於文中還嵌入了蘭嶼的地方

〔註34〕吳明益，《迷蝶誌》，頁45。
〔註35〕吳明益，《迷蝶誌》，頁50。
〔註36〕吳明益，《迷蝶誌》，頁55。

誌、捕蝶史、達悟人與漢人的接觸史、反核運動史,以及日本人類學家的田野調查史等,內容豐富多元。

〈界線〉一文,吳明益以三種蝴蝶來說明生存的界線。1926 年,人類學家鹿野忠雄的「桃色之夢」意指發現了曙鳳蝶。曙鳳蝶生活於高山區,是一種如桃花般美麗的蝶種,少有越界到低海拔地區的行動,「溫度」就是牠們的界線。然而,人類為了栽種高山水果而放棄了與曙鳳蝶相擁的「桃色之夢」。琉璃鳳蝶和大琉璃鳳蝶的界線則不明顯,有學者認為是以淡水河為界線,但吳明益不在意這一條界線在哪,認為蝴蝶自有其神祕的生命契約;他也不在意看到的是琉璃鳳蝶,還是大琉璃鳳蝶,只求人類不要破壞或拆除這條天然的界線。所有生命之間都存在界線,只有人類才會拆除、崩解這條界限,使自己深受其害或陷他者於不利。

〈死蛹〉描寫朋友在自家陽臺鐵窗旁發現桔樹葉片上有一個大鳳蝶的蛹,可惜被蜂或蠅寄生而成了死蛹;但即使蛹未能羽化成蝶,吳明益深信這隻大鳳蝶仍是帶著某種夢想和信念死去,隱隱有著一種飛行的姿態。飛到大城市的雌鳳蝶找到可以延續生命的葉脈是不易之事,然而大鳳蝶仍很固執,不願改變對芸香科植物的依賴;如果找不到芸香科的樹葉讓幼蟲可攝食,那麼牠們寧可在都市中懷著滿腹的卵死去。文中有一段關於大鳳蝶外型的描述:

> 大鳳蝶是少數同性異體的蝶種。他的雄蝶總是像穿著藍黑絨禮服的紳士,而雌蝶則是花俏多樣的晚禮服。不但分為有尾型與無尾型,連後翅紅白斑都至少有八、九種的變異。對他們來說,沒有膚色歧視的問題。〔註37〕

吳明益用文學之筆描繪大鳳蝶美麗的外表,使用譬喻法形容其羽衣,並藉著大鳳蝶外表來隱喻世人生而平等,不該因膚色不同而遭受種族歧視,而隱喻向來是吳明益蝴蝶書寫中善用的寫作技巧。

四獸山是臺北人輕易可到達的賞蝶地點,此處雖人為的介入愈來愈多,但無道路之處仍充滿著生命力。〈陰黯的華麗〉描寫顏色呈焦褐色、沒有華麗外表的紫蛇目蝶,卻吸吮著有華麗外表的花。牠們合翅時,像枯葉;展翅時,展現紫色的物理斑,典雅耀眼。因此,吳明益把牠們形容為「陰黯的華麗」。不夜的臺北城,使用大量的核能發電,還偷渡了核廢料到蘭嶼或國外,吳明益稱這是一種「華麗的陰黯」。吳明益借蝶抒情,「華麗」和「陰黯」形成強烈的

〔註37〕吳明益,《迷蝶誌》,頁 78。

對比，隱射不夜的華麗臺北城帶給蘭嶼陰暗的世界（核能廢料貯存場）。

　　要看見大型蛇目蝶需走入樹林，牠們身上具保護色，「這使得他們多數的時間冷靜、專注，像一位入定的禪者，在某個陰暗處望著一株草沉思。」〔註38〕玉帶蔭蝶是蛇目蝶的一種，吳明益將浪漫的神話和提香的畫作鑲嵌在〈忘川〉一文，賦予蝴蝶藝術的生命和神話的色彩，並帶有愛情的意象。提香畫筆下呈現白牛（宙斯的化身）和歐羅巴（Europa）的愛情故事，結局卻令歐羅巴黯然。吳明益無意中發現玉帶蔭蝶的種名就是「歐羅巴」，「忘川」（Lethe）是靈魂轉世時必須喝的一種抹去前世的忘川之水，而剛好蛇目蝶中又有一個龐大的屬族賦名忘川（Lethe 屬）。吳明益將宙斯和歐羅巴的愛情、忘川與蛇目蝶之間做了巧妙的安排，展現了愛情、神話與遺忘之間的微妙關係。

　　中央大學的校園裡有蝴蝶嗎？秋季的校園裡至少有十多種蝴蝶，同學們視而不見，吳明益卻看得見，他看見大鳳蝶、孔雀紋青蛺蝶和紋白蝶等。〈在學習睜開眼睛〉一文，吳明益含蓄的邀請讀者學習睜開眼睛觀看昆蟲的世界，例如：觀看校園之蝶、觀看每年夏天美濃黃蝶之「大發生」。

　　〈野桐開放〉一文，吳明益讓讀者知道有不同於食葉的蝴蝶，臺灣黑星小灰蝶攝取野桐的花，蔭蝶或蛺蝶則迷戀於腐爛的果肉汁液或糞便，這樣的食性暗示著：「生命的背後，或許總有某種陰暗存在，只是我們不願、不忍直視罷了。」〔註39〕臺灣黑星小灰蝶不易被發現，「沒能發現她們，只是我們習慣了從我們的高度看世界，卻極少抬起頭來，注意到樹梢附近，那些僅僅三、五公分的華麗寶石。」〔註40〕吳明益不會只偏愛大型的或多彩的蝴蝶，認為只要我們願意改變觀看世界的角度和高度，即使是小小的、灰灰的小灰蝶也可以是一顆顆「華麗寶石」。

　　〈魔法〉一文中，吳明益讓讀者見識到了三星雙尾燕蝶遺傳自母親基因的魔法。三星雙尾燕蝶縱橫交錯的斑紋看起來像一幅現代畫，這是魔法之一。牠的二對尾突，配上後翅末端的紅斑及弧度特異的翅型，愚弄了人們的視覺，以為是二隻正在交尾的蝴蝶，這是魔法之二。時時摩娑尾突，像魔法師揮動魔杖，以蒙蔽獵食者銳利的眼睛，這是魔法之三。為了保命，能將尾部擬態成頭部，這是魔法之四。飛行速度恍如隱身術，可以瞬間移動，這是魔法之五。

〔註38〕吳明益，《迷蝶誌》，頁 91。

〔註39〕吳明益，《迷蝶誌》，頁 109。

〔註40〕吳明益，《迷蝶誌》，頁 109。

幼蟲不吃植物而是與擎尾蟻共生，彼此需要卻不強行佔有，這是魔法之六。此六種魔法讓人見識到吳明益豐富的科學知識和強大的聯想力。

三星雙尾燕蝶與擎尾蟻共生，各取所需，傳遞了這樣的訊息：「生命的運行，是彼此需要，而不獨佔或相互隸屬。」〔註41〕最後，吳明益以人類對三星雙尾燕蝶施了魔法而使牠們的聚落變成一畦畦的果園做為結束，呼應該篇的主題〈魔法〉，反諷了人類具有「破壞力的魔法」。

〈地圖〉一文，吳明益介紹一種翅腹、翅背布滿黑色線條的蛺蝶——石墻蝶，因其身上的線條彷彿縱橫交錯的公路線，所以又被稱做「地圖蝶」。地圖蝶翅緣參差，像極了薄薄的岩片，又像身上背著一幅紙繪地圖，這是一種個性閒適的蝶種。吳明益藉地圖蝶的從容對比人類的匆匆忙忙和汲汲營營，盼讀者反思在積極求取時，是否傷害了自己或他者？

吳明益又從地圖蝶聯想到地圖上交錯的圖案，彷彿人類以如鳥的視野俯視城市格狀的多角形，並注意到都市生態發展學者所提的觀點：圓形的都市結構應優於方形的結構，如此才不會阻礙風的流動。從蝴蝶的外型而產生生態城市的想像，這是吳明益另一種凝視和省思後的觀察心得。

中央大學旁的油菜花召喚了紋白蝶，這種常見的蝴蝶常被人們忽略，甚至輕蔑，但對吳明益來說，陪他寫論文的油菜花田和被油菜花賦予生命的紋白蝶是研究所生涯美麗的印記。吳明益借景抒情，藉由油菜花的被活埋，感慨生命中有許多事物被活埋了，例如：苦楝樹和相思樹的倒下換來墓碑似的校園建築物。他說：「我想，有關油菜花，有關我的記憶，或者，有關這片土地的某種物事，必然有一部分，因為某種原因，被活埋了。」〔註42〕〈活埋〉一文，吳明益憶起紋白蝶、想起油菜花的被活埋，進而傳達了對大樹被砍、記憶消失或對某些傷逝事物的不捨與無奈。

〈國姓爺〉一文，吳明益回憶在南投縣國姓鄉逐蝶的情景。1994年，吳明益來到國姓鄉的護國宮。首先，他回顧鄭成功與臺灣的淵源，想像鄭成功軍隊在臺肅殺敵人的情景；也想像三百年多前護國宮附近的生態樣貌和地理景觀，有群蝶、飛鳥、山羌和一片綠意。然而，整個下午，吳明益只見臺灣紋白蝶，他感慨的說：「綠似乎被人類馴化了。」〔註43〕護國宮周遭都被同層次的

〔註41〕吳明益，《迷蝶誌》，頁116。
〔註42〕吳明益，《迷蝶誌》，頁126。
〔註43〕吳明益，《迷蝶誌》，頁132。

綠所霸佔，整齊的菜園和經濟果樹讓他感到疲憊。終於，遇見一隻小紫斑蝶（埔里紫斑蝶），於是一路追逐牠。接著，他翻開圖鑑認識蝶種、想像鄭氏軍隊的腳步聲、回憶臺灣土地的滄桑史和殖民史、蝴蝶王國時期的捕蝶史，想起小紫斑蝶和柑橘鳳蝶的學名賦名（Koxinga）皆與國姓有關（他推測有可能發現的地點靠近國姓鄉）。

　　由該篇書寫篇幅、故事節奏和內容鋪陳，筆者感受到早期吳明益蝴蝶書寫的忙碌和擁擠，他迫不及待想將臺灣諸多歷史和地方誌置放於幾頁的行文中。他嘗試以蝴蝶為媒介，走進島嶼的歷史，甚至企圖拉高視野，藉由「國」之想像，透露「國」乃土地之意義，土地是複數生命的故鄉，而不是屬於「驅趕者」專有，顯見他很早就有「土地國」的理念。該文描寫1993年吳明益到國姓鄉追蝶之景，呈現其最早記錄之蝶，但並不意謂著這是吳明益最早的蝴蝶書寫，也有可能是多年後的回憶之作。

　　〈放下捕蟲網〉一文，吳明益憶及走進森林裡捕捉黃蝶的情景。黃蝶屬包含了體型、色澤和習性相近的數種蝶種，諸如：淡色黃蝶、星黃蝶、臺灣黃蝶、荷氏黃蝶……，雖然牠們皆擁有黃蝶之賦名，但生殖器相異，血統不同。即便如此，黃蝶們也不會有鮮明的種族意識。牠們之間界線模糊，特徵難以辨識，身上的「圓」或「不圓」、顏色的「淡」與「深」，難以用文字清楚表達，就像「愛」與「不愛」難以證明一樣。吳明益體會到人類文字和語言的貧乏，因為貧乏，所以無法提供完整的語境。

　　結識黃蝶的過程不容易，吳明益採逐漸縮短距離的方式，經過「默許」，才靠近牠們。他將自己退位在黃蝶之後，此時人只是客體，黃蝶才是主體。該文中，吳明益嘗試表達許多人生哲理和生態觀點，例如：

> 直到現在，我依然無法準確地判斷黃蝶的種名，但當我放下捕蝶網之後，我知道，我將開始認識黃蝶。以一種戀愛的姿態。〔註44〕

> 當黃蝶用盡氣力衝突細網磨損他們的翅鱗，並因此裸出翅面時，找到他們準確的學名，對我而言的意義究竟是什麼？只是將觀察表上那四個同屬黃蝶的空格填滿，一種蒐集式的心理驕傲，還是為了展示我的辨識技能？或是，炫耀人類能為萬物命名的特權？〔註45〕

吳明益深深反思自己拿捕蝶網和圖鑑來認識黃蝶是一種極不友善或愚蠢的行

〔註44〕吳明益，《迷蝶誌》，頁146。
〔註45〕吳明益，《迷蝶誌》，頁143～144。

為。他體會到要以愛戀情人或認識新朋友的姿態來親近蝴蝶，以一種浪漫或尊重的態度，而不是一廂情願的手段或驕傲自大的心態來認識蝴蝶。其之於蝶之反思，承繼自劉克襄之於鳥之反思，二者有異曲同工之妙。

〈迷蝶〉一文於 1998 年獲梁實秋文學獎，呈現出「迷蝶」一詞的多層隱喻。首先，描寫了紫斑蝶和雌紅紫蛺蝶，一隻迷路的紫斑蝶來到了校園榕樹上產卵，蝶的蟲卵必須在寒流來之前羽化，並回到東部無風的故鄉，他們是「迷路的蝶」，就像在校園裡異地落腳的移民植物松樹，原不該落腳於此卻在此地落地生根的道理一樣。

蝴蝶利用模稜兩可的圖案偽裝和擬態的行為讓人難以辨識，雌紅紫蛺蝶就是箇中高手，生存的意念使牠們改變基因，易容為毒蝶的樣貌，騙過掠食者而繁衍後代。為了孕育下一代，牠們拋棄臉孔、戴上面具，成為「謎樣的蝶」。

接著，描寫中華商場這個小小移民社會聚集了從南部或海外漂泊而來的移民，他們像紅擬豹斑蝶，血液帶著流浪的基因，誠如吳明益所說：

> 紅擬豹斑蝶的食草是垂楊柳。「年年柳色，灞陵傷別。」這是一種體內佈滿流浪基因的蝶。〔註46〕

> 迷蝶是迷走的蝴蝶，在生態的術語中，因遷徙或天然因素（如颱風）所導致某個地區出現原不產於這個地區的蝶種，便稱為「迷蝶」。〔註47〕

蝴蝶隨著交通工具或神祕的遷移管道從中國、日本或菲律賓渡海來臺，成為「迷蝶」，最後在臺灣生存下來。「迷蝶」亦象徵臺灣的所有移民，包括南島語系的原住民遷徙者、西方強權荷蘭和西班牙的侵入者、從中國移入的漢人、日本帝國的殖民者、東南亞的移工，以及來自世界各地的新住民等，這些移民也曾是「迷蝶」，最後都成為臺灣的一部分。

吳明益又補充說：

> 迷蝶在這塊土地與原生種的爭戰、拉鋸與掙扎，也往往讓我看到了人類族群相處的模式與歷程。這些文章不是專寫生物學上的迷蝶，而是類似遷徙的蝶與遷徙的人之間的聯想，於是時而以蝶的世界，去反思人的世界。〔註48〕

〔註46〕吳明益，《迷蝶誌》，頁 168。
〔註47〕吳明益，《迷蝶誌》，頁 171～172。
〔註48〕吳明益，《迷蝶誌》，頁 172。

迷蝶也象徵「謎樣」的蝴蝶。生命的神秘，是勾起許多研究者或喜好者不斷潛入的深淵。……對我來說，蝴蝶謎般的魅惑，在於他是個多變的生命，而不是生「物」，我一直在尋找與他們交往的方式。〔註49〕

迷蝶也是「迷戀」蝴蝶，宛如一個暗戀者去揣想戀人每一個動作的心情。這使我每次遇到一隻蝴蝶，都有心跳加速的激動與羞怯。〔註50〕

無論「迷蝶」指涉的是「迷路的蝶」、「謎樣的蝶」或「迷戀的蝶」，吳明益以蝶傳達迷戀、想像和反思，除了表達情感，亦反思人與蝶交往之道和人類族群相處之道。

〈迷蝶二〉，紅擬豹斑蝶被隱喻為「流浪」或「遷徙」者，就像來自臺灣各地或跨海而來的移民，身上都佈滿流浪基因，最後一一落腳在臺灣的土地上，成為「迷蝶」。綠斑鳳蝶從菲律賓迷飛而來，也是另一種「迷蝶」。吳明益還迷戀玉帶鳳蝶有著毫無雜質瞳孔般的黑色，這是屬於他「迷蝶」。

〈飛〉一文於1998年獲生態暨報導文學獎，描寫蝴蝶羽化的艱困，強調飛行之重要。然而，並不是每隻羽化的蝴蝶都能飛行，吳明益寫道：

……不是每隻蝶都註定有飛的權利。有時蛹中的革命未完，便只好成為帶翅的苦行者，爬行到被捕食者發現為止。……等待飛行，是一種殘酷的忍耐。〔註51〕

飛行，方是生命的實現。〔註52〕

雌蝶其實不可能選擇和追不上她舞步的雄蝶繁衍。飛行，才是魅力。〔註53〕

能夠飛行，也就背負了遠比身體還沉重的某些物事，這使得他們的飛行實在不如我們看到穿花款款地輕鬆自在。〔註54〕

飛行對羽化成蝶來說是一種殘酷的考驗，羽化不是美麗的過程，而是決定生死的時刻。羽化後的蝴蝶若無法飛行，生命隨時面臨死亡。飛行不是冒險，而是責任，亦是生命的實現；能飛才能生存，才有魅力。

〔註49〕吳明益，《迷蝶誌》，頁172。
〔註50〕吳明益，《迷蝶誌》，頁172。
〔註51〕吳明益，《迷蝶誌》，頁182。
〔註52〕吳明益，《迷蝶誌》，頁183。
〔註53〕吳明益，《迷蝶誌》，頁184。
〔註54〕吳明益，《迷蝶誌》，頁184。

〈時代〉一文，吳明益寫下小時候的回憶，也寫下了一段蝴蝶史。他回憶小時候父親騎車載他到臺北橋下診所看病，以及母親為他多病的身體求神拜開漳聖王的情景，字裡行間隱隱流露出父母之愛。

看診室櫃子上一層一層的蝴蝶標本，帶給吳明益一種神祕感。林醫師送他的一盒蝴蝶標本，使他憶起了環紋蝶的歷史，加藤正世在臺灣進行蝴蝶研究六年，曾讚歎環紋蝶吸水群如菊花美麗的花瓣。日本蝶類專家濱野榮次深深嚮往此景，36 年後，也來臺踏上研究蝴蝶之路，但六年之中並未見到加藤所形容的「宛如一朵盛開菊花」的景象。吳明益感嘆那「如菊花開放的環紋蝶群時代」已飛走了！「環紋蝶群時代」亦隱喻「吳明益的小時候」，他的童年時代也如環紋蝶群——已經遠走了！

〈時代〉不僅書寫童年記憶，也書寫傳承——關於愛和蝴蝶之傳承，無論記憶或傳承，皆流露出吳明益的懷舊之情。吳明益是個含情念舊的人，即使一朵像彈珠的小花都能勾起他小時候的回憶，誠如在〈迷蝶〉寫下：「紫花與黃花的酢醬草更是在青綠的草地四處招搖，彷彿一枚枚兒時遺落的彩色彈珠滿地滾動，隨處一撿便撿起記憶。」〔註55〕小花使吳明益想起彈珠，彈珠勾起小時候，猶如環紋蝶勾起他的小時候。撿拾記憶一直是吳明益自然書寫的重要部分和養分。

二、《台北伊甸園：一本關於士林官邸歷史生態與延伸思考閱讀的手冊》（2002）

《台北伊甸園》是一本非文學性的生態導覽手冊，吳明益另闢蹊徑，邀請讀者以一種新的生態旅遊經驗來親近士林官邸，尋回對大自然的感受力，進而思考一種以新的旅遊方式來探索生命的可能。士林官邸物種多元，生態豐富，是適合生態旅遊的地方，以下僅就該書非典型旅遊手冊、非圖鑑式的部分來探討吳明益的蝴蝶書寫。

水柳旁的小水池生物多元，出現了許多蝶種，值得駐足欣賞士林官邸多樣的生態。〈水柳旁邊停下來〉一文，吳明益以文學之筆調生動描繪蝴蝶的樣貌：

> 而由於野薑花，我們便有幸看到宛如被拋入空中的錫箔紙片，反射
> 著陽光的白波紋小灰蝶，以及偶而在野薑花葉上產卵的孔雀紋蛺蝶，
> 當他們伏在葉上張著藍紫色的眼紋，彎起尾柄，等於宣稱他們接受

〔註55〕吳明益，《迷蝶誌》，頁 159。

> 了人們引進這片水域的水蕨衣。……請舉起你的望遠鏡，黃斑蛺蝶
> 正靜靜地在水柳錯綜的枝葉裡穿逡，四處訪覓一個適合產卵的枝頭。
> 更遠一些，無尾鳳蝶嗅到了芸香科植物發揮到空氣中的柑橘香料，
> 懷抱著子嗣而來。〔註56〕

這一段行文，吳明益生動描寫了四種蝴蝶，有白波紋小灰蝶、孔雀紋蛺蝶、黃斑蛺蝶和無尾鳳蝶，牠們在花間穿梭、在枝葉上產卵，一片生機盎然。讀者若忽略書頁二側圖鑑式的解說，只選擇閱讀正文的蝴蝶摹寫，抒情的筆調和溫柔的邀請，很難讓人察覺這是一本導覽手冊。

〈植物所記憶的生活史〉一文，吳明益描繪了黃斑蛺蝶的飛行：

> 是的，你所看見到的那隻仿如回力鏢來回飛巡的，就是黃斑蛺蝶。
> 他是如此敏感、機警，並且近乎狂熱地驅趕任何靠近他領域的飛行
> 物；黑脈樺斑蝶、紫斑蝶……以致於好不容易你找到他停憩的枝葉，
> 他又已經出動，進行另一次追逐超越你眼球速度的追逐。〔註57〕

同上段引文，本段引文也相當具文學性。水柳是雄蛺蝶常佔領的制高點，牠們時常在移動，飛行速度極快，難以被觀察；即便如此，吳明益仍以輕快筆調將黃斑蛺蝶難以被觀察的飛行動態輕巧捕捉，跳脫一般導覽手冊圖鑑式生硬解說的框架。

該篇導覽中，吳明益也寫下蝶種與樹種的關係：

> 沿著棧道站立的山橘、桶柑、柚子則不只記憶人們的生活史，也記
> 憶無尾鳳蝶、大鳳蝶、黑鳳蝶的生活史。而馬利筋記憶樺斑蝶，水
> 池背後的烏心石記憶青斑鳳蝶、各種榕屬植物則記憶著端紫斑蝶、
> 圓翅紫斑蝶與小紫斑蝶。〔註58〕

植物供給萬物生命，蝴蝶亦與植物相偎相依；沒有植物，就沒有蝴蝶。本段行文，吳明益回到他科學理性又帶有文學感性的書寫狀態，關於樹和蝶的依存與互動關係，在《蝶道》和《迷蝶誌》皆有詳實的描寫，然而吳明益於該文書寫只點出蝶種與樹種二者之間的關係，並未進一步加以闡述，有些可惜。筆者認為《台北伊甸園》既作為一本生態旅遊導覽手冊，實有必要提供讀者關於樹種與蝶種之間的更多訊息，使讀者明白。

〔註56〕吳明益，《台北伊甸園》，頁 43～44。
〔註57〕吳明益，《台北伊甸園》，頁 45。
〔註58〕吳明益，《台北伊甸園》，頁 47。

〈讓誘食成為一種邀請〉一文，吳明益想教讀者辨識蝴蝶：

> 既然看到柑橘樹，你沒有理由沒看到光葉水菊上，彷彿在探測每一
> 朵花心臟的樺斑蝶、黑脈樺蝶、琉球青斑蝶、姬小紋青斑蝶、端紫
> 斑蝶、斯氏紫斑蝶、圓翅紫斑蝶與小紫斑蝶。〔註59〕

上面短短幾行文字中，吳明益一口氣寫下了八種蝴蝶，蝴蝶或因斑紋或顏色過於相似而產生辨識上的難題，但吳明益不厭其煩引領讀者從蝴蝶的色澤、斑點、花紋、大小或食草，輔以彩色照片來認識蝴蝶，避開了棘手的辨識問題。

在文字部分，吳明益亦能以生動活潑的筆調來呈現，例如：

> 若你再有耐心一點，等他吸吮時翅翼張闔的瞬間，你將看到紫端的
> 紫色集中在前端，而且具有寶石般的光澤，斯氏的紫斑相較則分布
> 較散，光芒微弱內斂得多。〔註60〕

吳明益不願《台北伊甸園》只是一本傳統的、制式的生態導覽手冊，時而以文學之筆描摹顏色之變化，如：寶石般之光澤、微弱內斂之光芒，除呈現文學之美感外，亦添加讀者對色彩想像之樂趣。

此外，吳明益對蝴蝶的嗅覺、領域性和擬態也做了一些解說，例如：對於嗅覺有以下的描寫：

> 餵食器可視為一種邀請，這種邀請有時被拒絕，有時則被接受，而
> 成為一種盛宴。這一天的蓮霧與鳳梨，便吸引了罕見的流星蛺蝶。
> 〔註61〕

這一段有趣的描摹跳脫導覽手冊教條式的框架，手冊正文如一篇篇的散文或科普文章，不僅有科普知識，亦饒富文學韻味，又充滿文學想像。讀者若想獲得更多的科學知識，可進一步閱讀書頁二側以更小字體呈現的圖鑑式專業解說。

〈等待攀蜥〉一文，吳明益描繪了許多動物，有攀蜥、蜻蜓、大冠鷲……，也描摹了琉璃蛺蝶的偽裝：

> 琉璃蛺蝶合翅立在棧道的扶手旁，這使他們偽裝為樹皮的翅背反而
> 益顯清晰……。當他轉換位置的瞬間張闔翅膀，在那一瞬間翅正面
> 那二道水藍色瀑布，會讓你感到一陣興奮的清涼。〔註62〕

即便是書寫生態導覽手冊，吳明益身為文學愛好者從來也沒想放棄他的文學之

〔註59〕吳明益，《台北伊甸園》，頁48。
〔註60〕吳明益，《台北伊甸園》，頁50。
〔註61〕吳明益，《台北伊甸園》，頁56。
〔註62〕吳明益，《台北伊甸園》，頁68。

筆，例如：「二道水藍色瀑布」譬喻法的使用和「感到一陣興奮的清涼」觸覺的摹寫，使蝴蝶的偽裝樣態，不僅有自然知識的傳遞，亦帶有文學想像的況味。

〈榕樹步道〉一文描寫了榕樹、小彎嘴畫眉，也寫了石墻蝶：

> 天氣好的上午，遇見石墻蝶並不是太難的事。飛行姿勢彷彿一片失去重力紙張的石墻蝶，飄在榕樹氣根間，偶爾恰巧停在與視線垂直的鬚根上，給予你機會近觀他們錯綜複雜的翅脈翅紋，我常常迷戀那幅繪製著生命祕密的奇妙地圖。〔註63〕

吳明益在《迷蝶誌》〈地圖〉一文也曾描寫身上布滿地圖的石墻蝶，石墻蝶這無法解讀的生命密碼和無法判讀的奇妙地圖，是吳明益迷戀之蝶，也是生態旅遊者好奇之蝶。〈地圖〉一文，吳明益將石墻蝶比喻為一枚極薄岩片、一幅紙繪地圖；〔註64〕〈榕樹步道〉一文，則將石墻蝶比成一張紙、一幅地圖。二篇文章中，吳明益皆巧妙的使用譬喻法，使石墻蝶「揹著地圖的身影」栩栩如生，躍然紙上。

《台北伊甸園》是一本關於士林官邸歷史生態與延伸思考閱讀的手冊，跳脫一般旅遊導覽手冊的思維和框架，雖定位為非文學類的導覽手冊，但排除圖鑑式的解說部分，文本仍不失文學風，而此種文學與非文學互補、互映的組合方式，展現導覽手冊另一種新面貌。吳明益身為文學作家和文學愛好者，文學之筆難捨，又難以純理性之筆來書寫生態手冊，於是將文學和科學相融相合，而這樣的新嘗試提供了生態導覽手冊另一種表現方式和書寫模式。

三、《蝶道》（2003）

《蝶道》分為上下二卷：上卷〈六識〉分成六篇，分別從眼（視覺）、耳（聽覺）、鼻（嗅覺）、舌（味覺）、愛慾（嗅覺）等感官與死亡現象來展開書寫；下卷〈行書〉亦分成六篇，分別是〈達娜伊谷〉、〈目睹自己的誕生〉、〈往靈魂的方向〉、〈當霧經過翠峰湖〉和〈言說八千尺〉，而總結於〈行書〉，呼應下卷卷名〈行書〉，而〈行書〉又呼應書名《蝶道》。〈行書〉是吳明益行旅於達娜伊谷、翠峰湖、八仙山、花東和南橫等地，與動物、植物和人物互動交流之後的自然書寫。關於《蝶道》之文本分析，整理如下：

〈趁著有光〉一文，吳明益以人眼所見之光或未見之光來捕捉蝴蝶振翅的光影。吳明益光與色彩的啟蒙來自於林布蘭與蝴蝶，林布蘭是 17 世紀荷

〔註63〕吳明益，《台北伊甸園》，頁 84～85。
〔註64〕吳明益，《迷蝶誌》，頁 119。

蘭的畫家,他擅於捕捉光,並且用色彩表達那不可見的「光」,而天生色弱的吳明益很早就著迷於林布蘭的光,他認為蝴蝶的飛行必然還有某種屬於「光」的部分。

吳明益第一次遇上流星蛺蝶後,對光有了新的理解與詮釋。流星蛺蝶這種被人喚為「墨蝶」的黯然蝶種,如何從「墨」轉為「流星」,關鍵在於「光」。光使流星蛺蝶的深藍色瞬間化為藍色紫光;這藍色紫光不是蝶翼鱗片上天生基因的化學光,而是經過反射、折射和繞射後所呈現的物理光。蝶翼鱗片上亦會因熱能的吸收而使蝴蝶的色澤呈現繽紛或黯淡,這種變化在蝶語裡被轉譯為「求生」之意。

吳明又益寫道:

> 蝶的肉身不只關乎美學,也關乎愛情、鬥爭、生存與演化寓言。而
> 我貧弱的文字該如何才能重現蝶翼上所能展示的光之隱喻?〔註65〕

蝶翼上「光之隱喻」有哪些?所謂「寓言性的色彩」又隱喻了哪些?光之隱喻難以詮釋,吳明益說自己「文字貧弱」,似乎更要讀者自行體會和意會,但他至少言說了流星蛺蝶的「流星色」對眾人來說隱喻著「願望的不易達成性與不可捉摸」。〔註66〕

蝶的複眼感應到光的波長比人類少,雖能見色彩比人類不豐富,卻能偵測到人眼所不及的紫色光,使牠們能靠紫外線來尋花;複眼也使蝴蝶具快取能力,使牠們在飛行時能準確穿越障礙物。蝶眼的觀看與人眼的觀看不同,即使是人眼的觀看也會因人而異,例如:流星蛺蝶的食草「山豬肉」被造林者視為「雜木」,對流星蛺蝶卻是「豐美的田園」和「綠泉」。流星蛺蝶對一般人來說不是特別美麗的蝶種,但對吳明益來說,「那是造物者美感天份的展示,一個靈魂的象徵,一種光。」〔註67〕觀看結果之不同在於觀看者「看到的世界」與「建立的世界」有所不同之故。

〈趁著有光〉書寫群蝶在樹林間樹冠層上飛舞的情景,描寫的蝶種很多,僅僅一頁就出現流星蛺蝶、端紅粉蝶、烏鴉鳳蝶、紫單帶蛺蝶、青斑蝶、小青斑蝶、柑橘鳳蝶和黑點粉蝶八種蝶種,而吳明益凝視的焦點是流星蛺蝶。他如此形容流星蛺蝶:

〔註65〕 吳明益,《蝶道》,頁43。
〔註66〕 吳明益,《蝶道》,頁43~44。
〔註67〕 吳明益,《蝶道》,頁46。

> 我的文字是絕不可能重現看見流星蛺蝶的震動的，他們太輕盈了、
> 太迅捷、太抽象、也太像「光」了。……而流星蛺蝶翅膀上依循著
> 某種基因規律所構造的流星圖像，則啟示了我某種實質與抽象的
> 「光」的存在。那翅所展示的除了生物學、經濟學、力學或動物生
> 理學外，還可能意味著「啟發」——生命對人類心靈啟發的幽微之
> 光。〔註68〕

吳明益所謂「幽微之光」，是一種由「理性之光」和「感性之光」揉和而成的
「天啟之光」，此「天啟之光」開啟人們對大自然的新認識：在進行任何改造
自然的行為之前，需要把其他生命考慮進去。吳明益將士林官邸「人工化的
自然環境」裡遇見流星蛺蝶時所獲得的「天啟」挪移至該文，誠如林布蘭用
各種筆法和顏料，逐漸掌握光的天啟一般。文中最後，吳明益還添加了二道光
——蝴蝶代代延續的「野性之光」，以及孩子們看待異種生命時眼底閃爍的微
微「顫抖之光」。

　　梭羅用力捕捉大自然的幽微天啟，他領悟到每一種生命的存在彷彿都透
露著宇宙的奧祕。似乎，吳明益這幽微的「天啟之光」得到了梭羅的開示。

　　〈在寂靜中漫舞〉一文，吳明益以聽覺和聲音展開書寫，首先以觀看梵諦
岡簽字大廳的壁畫引出畫裡之聲音地景，並以此連結其他動物的聲音，例如：
昆蟲、樹蛙和鳥的聲音。聲音可以做為溝通、求偶的工具，但人類聽不見蝴蝶
的聲音，蝴蝶也聽不見人類的聲音。蝴蝶是啞子，飛行也沒有聲音，對聲音也
不敏感，聲音對蝶來說「缺乏訊息的利用性，他們既不以聲音求偶，也不以聲
音避敵」。〔註69〕夜行性的蛾因需辨別方向和避敵，因此聽力比蝴蝶好，但有
一種絲角蝶聽力好，可以留在黑夜；而聽力不好又無法演化出更好聲納系統的
鱗翅目則適應了白天，最後演化成了蝴蝶。

　　文中，吳明益以多面向來詮釋聲音的本質，對蝴蝶的「聽覺」和「聲音」
的書寫反倒著墨並不多，只蜻蜓點水寫了一句——「如果要講給雙尾蝶聽，也
許『疏花魚藤與臺灣魚藤分布概況』是不錯的題目。」〔註70〕從行文之鋪排，
可以窺知吳明益於《蝶道》一書欲展現更強大的書寫企圖，他不想只描摹蝴蝶
的聲音和聽覺，他企圖寫更多關於聲音的人事物，他不僅想書寫蝴蝶的聲音，

〔註68〕吳明益，《蝶道》，頁48～49。
〔註69〕吳明益，《蝶道》，頁66。
〔註70〕吳明益，《蝶道》，頁74。

亦想呈現繪畫裡的聲音、音樂裡的聲音、哲學家的聲音、動物的聲音、政治人物的聲音和大自然裡的各種聲音，而這樣的舖排使該文呈現多音交響的聲音地景和熱鬧畫面，亦使讀者對聲音有更多元而豐富的想像和意會。

〈愛欲流轉〉一文，是吳明益到蘭嶼踏查的行旅記錄。蘭嶼被譽為「昆蟲的天堂」，旅者可以在此探訪各種昆蟲和鳥類，例如：蘭嶼角鴞和一級保育類蝴蝶——珠光鳳蝶。文中出現的蝶種有大白斑蝶、眼紋擬蛺蝶和黑脈樺斑蝶……；其中，吳明益對黑脈樺斑蝶的情意流動有非常生動的描述：

> 只要站在這裡，就可以看見雌黑脈樺斑蝶掠過後，背後的隱形絲線不久便拉著瘋魔的雄蝶，跳著風指導的熟練舞步而來。……但雄蝶似乎能輕易找到氣味的線頭，追上前頭揮著橙紅色旗幟的雌蝶，然後在她身後數公分處以一種溫柔的飛行磨摖雌蝶的翅翼，藉發香鱗與發香器釋放令她心跳的氣味。他們共舞，持續這種充滿韻律的婚飛達數十分鐘，用隱形的愛情絲線纏繞彼此興奮得微微顫抖的雙翅。〔註71〕

其次，吳明益寫下黃裙粉蝶的愛慾流轉：

> 鄰近的另一片耕地旁，三隻平時飛行速度不容你眨眼睛的黃裙粉蝶，意外地以一種「軟綿綿」的溫柔飛行姿態，圍繞著其中一隻旋舞（想必是雌蝶）。……雌蝶接受到雄蝶的慾望氣味，也轉而以一種「異常」的飛行姿態對應。……面對雄蝶追求的雌蝶，則以揉合挑逗、驚恐、抗拒、迎合、受挫、違逆的飛行動作來掩飾自己暈眩迷醉的高亢情緒。〔註72〕

最後，吳明益寫下交歡中同歸於盡的紅尾鳳蝶：

> 蝶身下半部已糊著在水泥路上，顯然是交尾時選擇停在這裡，被急駛的車輛輾過。兩隻蝶相交的尾部，壓成一灘模糊。……四隻蝶翅以不同的斜角向上舉著，像在進行某種宗教儀式的最後祈禱。〔註73〕

以上，吳明益娓娓訴說黑脈樺斑蝶、黃裙粉蝶和紅尾鳳蝶的愛慾流轉，有渴望、有愛戀、有浪漫、有歡愉、有高潮、也有殞落，兼具科學性和文學性，理性與感性。

〔註71〕吳明益，《蝶道》，頁84。
〔註72〕吳明益，《蝶道》，頁84～85。
〔註73〕吳明益，《蝶道》，頁91。

文中，吳明益亦詳述蝴蝶的嗅覺器官和對氣味的感知，蝴蝶在空中釋放性費洛蒙，以氣味召喚伴侶，展示他們的「空中之愛」。蝴蝶對氣味的感覺，不僅用來追求愛情、繁衍下一代，也用來尋覓下一代的食草。蝴蝶的「空中之愛」亦指出一條看不見的「隱形的愛情絲線」，正是所謂的「蝶道」，呼應《蝶道》一書之賦名。該文提供讀者蝴蝶求偶和繁衍的科普知識，亦賦予文學的異想世界，展現吳明益的博學多聞和創作能力。

〈櫻桃的滋味〉一文，吳明益描寫下雨夜裡臺灣紋白蝶的睡眠狀態，並試著觀察蝴蝶起床的情形：

> 一隻臺灣紋白蝶停在我窗前約一公尺半的蓮霧樹上（這個季節蓮霧正露出小小受孕的子房）。然後她像孩子抱住母親般用爪鉤抓住葉尖端後，便靜止不動。對她來說這就是她今夜選擇的床。〔註74〕

> 在蓮霧葉帶著蠟質的光滑面，她仍用睡眠中的爪間緊緊抓住。……不過，如果雨夠大的話，重力加速度的雨滴恐怕不是纖弱的她能支持得住的。……就在這樣的擔心下，她竟安然地撐到早晨七點。〔註75〕

吳明益靜觀雨夜裡一隻在蓮霧樹上睡眠的紋白蝶，描繪其睡眠之姿態，並探討蝴蝶睡眠之安全性，還有關於紋白蝶的賴床、白色的夢境以及牠的離去。吳明益甚少描寫蝴蝶之睡眠，這是唯一之作，卻是他觀察一夜的精華，相當難得。

接著，吳明益探討蝴蝶味覺之感，蝶之味覺在足部，睡眠時整夜會以味覺之足攬住葉片。他提出一個問題請讀者思考：是否蝴蝶也有一棵屬於自己的「睡眠之樹」？

從味覺再出發，吳明益繼之探討了蝴蝶的食性：

> 相較於人的繁雜食性，蝶的菜單不但單調，有時還執著於一味。幼蟲口器的微小觸角是一種化學偵測器，可以嚐出適當的食草滋味。多數蝶都以某科別下的幾種植物為主要食草，只有少數有跨科吃食的現象。〔註76〕

上文顯示蝴蝶對食物的挑剔，而過度的挑食將使牠們瀕臨滅絕，例如：只吃臺灣檫樹的寬尾鳳蝶即是瀕危蝶種，而檫樹亦因野外族群稀少且相互隔離、幼苗

〔註74〕吳明益，《蝶道》，頁98。
〔註75〕吳明益，《蝶道》，頁101。
〔註76〕吳明益，《蝶道》，頁107。

生長不易等因素成了「易危物種」，威脅其生存。吳明益對蝶與樹之間的關係，提供了清楚的脈絡。

談完蝴蝶的食性，吳明益再延伸書寫至蝴蝶的吸水，並探究其原因，他寫道：「據蝶類學家的研究，吸水多數是雄蝶的原因，是雄蝶要攝取溪畔沙地溶解的礦物鹽。」〔註77〕蝴蝶群聚吸水後，便將水排出，將鈉離子留在體內，交配時再將鈉離子傳給雌蝶，最後傳給子代，「彷彿準備一個傳家的慎重禮物」。〔註78〕

鹽作為生命之味，因此歷史上人類常為了求「生之鹽」而爭奪；相較之下，蝶類尋鹽顯得平和而優雅。吳明益如此形容：「蝶群的吸水取鹽顯得較平和地分享這種生命結晶。他們只是一群一群期待婚配，預先為子嗣吸取生命之源的年輕生命。」〔註79〕最後，吳明益藉蝴蝶「生命之味」——鈉之吸取，一併介紹了「鹽的歷史」。

此外，藉由蝴蝶吸水姿態的摹寫，吳明益還想告訴讀者：我們需要一個不爭奪、不侵襲，一個被珍惜的自然環境。接著，他分享在各地所見的各種蝴蝶吸水組合的畫面，不是特意展現他的博學多聞，而是想和讀者分享：他在臺灣這塊土地與蝴蝶的真心相遇。

文末呼應了篇名〈櫻桃的滋味〉，該文之賦名乃源於伊朗導演阿巴斯的電影《櫻桃的滋味》。「櫻桃的滋味」究竟是什麼滋味呢？電影傳達了那是一種為下一代儲存某種生存的滋味，就像雄蝶的吸水是為子代儲存鹽的滋味一樣。蝴蝶吸水時，嘗到了土地的味道，而這土地的味道，就是一種「櫻桃的滋味」。

〈死亡的是一隻樺斑蝶〉文中提到瑞秋·卡森寄給朋友的一封信，信中描寫她對大樺斑蝶遷徙的震撼：

> 我會記得這些大樺斑蝶，記得這些纖小翅膀不疾不徐的飄流，一隻接著一隻，每一隻都被某種看不見的力量推向前去。……這是他們終結一生的旅程。……當我們說到一去不返的時候，沒有一絲憂傷。而且理所當然——任何生命走到循環的盡頭，我們都加以接受，把結束視為自然……。〔註80〕

〔註77〕吳明益，《蝶道》，頁109。
〔註78〕吳明益，《蝶道》，頁109。
〔註79〕吳明益，《蝶道》，頁111。
〔註80〕吳明益，《蝶道》，頁120～121。

美洲有名的大樺斑蝶遷徙旅程展現的生命祕語是：「留下卵後，才喪失飛行的衝動；他們化為土壤的有機質，然後春天就有了一叢開放的馬利筋。」〔註81〕馬利筋是大樺斑蝶的食草，大樺斑蝶的遷徙意謂著一群生命的死亡和另一群生命的誕生。

　　臺灣南部在 60 年代以前，曾經有大樺斑蝶出現；但 60 年代之後，大樺斑蝶因某些神祕的原因在整個亞洲快速消逝。臺灣現存的樺斑蝶和大樺斑蝶是同屬的近緣種，二者華麗的身軀都隱喻著「死亡」。樺斑蝶的幼蟲以馬利筋為食草，馬利筋（milkweed）是含毒植株，但對樺斑蝶的幼蟲來說馬利筋白色的汁液是「奶與蜜」，這種毒素的攝取累積在身上成為「自衛」的能量，但也有可能因攝取過多而變成「自盡」的殺手，因此馬利筋使樺斑蝶求生時亦時時刻刻需面對生命的賭注。樺斑蝶身上帶有馬利筋的毒素，其身上黑色與赤虎斑的花紋正是牠們的警戒色和護身符，使牠們可以被排除在敵人的菜單之外，連擬態成樺斑蝶的黑端豹斑蝶和雌紅紫蛺蝶的雌蝶都雨露均霑，倖免於外。

　　接著，吳明益觀察自家陽臺前樺斑蝶在馬利筋葉片上展演的「蛹之生」，使他的樺斑蝶書寫不是資料庫的挪用，而是真實的觀察記錄。樺斑蝶展開新生命時，卻又時刻面臨死亡的威脅，身為毒蝶並不意味著他們沒有天敵，誠如愛默生以詩人之眼洞察：「自然裝備一隻動物，使它能生存在地球上，但同時又裝備了另一種動物去摧毀它、消滅它。」〔註82〕只有少數蝴蝶死在獵食者手中，大部分蝶群死於食草和棲地的消失，就像墨西哥大樺斑蝶越冬林地的消失，使數千萬隻超過四千公里的世代飛行面臨嚴峻的考驗。文中又提及：前哥倫布時期，將大樺斑蝶的歸來視為死人靈魂的歸來，那是墨西哥神話中生者與死者的一種聯繫方式。

　　〈死亡的是一隻樺斑蝶〉一文的鋪排有一定的脈絡，顯現出吳明益的精心與刻意，從康老師喪父、自己喪父、瑞秋・卡森病逝、希臘神話醫神被處死、亞洲大樺斑蝶消失、樺斑蝶面臨死亡威脅到墨西哥神話死人靈魂之歸來……，文中處處充滿死亡魅影。無怪乎該文會以〈死亡的是一隻樺斑蝶〉來賦名，行文間亦多次以樺斑蝶來隱喻死亡。

　　〈我所看見聽見的某個夏日〉一文，吳明益藉由租屋處的一扇小窗景記錄

〔註81〕吳明益，《蝶道》，頁 121。
〔註82〕吳明益，《蝶道》，頁 129。

所見。這扇窗景前，吳明益第一隻看見的蝴蝶是黃蛺蝶，他寫下：

> 一個橙褐色的影子使馬櫻丹顫抖了一下，畫出一條孩童塗鴉般的飛
> 行路線離開。……你的視覺暫留區還留著他多裂的後翅，和野性的
> 豹紋，就像保留了一片草綠。〔註83〕

這是一篇關於吳明益在某個夏日的所聞所見，文中描繪了許多動物，例如：紅嘴黑鵯、白頭翁、藍帶條金龜、紫紅蜻蜓、澤蛙、黑眶蟾蜍和貢德氏赤蛙……，顯見吳明益對小動物的熟悉。蝴蝶於文中並不是要角，黃蛺蝶是那個夏日唯一所見之蝶。除此之外，就只剩下第一次看到西藏綠蛺蝶的片段回憶：「我回來了，那是第一次看到西藏綠蛺蝶，停在血桐上，像血桐長出了翅膀。」〔註84〕由此可見，比起《迷蝶誌》，《蝶道》的書寫題材已不再侷限於蝴蝶，出現更多的動植物和其他事物，框架更大，內容更豐富。換言之，欲在《蝶道》捕捉蝶影要比在《迷蝶誌》更尋尋覓覓了。吳明益《蝶道》不只是想書寫蝴蝶，他還想表達更多、更廣、更大、更深、更遠、更久，關於藝術、人文、歷史、神話或傳說……的書寫。

〈達娜伊谷〉一文，吳明益帶領讀者走進嘉義縣阿里山鄉山美村鄒族的聖地——達娜伊谷，「達娜伊谷」意指「一個沒有憂愁的地方」。溪谷旁的濕地是群蝶吸水之地，正是一處由淡紫粉蝶、雌白黃蝶、斑粉蝶、無尾白紋鳳蝶和姬黃三線蝶所組成的豐富吸水群落，每一蝶種各具特色、各異其趣，而關於蝶名和習性吳明益總能琅琅上口、解說一番。

達娜伊谷是蝴蝶的天堂，若有枯葉蝶、黃帶枯葉蝶出現，意味著這裡有相當群落的臺灣鱗球花，顯見他對蝴蝶食草的熟悉。吳明益也藉此傳達其環境倫理觀：

> 達娜伊谷不能只有鯝魚，也必須讓枯葉蝶、淡紫粉蝶、雌白黃蝶繼
> 續生命，不能只有枯葉蝶、雌白黃蝶，還要有撫養他們子嗣的臺灣
> 鱗球花與銳葉山柑。即使路旁以華麗技巧捕食的銀腹蜘蛛，都是使
> 達娜伊谷生命勃勃的一枚鄰光。〔註85〕

吳明益於行文中，展現他對達娜伊谷生態的熟知和關心，他邀請讀者一起反思：一些刻意被栽種的引蝶植物，如：鳳仙花、馬櫻丹、紅蓮蕉與射干，是否

〔註83〕吳明益，《蝶道》，頁140。
〔註84〕吳明益，《蝶道》，頁141。
〔註85〕吳明益，《蝶道》，頁159。

也是一種迎合都市人美感的文化霸權？在媚俗與保持自然之間，吳明益提醒我們要小心翼翼。

〈目睹自己的誕生〉一文，吳明益分享自己三十歲那年的生日獨自騎車上北橫觀蝶之經驗。文中提及臺灣有三種最被注目的瀕危蝶種——寬尾鳳蝶、大紫蛺蝶和珠光鳳蝶；〔註86〕其中，吳明益對大紫蛺蝶的歷史、演化史和生態有深入的介紹，並感歎過度捕捉或棲地迫害，將使「那道紫光成為嘆息」。

途中，吳明益先看見黃三線蝶，又見一隻橙艷紅色的蝶，他先縮小可能的範圍後再確定蝶種，原來這是一隻白裙黃斑蛺蝶。他引用日治時期多位日本博物學家的資料來對此蝶種做介紹，顯見他考據上的用功。吳明益對白裙黃斑蛺蝶的外表有以下的描繪：

> 白裙黃斑蛺蝶翅緣宛如繩紋陶的花紋，像神話一樣古老而豐美。對我來說，他橙底黑斑的配色展示了野性、細膩的美感，但對掠食者來說則不然。這種配色是典型毒蝶與毒蛾的警戒訊號。只是攝食青剛櫟的白裙黃斑蛺蝶無毒，這樣的配色其實是一種擬態的張揚聲勢。〔註87〕

這段文字細膩說明了白裙黃斑蛺蝶的外表不光只是用來展示眾人，也能虛張聲勢，具備了避敵的功能。

更幸運的是，吳明益捕捉到白裙黃斑蛺蝶在溪邊吸吮糞便的畫面，他將這姿態生動逼真的描摹出來：

> 白裙黃斑蛺蝶不理會一旁捧著蜜杯的有骨消與藏蜜於眾花深處的霍香薊，伸長了口器，不斷用四條腿移動移往糞便所在。〔註88〕
>
> 他的步履輕快、翅翼張闊，透露著求食興奮的情緒。就在常人避之唯恐不及的糞便旁，我看到他的口器不斷試探著生命持續奔放的渴盼。〔註89〕
>
> 由於我太專注於白裙黃斑蛺蝶，幾乎沒注意到，黃三線蝶和琉璃蛺蝶及數隻石墻蝶的加入，他們暫時放棄了領空的歧見，一同沉醉於

〔註86〕吳明益，《蝶道》，頁169。杜虹關注的墾丁保育類黃裳鳳蝶是三級保育蝴蝶，並不在上述一級保育瀕危蝶種之列。
〔註87〕吳明益，《蝶道》，頁175。
〔註88〕吳明益，《蝶道》，頁173。
〔註89〕吳明益，《蝶道》，頁175。

> 單純的吸吮。……這時糞便突然晃動了起來,使得白裙黃斑蛺蝶換
> 了一個姿勢,一顆略大於拇指指甲大小的糞便開始滾動。一隻推糞
> 金龜正用他巧妙的後腿,將可能花費他半天推磨出的一顆糞球,往
> 前滾動。〔註90〕
>
> 白裙黃斑蛺蝶正在享用他的糞便大餐,就像歡度節慶。〔註91〕
>
> 看著他沉浸在糞便的吸吮,我好像聽到幼蟲潛藏於腐落葉堆裡的大
> 紫蛺蝶,和嗅到糞便與奮趨近的白裙黃斑蛺蝶說,在生命的歷程裡,
> 華麗必需仰賴腐敗。〔註92〕

吳明益以「科學之眼」對白裙黃斑蛺蝶食糞現象觀察入微,並以文學之筆細膩描摹,栩栩如生的畫面躍然紙上。此難得之畫面必需結合近身的觀察經驗才能獲致,而能讓食糞動物的書寫可以如此生動有趣且不噁心,甚至充滿美感,正是吳明益寫作功力之展現。

這次吳明益北橫單車觀蝶之旅,讓他體驗到「一種與山脈同起同落的蝶種概念」──低海拔蝶種與中海拔不同,人造林較自然林的蝶種單調。他思考著當年無交通工具,人類學家鹿野忠雄和野村健一是如何到山裡研究蝴蝶?過去吳明益純粹以殖民者角度來觀看日治時代的博物學家,因三十歲生日一趟的單車之旅而改變了觀點,最後有了新的觀看視角。三十歲生日出發的旅行彷彿讓自己又重生了一次,正呼應〈目睹自己的誕生〉之篇名。

〈往靈魂的方向去〉一文,吳明益提及日治時代日本人在美濃種了許多鐵刀木,鐵刀木正是淡黃蝶的食草,因此引來許多淡黃蝶的聚集。吳明益如此描寫淡黃蝶:

> 我很喜歡淡黃蝶的英文名──「檸檬色遷徙者」(Lemon Emigrant),
> 聽起來像是某種色彩在流浪。……這種流浪的檸檬色找到了食草豐
> 茂的「奶與蜜之地」,定居了下來,形成生態型的蝴蝶谷,並一度繁
> 衍成超過千萬的龐大族群。〔註93〕

這就是著名美濃黃蝶谷形成的原因,吳明益描寫美濃淡黃蝶如「某種色彩在流浪」,充滿詩意,也曾經為這一群「檸檬色遷徙者」寫下一首詩。此外,吳

〔註90〕吳明益,《蝶道》,頁175~176。
〔註91〕吳明益,《蝶道》,頁178。
〔註92〕吳明益,《蝶道》,頁179。
〔註93〕吳明益,《蝶道》,頁186。

明益也描寫了淡黃蝶的大發生，每年的五月與九月前後是淡黃蝶群飛求偶的季節，「恍如風吹過樹林時，一顆一顆跳動起來的熾豔陽光」。〔註94〕

吳明益先以文學浪漫之筆描繪淡黃蝶的遷徙和大發生；接著，以理性之眼和科學精神探討淡黃蝶的三種型態及其變異；繼之，結合文學《笠山農場》點出小說中曾描述工人手植鐵刀木之情景，〔註95〕這可能意味著鍾理和也曾注意過淡黃蝶。最後，呈現各類蝶種吸水的熱鬧畫面，並列出這些蝶種的食草名稱，展現對蝴蝶的多元認識。

黃蝶翠谷是一座人力介入的蝴蝶谷，吳明益在此提出了他的環境倫理觀點。他叩問：「到底是什麼原因，使我們比地球上多數人還要渴」？〔註96〕同時，也對政客提出批評：我們需要種滿鐵刀木的黃蝶翠谷？還是各種植物生長供養出各種蝶種的彩蝶谷？或是一座淹沒森林的大水庫？吳明益在文後引用鍾理和日記裡的一段話：「鐘擺是沒有停止的，因為更合理更安全和更舒適的生活總是在現在的後邊。人類的靈魂便這樣追求下去。」〔註97〕這段話呼應了該篇〈往靈魂的方向去〉之賦名，而首尾呼應正是吳明益擅長的寫作方法之一。

〈當霧經過翠峰湖〉一文，吳明益帶領讀者走進宜蘭縣太平山和翠峰湖。來到太平山，不免俗先為文介紹太平山的伐木史，而路邊所見歸化的觀音蘭，不禁讓他對人類馴化植物的能力提出批判：「在野地裡，改變是常態，只是從來沒有像人類出現後這麼快速變動。」〔註98〕觀音蘭是紅點粉蝶的食草，他從觀音蘭聯想到紅點粉蝶再連結到奶油色蝴蝶（butter-colored fly），最後解釋了蝴蝶英文 butterfly 一字的由來。於此，吳明益再次展現出他觸類旁通的聯想力。

在翠峰湖，吳明益很快認出白裙黃斑蛺蝶，卻因認不出深山白帶蔭蝶而感到愧疚，因為他認為：「指認」是一切書寫與思考的根源。接著，吳明益分享拍蝶之經驗，透過「人工化的眼」（相機）讓他有機會重新省視原本想像的生命和自己。

走進翠峰湖，小型蛇目蝶外型容易被認錯，但他認出這是臺灣特有種臺

〔註94〕吳明益，《蝶道》，頁 186。
〔註95〕參見鍾理和，《笠山農場》，臺北：草根，1996 年。
〔註96〕吳明益，《蝶道》，頁 191。
〔註97〕吳明益，《蝶道》，頁 193。
〔註98〕吳明益，《蝶道》，頁 197。

灣小波紋目蝶,並以輕鬆的筆調描繪小型蛇目蝶:

> 小型蛇目蝶的飛行猶如一枚彈跳的橡皮球,他們總在林緣跳躍於夢
> 幻與現實之間,從一個空間跳入另一個時間。他們是森林的信使,
> 似乎想傳遞什麼,或者想引誘我進入某種祕密裡似的。〔註99〕

這段文字的描寫,跳脫了科學,許是翠峰湖迷濛的霧使吳明益的想像力豐富
了起來。對於孩童的蝴蝶教育,吳明益喜歡與孩子們分享他以「人工化的眼」
的拍攝所得,利用蝴蝶的幻燈片,讓孩子們以自己的方式來與蝴蝶結識,寓
教於樂。

〈言說八千尺〉一文,吳明益帶領讀者走入臺中的山區八仙山,「八仙」
是「八千」之諧音,「八千尺」意指海拔 2400 公尺高的山。八仙山是中部蝶類
聚集之地,從日治時期起就有許多學者到此研究蝴蝶(鹿野忠雄、江崎悌三、
野村健一等),留下二百多種蝴蝶的記錄。吳明益在該文寫下屬於八仙山的歷
史蝶種,諸如:國姓小紫蛺蝶、白蛺蝶、寶島小灰蝶和閃電蝶;也寫下自己第
一次觀察到的黃領蛺蝶,並在記錄本上以「!」標示,代表首次的發現。

八仙山的森林開發史被吳明益視為是一場「美的鬥爭」,他於該文中多次
表達他的審美觀:

> 生物必然在生存戰鬥後與其它生物發生亦敵亦友的聯繫,「能移動」、
> 「能生殖」、「勻稱」的美才在這種緊繃的野性鬥爭裡出芽。〔註100〕

人類的美感不應該對其他生物「一體同適」,使阿里山黃斑蔭蝶生存下來的是
玉山箭竹(因不是木材而逃過一劫),而不是人們認為既美觀又富禪意的孟宗
竹;臺灣麝香蝶產卵之地也不在孟宗竹,而是在孟宗竹下的馬兜林食草上。吳
明益認為天然的渾沌之美與人為之美不同,是以他提出美的不同看法:

> 這不是一場美的爭辯,而是一種美的發現與擴大。如果美不能容納
> 另一種美,那麼美就會僵直、冷卻,像老化的愛情,只剩下規律可
> 以預期的儀式。〔註101〕

> 美不必互相欣賞,但必要相互容忍。〔註102〕

美是什麼?「美要能容納另一種美。」這是吳明益對美的看法與詮釋。

〔註99〕吳明益,《蝶道》,頁 204。
〔註100〕吳明益,《蝶道》,頁 218。
〔註101〕吳明益,《蝶道》,頁 222。
〔註102〕吳明益,《蝶道》,頁 224。

在〈言說八千尺〉中，吳明益也藉由樹木和蝴蝶的生存與消失，不疾不徐、不慍不怒，款款訴說他的土地倫理觀：

> 山有山的倫理、鄉村有鄉村的倫理、保護區有保護區的倫理、城市有城市的土地倫理。……這裡是八仙山，八千尺的高度要有八千尺高度的土地倫理。〔註103〕

上文，吳明益表達個人的環境倫理觀。他也引述幾個環境生態學者的觀點，諸如：李奧帕德的生態學整全觀，還有約翰‧謬爾「人與自然」的觀點，謬爾主張：「人是『在自然』中，而不是『屬於』自然。」〔註104〕是以吳明益也主張蝴蝶的美不能和森林分開；他也認為：「對於許多細小生物的宇宙觀來說，一株樹就是一枚星球。」〔註105〕這就是「整全觀」和「人在自然中」的環境倫理觀。八仙山的巨木一棵一棵倒下，吳明益並不加以道德苛責，而是嘗試另闢一條蹊徑，以另一種言語與讀者溫柔低語對待自然之道。

〈行書〉一文，吳明益騎著他的單車麥哲倫環島旅行，單車賦名「麥哲倫」，一來緣於葡萄牙探險家麥哲倫，二來由於著迷於珠光鳳蝶之故。黑黃相間的珠光鳳蝶正是吳明益單車塗身的顏色；而珠光鳳蝶學名之賦名又與麥哲倫有關，如他所言：「或者和麥哲倫的發現、勇氣與死亡之航有關。」〔註106〕

2002年，吳明益騎著他的「麥哲倫」從永和住處出發，行經北宜公路到宜蘭，路過坪林憶起過去曾特地來觀看吸水群蝶的情景，那裡蝶種豐富，有青帶鳳蝶、寬青帶鳳蝶、青斑鳳蝶、石墻蝶、端紅粉蝶和雙尾蝶等吸水群；但寒冬的十二月，蝶跡杳然。第二天，從蘇澳到花蓮，旅途中遇見臺灣單蛺蝶、姬黃三線蝶、黑點粉蝶和石墻蝶，文中僅大略提起，雖未詳加摹寫，但仍可窺知吳明益對蝴蝶的留意與關注。第三天，吳明益騎著麥哲倫穿過花東縱谷，一隻疑似琉球青斑蝶跟隨著他，休息時也看見紅黃小灰蝶、白波紋小灰蝶，吳明益說這些都不是稀有蝶種，都是他的老朋友；由此亦可見，他對蝴蝶之熟悉和蝴蝶在他心中的地位。文中，吳明益也寫下花蓮舞鶴的地方誌，訴說舞鶴地名由來和過去歷史。

第四天，吳明益騎著麥哲倫越過南橫公路向西行，14小時共騎了114.3公里蜿蜒崎嶇的山路，那是人意志的實現，一種像「大樺斑蝶飛行的意志、黃足

〔註103〕吳明益，《蝶道》，頁223。
〔註104〕吳明益，《蝶道》，頁223。
〔註105〕吳明益，《蝶道》，頁219。
〔註106〕吳明益，《蝶道》，頁229。

鷸遷徙的意志、香魚返鄉的意志……。」〔註107〕吳明益將自己比擬為大樺斑蝶，這趟單車之旅就像大樺斑蝶的大遷徙，是一趟展現意志力的旅程。這一天的南橫之行，雖沒遇見蝴蝶，但吳明益仍寫下：

但山也賜給你視野——大冠鷲的、山羌的、蝴蝶的，祖先的……。
〔註108〕

……，就像有時走在山上遇見比嘆息聲還短的蝶的身影，總會反射
性地向念著某種咒語般念出她們的名字一樣。〔註109〕

還好剩下的路我只需要滑行，如乘氣流遷徙的青斑蝶。〔註110〕

即使一路不見蝴蝶蹤影，吳明益心中始終有蝶，他想像自己騎車的速度飛快如青斑蝶，而青斑蝶素有蝴蝶界的「飛毛腿」或「音速小子」之稱。

第五天，高雄桃源之後，路邊最常見的野花是紫花霍香薊，吳明益想起了紫斑蝶，「或許，這是冬季蝴蝶谷吸引紫蝶的緣由之一吧，出發北返的紫蝶們至少可以在這裡補充體力。」〔註111〕這一天蝴蝶並不多見，但吳明益還是簡單記錄下牠們的身影，他寫道：「偶爾路邊會飄出一隻琉球青斑蝶，臺灣琉球小灰蝶則在發燙上的砂地上吸水。」〔註112〕「偶爾從路邊飄出雪白的紋白蝶……像火焰一樣的黃蛺蝶……。」〔註113〕南橫一路上蝶影雖不多，卻如影隨形，有時在身旁，有時在心裡。最後，因體力之故，吳明益捨棄了以熱帶蝶種豐富著名的高雄甲仙。

最後一篇何以賦名〈行書〉？「行書」意謂這是一次屬於吳明益與單車麥哲倫一起旅行的記錄，也隱喻著這是一種流動的、即興的書寫和一封「寫給妳的信」。然，此次旅行吳明益並不是以緩慢步調進行生態觀察，而是以體力的極限去移動身體、感知身體；此行之目的也不在於觀蝶和賞蝶，而是一次「觀看自己生命」與「自己對話」的行旅，因此文中蝴蝶的書寫相對來說不多。雖然吳明益這次與麥哲倫的旅行因季節變換、移動迅速和身心困頓而沒能遇見太多的蝴蝶，但他的心裡始終惦記著蝴蝶，蝴蝶也一直如影隨形。

〔註107〕吳明益，《蝶道》，頁258。
〔註108〕吳明益，《蝶道》，頁261。
〔註109〕吳明益，《蝶道》，頁263。
〔註110〕吳明益，《蝶道》，頁265。
〔註111〕吳明益，《蝶道》，頁271。
〔註112〕吳明益，《蝶道》，頁271。
〔註113〕吳明益，《蝶道》，頁272。

四、為蝴蝶寫詩——〈如果有人要送我一座山〉（2013）

每年五月到七月是高雄美濃的「黃蝶祭」，〔註114〕吳明益的蝴蝶書寫以散文為主，但也曾為美濃第十八屆黃蝶祭寫過一首散文詩〈如果有人要送我一座山〉：〔註115〕

> 如果有人要送我一座山，我願意付給他所有蝴蝶的名字，但是我並不知道所有蝴蝶的名字。為了償還我得尋找它們。蝴蝶的名字是陰影、夢想、神祕主義和形式，每找到一個就會在山裡忘記自己的名字一點點。
>
> 為了找到蝴蝶的名字你得找到滿山跑動的山豬肉鼠李，會飛的尖尾鳳鷗蔓，隱士般的懸鉤子筆羅子，可以寫在童話裡的忍冬山螞蝗食茱萸楓寄生，你會想遇到穗花山奈並且在溪邊撿到鬱金。
>
> 我們的憂鬱如金，而馬藍賽山藍火炭母在陽光裡，九重吹在風裡。
>
> 如果有人要送我一座山，所有的水都會來自溪流、天空、砂和砂之間的縫隙，以及吻；水庫是不會實現的假設語句，而且我會允許你流淚。
>
> 如果你給我的那座山啊，都是檸檬色的遷徙者，你會走到哪裡都想念那座山，因為這世界每個人都在路上。扛著你的鐵刀木啊在路上，想念故鄉的山就往心口砍一刀。
>
> 如果有人要告訴我所有蝴蝶的名字，請原諒我狠心地拒絕。因為山總是借來的，而我想忘記自己的名字。

吳明益在這首散文詩中羅列了十六種植物，山豬肉、鼠李、尖尾鳳、鷗蔓、懸鉤子、筆羅子、楓寄生、忍冬、山螞蝗、食茱萸、鬱金、馬藍、賽山藍、火炭母、九重吹和鐵刀木，這些都是蝴蝶食草的真實名字，沒有刻意修飾，卻帶來滿山遍野的詩意。其中，鐵刀木就是美濃黃蝶翠谷裡最具指標性蝴蝶——淡黃蝶的食草。詩中那句「你給我的那座山啊，都是檸檬色的遷徙者。」淡黃蝶

〔註114〕美濃黃蝶祭始於反對美濃水庫而舉辦的一場生態性祭典，1995 年舉辦第一屆，主要是透過祭蝶的儀式來表達人類對自然的反省。參見高雄市美濃區公所官方網站，https://reurl.cc/Lp9Kr7，擷取日期 2021 年 6 月 13 日。

〔註115〕取自每天為你讀一首詩網站，網址 http://cendalirit.blogspot.com/2015/09/20150927.html，擷取日期 2020 年 7 月 18 日。

滿山滿谷，優雅輕柔，而淡黃蝶的英文名就是 Lemon Emigrant——檸檬色的遷徙者。一種食草是一種蝴蝶的象徵，十六種食草象徵美濃多元的蝶種。黃蝶的遷徙亦隱喻著美濃客家人的遷徙。

該首詩展現吳明益對蝴蝶食草的熟稔，亦透過尋找蝴蝶的名字來辯證人與自然之間的關係。末句「因為山總是借來的」，表達了吳明益的生態觀——山從來都不屬於人類，人類也從來不是山的擁有者。

第三節　吳明益的自然書寫

吳明益為臺灣當代重要的自然書寫作家，有許多膾炙人口的自然書寫作品出版，涵蓋小說和散文。本文聚焦《迷蝶誌》、《蝶道》和導覽手冊《台北伊甸園》三書中與蝴蝶自然書寫有關的部分做文本分析，爬梳整理其自然書寫具有以下的特質：

一、複合式的主題

吳明益的蝴蝶自然書寫，不只書寫蝴蝶生態和生命史，也企圖結合環境議題、家族史、地方誌、庶民史、國家史、藝術史、文化學、神話學和心理學等諸多面向。他自陳：

> 從接觸自然以來，蝶帶給我不斷延伸的知識空間。環繞著以蝶為議題圓心，從植物到其它昆蟲，從神話到開發史，從文學到自然科學，從繪畫到心理學。〔註116〕

可知，吳明益的蝴蝶書寫是多面向的，經常探究多元議題，設定多重主題，其文字書寫交織著多音的聲音地景和多變的文學地景。

吳明益深受西方生態思潮之啟發和自然經典文學之浸潤，擅長將他的環境倫理觀植入蝴蝶書寫裡。他經常行旅踏查於各蝴蝶棲地之間，又勤於大量和深度閱讀，使得作品富裕豐饒，展現地方感和生活感、社會性和歷史性。吳明益主修傳播學和文學，於主修之外的努力用功，又使他成為一個有實力的博物學家，因而有能力探究多元議題，設定多重主題，發展多條思考路徑和敘事脈絡，展現多元觀點，深刻論述臺灣族群、臺灣文化、臺灣歷史與臺灣意識等主題。

〔註116〕吳明益，《蝶道》，頁 276～277。

蝴蝶在吳明益的文字裡不單是物種,也是社會文化展演的主角,不僅展現歷史文化的脈絡,亦呈現超自然、形而上的哲思。其每一篇蝴蝶書寫的構思,不侷限單一主題,而是企圖呈現更多的主題;亦即,在一個大主題之框架下,巧妙延伸幾個次主題以發展敘事脈絡,展現文字和思緒的豐饒與多元,例如:〈迷蝶〉即展現蝴蝶遷徙、族群遷徙、謎樣蝴蝶和迷戀蝴蝶等幾個次主題。又如:蝴蝶之飛翔,不只傳達「飛」之意象,亦與蝴蝶之成長、蛻變、婚配與死亡有關。再如:〈十塊鳳蝶〉介紹蘭嶼的稀有蝴蝶珠光鳳蝶,亦旁及林祥徵〈蘭嶼入我版圖之沿革〉之研究,將蘭嶼時空場景回溯至清同治年間、日治時期和近代臺灣。〔註 117〕首先,論及蘭嶼人與清帝國的接觸史;接著,又植入日治時期日本人類學家鳥居龍藏來臺展開蘭嶼人類學的田野調查史,又因鳥居把蘭嶼當地人形容為「武陵桃源人」而又置入了陶淵明的文學想像。最後,呈現近代臺灣與蘭嶼的接觸史,以及蘭嶼地方誌,例如:政府當局為了捕捉逃犯而縱火燒山;為了促進經濟發展而使珠光鳳蝶「貨幣化」;為了發展核電將核廢料存放蘭嶼等。蘭嶼提供歷史文化展演的場域,珠光鳳蝶則成為展示蘭嶼社會文化的代言者。

如上的例子可以得知,吳明益的每篇蝴蝶書寫並非只想擁抱單一主題,他企圖營造更多元的主題,於是先以該篇篇名作為主題和輻射點,透過聯想、連結、發散和延伸,再發展出數個次主題,放射出多條書寫路徑,提供讀者懷疑、思考、辯證等諸多渠道和想像空間,使每一篇章的書寫都能擁有他所謂的「內具價值」。〔註 118〕這多元主題的建構,即所謂的「複合式的主題」。

二、美學與藝術性

吳明益年輕時就從事文字的創作,從傳播學和古典文學訓練中出發,經過時間的洗禮和淬鍊,培養出其對文字、手繪和影像的嫻熟度、敏感度和駕馭力。而這些能力造就他日後在自然書寫上,無論是說人、敘事、摹景、詠物、抒情或寫意上,皆能行雲流水,並營造出文字美學與意蘊兼具的文學境界。

《迷蝶誌》和《蝶道》二本創作中的篇名皆是吳明益精心構思的結晶,優美雅緻、饒富詩意,諸如:〈寄蝶〉、〈寂寞而死〉、〈陰黯的華麗〉、〈忘川〉、〈迷蝶〉、〈飛〉、〈在寂靜中漫舞〉、〈愛欲流轉〉、〈櫻桃的滋味〉和〈行書〉等篇名

〔註 117〕參見吳明益,《迷蝶誌》,頁 57。
〔註 118〕參見吳明益,《蝶道》,頁 280。

各具巧思,讀者幾乎無法望文生義,及至進行閱讀時才能深刻體悟,感受他的別具心裁。舉〈忘川〉為例,藉由神話故事和玉帶蔭蝶以「忘川」(Lethe)為屬名,以及「歐羅巴」為種小名(Europa)的素材引出屬於牠們「忘川」的愛情故事。如果玉帶蔭蝶也能擁有自己的「忘川」,藉由這可抹去前世的忘川之水,牠們最想遺忘的是摧殘牠們家園、使牠們喪失愛情的人類。〈忘川〉乃一篇文字美學與藝術性兼具的代表性篇章。

《迷蝶誌》的「楔子」是書中的一大特色。該書每四至五篇之首頁會先藉由一段「楔子」的置放來揭開序曲。楔子短短幾行的行文,流淌著文字之美,隱含了未來接續書寫的可能性,而書頁中文字和圖片的鋪排亦能兼及藝術性,舉例如下:

> 漸漸地發現,我的記憶和我認識的蝴蝶生命史,
>
> 竟互相纏勒、寄生、匍伏攀附,
>
> 以致宛如莊周與蝶,夢與被夢。
>
> 後來才理解,這種「物化」之感,
>
> 可能來自一種信念:相信不論是蝶或莊周或我,不論生命型態如何
>
> 不同,根,都必須在土層中相會的信念。〔註119〕

讀者可以從《迷蝶誌》之楔子,欣賞並領受其文字美學和藝術性。吳明益還以黑白蝴蝶的大特寫展演文字美學之外的雅緻畫面、細膩情感和環境倫理觀。書頁中圖片之外浮現綠底白字,鋪排晶瑩如詩之短句,提點讀者接下來幾個篇章的文字走向和思路流向,讀者可以細細品味這細膩巧思與文字美學的營造。文字美學之外,圖與文相互輝映,亦展現攝影藝術之美,誠如蝴蝶專家陳維壽曾說:

> 長期以來,一直希望有人能夠以藝術、文學的角度去解析蝴蝶美妙
>
> 的內涵,藉以深入多元化社會中不同領域的人群中,使蝴蝶保育成
>
> 為人們的共識。這類做夢般的願望將由吳明益先生來實現。〔註120〕

陳維壽深覺自己對蝴蝶保育已盡心盡力,但對己身之努力仍無法深植大眾心中而感到遺憾。吳明益結合文學和藝術來解析、詮釋和展演蝴蝶,打開讀者的心,實現了陳維壽保育蝴蝶的夢想。

〈迷蝶〉和〈迷蝶二〉不同於其他篇章,主標之外,尚有富文字美學的副

〔註119〕 吳明益,《迷蝶誌》,頁149。

〔註120〕 吳明益著,陳維壽推薦序〈蝶之驚艷〉,《迷蝶誌》,頁8。

標。〈迷蝶〉的副標如下：〈迷蝶：所有咒語都有解咒的法門　除了紫斑蝶身上的〉、〈迷蝶：拋棄臉孔　是為了孕育另一個〉、〈迷蝶：最昂貴的那幅畫　是拍賣不掉的紋身〉。文中，以「無法解咒」來隱喻臺灣紫斑蝶無解的、特殊的神祕基因遺傳；「拋棄自己本來的臉孔」暗指雌紅紫蛺蝶擬態誘騙敵人的求生偽裝術；小灰蝶翅腹面美麗的紋身則是無法模擬複製的一幅畫。如果讀者對這些蝴蝶熟悉，見副標頓時可心領神會，再細敲「解咒」、「拋棄」和「拍賣不掉」三動詞之安排，更能領悟吳明益的巧思。

　　〈迷蝶二〉的副標如下：〈迷蝶：謎〉、〈迷蝶：醚〉和〈迷蝶：迷〉。「謎」指紅擬豹斑蝶的流浪是一個謎，隱喻族群的遷徙，尤其聚焦於中華商場族群的重聚與離散；「醚」指迷路的綠斑鳳蝶，其身上散發一種追求異鄉愛情的醚味；「迷」則表達迷戀玉帶鳳蝶之心。謎、醚和迷三字是諧音雙關，發音相同，字形相近，卻各有指涉、各有隱喻、各有意境，也各有巧妙。吳明益以幾個單字呈現文字美學和文學意蘊，展現其文字的洗鍊和文思的創意。

　　此外，吳明益書寫蝴蝶手法細膩、刻畫入微。陳芳明曾如此肯定：

> 使他成名的作品當推第一本書《迷蝶誌》，在蝴蝶細微的生命裡，他觀察到樹的顏色、風的速度、光的節奏、水的氣味，那種細膩的程度近乎苛求。[註121]

陳芳明讚譽吳明益觀察樹、風、光和水之細膩程度近乎苛求。吳明益的細膩苛求，簡直將蝴蝶書寫當作一件藝術品在創作、雕琢，不僅蝶影刻畫入微，亦巧妙的將蝶影之外的文學性和藝術性收納在《迷蝶誌》這件藝術品當中了，且在後來的更成熟之作《蝶道》置入了更多的文藝美學。這種細膩的程度需具極佳敏銳度才能深刻感知，而這種對美的感知近乎李奧帕德「土地美學」的概念。李奧帕德一再強調，「要在社會大眾當中培育出一種對自然事物具有精緻的品味（to cultivate in the public a refined taste in natural objects），它可以說是整個社會文化一種美學上的表現。」[註122] 無疑的，吳明展現精雕細琢的文字功夫，緣於他對自然事物具有「精緻的品味」，這種精緻的品味就是土地美學的實踐與展現。

〔註121〕陳芳明，《臺灣新文學史（下）》，頁651。

〔註122〕陳慈美譯自「環境倫理研習營」柯倍德第二講錄音稿，地點：師大環境教育研究所，1999年11月4日。取自環境資訊中心網站，網址 https://e-info.org.tw/node/212844，擷取日期2021年7月4日。

　　吳明益大學時期開始學習攝影，攝影是他認識他種生命與省思自我的工具，他將攝影作品與蝴蝶書寫連結，用以佐證或烘托文字。丁威仁曾如此評價吳明益的圖文互涉處理：

> 他繼承著陳冠學與劉克襄兩種創作與思維，除了細膩的觀察與準確的知識，透過文字涉入蝴蝶的科學世界，另一方面藉由透過精緻的攝影，作為文字的一種互文或註解，記錄了在文明過度開發的島國，蝴蝶所面對的生命困境與可能的生態浩劫，作品同時具備科普性及知識性、文學的美感，以及自然與文明的辯證與反省，更對生命的價值做了深刻的省思，可以說是當代自然寫作的重要作家。〔註123〕

吳明益學習攝影數十年，其攝影技術在作家行列中具一定之水準，加上來自出版社和自己精心刻意的美編設計，使其攝影作品不僅能作為「文字的一種互文或註解」，亦能從藝術的角度來解析蝴蝶之內涵，詮釋蝴蝶之美。

　　除了攝影作品，吳明益亦擅於手繪插圖，展現他的另類才華。柔美的文字、生動的攝影與精緻的手繪圖相互輝映，表現另一種文藝風采。雖說攝影可作為文字之互文，但通常吳明益的文字比攝影作品更具魅力，其淬鍊的文字美學軟化了自然書寫中強調知識準確性的硬度，也磨平了科學知識生硬的稜角。雖說如此，其攝影和手繪圖始終扮演「以圖烘文」的重要角色。

　　吳明益甚至將藝術品直接帶進文學作品裡，他結合文學與藝術，展現另一種文藝風采。他如此描寫小灰蝶：

> 波紋小灰蝶在淡褐的底色中泛起一列列白浪，是馬遠〈十二水圖〉中線條的雄辯；伏氏綠小灰蝶大膽地以藍綠紅潑灑，是張狂的野獸派；棋石小灰蝶則用分光法的點畫，飛翔時讓陽光與眼睛共同完成；而沖繩小灰蝶則像純真的孩子翻倒的油彩，流出的寫意風景。〔註124〕

這段引文，吳明益以馬遠〈十二水圖〉的線條、野獸派、點畫、油彩和寫意等繪畫技法來表現各種小灰蝶的姿態。

　　〈趁著有光〉一文，吳明益則以林布蘭的畫作追尋光影，例如：理性之光、感性之光、野性之光和孩子眼底的顫抖之光等。〈忘川〉一文，則以提香之畫作訴說宙斯與歐羅巴的愛情故事，最後將神話故事與「哀悼原」和「忘川」做連結。

〔註123〕張日郡著，丁威仁推薦序，《離蝶最近的遠方》，頁4。
〔註124〕吳明益，《迷蝶誌》，頁162～163。

　　吳明益也曾以音樂來描寫蝴蝶，表現其文學的藝術性。他在〈寄蝶〉如此形容被人類戲稱為「大笨蝶」的大白斑蝶：

　　　　白鳥般的大白斑蝶，毫不費力地騎在風頭上，從百公尺以上的蒼綠
　　　　山上輕飄飄地以特別寬大的翅翼，詩一樣地滑翅而過。藍得如巴哈
　　　　平均律般沁涼底天空，為大白斑蝶的白色舞蹈伴奏。〔註125〕

這段行文，全句的色澤、旋律、節奏和詩意自由而迷人。吳明益以巴哈的平均律來形容大笨蝶的飛行，平均律代表一種自由的風格，前奏曲流動快速帶有一股自由風，且創作上講究和弦，各調性之間能夠在鍵盤上自由移調。大白斑蝶在風中輕盈的飛舞，自由如風，一如巴哈的平均律，絕不是人們口中的「大笨蝶」。吳明益嘗試以巴哈優雅的平均律為常被人類羞辱的大白斑蝶平反，一反人們對牠緩慢而飛的刻板印象。

　　吳明益又以旋律、和聲和節拍等音樂性來描寫琉璃鳳蝶：

　　　　玉帶、紅紋與大鳳蝶偶爾勾引我們的眼光，然後拋棄我們躲入林中。
　　　　這裡，琉璃帶是主旋律，其他鳳蝶是和聲，海風則用林投樹數著節
　　　　拍。〔註126〕

綜上可見，吳明益不僅以繪畫，也以音樂來表現蝴蝶。他又擅長以舞蹈來形容蝴蝶的飛行和求偶，他如此描寫：

　　　　沖繩小灰蝶可以說是伴隨著榨醬草而生，幾乎在白天任何時候，都
　　　　有機會在草地上發現她們，跳土風舞一樣迴旋著小圈圈，一隻小灰
　　　　蝶，往往讓人誤認為好幾隻。〔註127〕

　　　　一隻蝴蝶從眼角竄出，以緩慢得令人驚訝的速度，與崎嶇的樹身華
　　　　爾滋。她應該是斯氏紫斑蝶。〔註128〕

　　　　只要站在這裡，就可以看見雌黑脈樺斑蝶掠過後，背後的隱形絲線
　　　　不久便拉著風魔的雄蝶，跳著風指導的熟練舞步而來。〔註129〕

　　　　生存的唯一技能就是避開致死的因子，即使死神終究會追上失神、
　　　　患病、衰老的肉體，她仍必須在被追上的前一刻，努力吸吮蜜汁，

〔註125〕吳明益，《迷蝶誌》，頁39。
〔註126〕吳明益，《迷蝶誌》，頁55。
〔註127〕吳明益，《迷蝶誌》，頁161。
〔註128〕吳明益，《迷蝶誌》，頁151。
〔註129〕吳明益，《蝶道》，頁84。

盡力跳著求愛之舞，不可停下腳步。舞、舞、舞。〔註130〕

吳明益以土風舞來形容沖繩小灰蝶的飛行、以華爾滋來形容斯氏紫斑蝶的飛舞、以風的舞步來形容雌黑脈樺斑的求偶、以跳著求愛之舞來形容樺斑蝶的愛戀。蝴蝶在吳明益的自然書寫中翩翩起舞，跳著優雅舞姿。

　　吳明益深具藝術涵養，巧妙的將攝影、繪畫、音樂和舞蹈融入蝴蝶書寫中，使得他的文學作品帶有濃郁藝術色彩，展現其蝴蝶書寫特有的藝術美學。

三、詩意與詩境

　　吳明益文字美學的另一表現，以詩意的書寫最為人讚譽。劉克襄曾極力推薦吳明益，有以下之描述：

> 他的創作內容展示了較為活潑的可能，以及更多文字鍛鍊後的繽
> 紛。三種主要的面向交錯著，形成他書寫蝴蝶的內涵。一為自然誌
> 的隨手捻來，豐富他的文章深度，並顯示了他的聰慧和機敏。二是
> 豐富的野外經驗，允當地揉和科學的生態知識，讓他的敘述更加有
> 說服力。三是文學的技巧卓越，平淡的素材經過他的消化、轉換時，
> 充滿了詩意的效果。〔註131〕

從引文第三點的推薦，得知吳明益的文學技巧、知識消化和文化轉化能力，使其文字能充滿詩意；而充滿詩意的篇章，自然而然將讀者帶進詩境裡了。

　　吳明益如何拿捏科學和文學之輕重？林柳君在其碩士論文〈吳明益作品中的文化轉譯、美學實踐與隱喻政治〉中曾論述吳明益的書寫兼具「詩人之心」與「科學之眼」，二者交融並用：

> 自然書寫文類初生，對於科學客觀過於重視，仍在調整位移的陣痛
> 期。至吳明益階段，自然知識與圖鑑發展均備，他因而可實踐了文
> 學家使用的詩意語言，跨越知識疆界的創作方式。〔註132〕

自然書寫發展到吳明益時期已趨成熟，使兼具「詩人之心」與「科學之眼」的他能悠遊於文學和科學之間，文學的涵養使他能發揮文字的魅力，博學家的豐富知識使他具科學知識轉化和文化轉譯能力，進而抹去科學之稜角、柔化科學之硬度，展現文采，具詩意，亦有詩境。

〔註130〕吳明益，《蝶道》，頁128。
〔註131〕劉克襄推薦序，吳明益著，《迷蝶誌》，頁18。
〔註132〕林柳君，〈吳明益作品中的文化轉譯、美學實踐與隱喻政治〉，頁96。

自然書寫到吳明益這個階段已脫離了報導文學，吳明益的蝴蝶書寫除了結合各種議題，也經常在字裡行間埋藏不為人知或需被細膩察覺的情感，諸如愛情、友情、親情和鄉情的潛文本，展現文字之外的情懷，為文字增添暖意和詩意。陳芳明是如此讚嘆吳明益的蝴蝶書寫：「是光之舞踊，是詩之饗宴，為這個海島帶來祝福與希望。」〔註133〕由此可見，吳明益文學詩意之功力。

除了文字的功力和個人情感，文學的想像也能為文字帶來詩意，誠如簡義明所讚譽的：

> 當人類的知識與理論上未能撬開其生存的奧祕之時，作家即用詩意的文學的想像，將疑惑轉為理解的過程，用文學的方式拉近不同生命的鴻溝，讓「我們」有可能在此相遇。而臺灣近年嘗試做此串接工作的作家範例，當屬吳明益最受矚目。〔註134〕

吳明益豐富的想像力和強大的聯想力使其能做到「用詩意的文學的想像，將疑惑轉為理解」，營造有文學詩意的想像，拉近文學和科學的距離。

詩意的文學想像已成為吳明益自然書寫的一大特色，讀者在《迷蝶誌》和《蝶道》多處可發覺，在楔子、圖說或正文都可覓尋蹤影，〈趁著有光〉一文有許多關於光的文學想像，即是最佳例證。

四、象徵和隱喻

蝴蝶只知為自己而飛，怎曉人類的社會？吳明益卻賦予蝴蝶展演社會文化的角色，使蝴蝶在人類的社會裡有了舞臺，有了象徵的意義，諸如：責任、死亡、流浪、遷徙、霸權和生命等。

《蝶道》〈達娜伊谷〉一文，吳明益提及：人類常為了某種物種的存在而犧牲其他物種，達娜伊谷鯝魚的復育即是一例。山美部落為了推行達娜伊谷的觀光而獨尊鯝魚的保育，犧牲了同樣在溪谷中其他物種的生存權利，例如：石斑、鰻魚等。鯝魚成了溪谷裡的強勢物種，對吳明益來說復育鯝魚即是一種新的「霸權」展現。他直言：

> 對我來說，或許山美人讓鯝魚重現達娜伊谷的同時，也應該讓鄒族傳說中雨傘節和魚交配產下的石斑，及雅古依口已經很久沒見的鰻

〔註133〕吳明益著，陳芳明序，〈光之舞者〉，《蝶道》，頁22。
〔註134〕簡義明，《寂靜之聲——當代臺灣自然書寫的形成與發展（1979～2013）》，頁177。

魚，與鯝魚競爭在溪流裡泅泳的權利。否則，那鯝魚閃動著光的身
軀，將會成為另一個遺憾（或者霸權）的隱喻。〔註135〕

吳明益認為達娜伊谷不只是人類和鯝魚的達娜伊谷，也是其他物種的故鄉，
是以鯝魚復育的成功形成了另一種「物種霸權」；由此出發，亦可延申至「文
化霸權」和「政治霸權」的概念。行文中，吳明益也置入了他的環境倫理觀：
沒有任何生命可以獨霸一方、凌駕他人，這片土地也應該是獼猴、石斑、鰻
魚、枯葉蝶、淡紫粉蝶、雌白黃蝶和澗鳥的達娜伊谷。在這座溪谷上，人類無
需過度干預和涉入，大自然本身自有調節的能力，讓萬物共生共存。

美濃的黃蝶翠谷因食草鐵刀木和黃蝶而欣榮、聞名，鐵刀木和黃蝶始終
保持著一種動態平衡，但人類卻一直想迫害這種動態平衡。吳明益說：

> 植株和幼生昆蟲們形成蹺蹺板，美濃黃蝶與鐵刀木的爭戰便是教
> 材。每年鐵刀木樹幾乎都要被黃蝶幼蟲「消滅」，卻又在隔年來春
> 重新伸展枝葉，迎接另一個黃蝶祭的大發生。只有人力所製造的偉
> 大水庫，才有足夠力量擊毀這種動態平衡。〔註136〕

吳明益所說的「人力」隱藏政治的隱喻，暗指「國家機器」和「政府力量」的
介入，只有國家這座龐大的機器才有能力摧毀黃蝶的棲息地。1992 年，政府
計畫興建美濃水庫以提供大高雄地區的飲用水，如此黃蝶翠谷將消失在水庫
淹沒區。後來，美濃水庫的興建案因抗爭而胎死腹中；國家機器停止運作，黃
蝶翠谷才能被保留下來了。

吳明益在〈迷蝶〉一文有更多層次的隱喻。他在《迷蝶誌》初版後記〈飛
翔的眼神〉曾指出，「迷蝶」有三種意義：一、「迷蝶」是「迷走的蝶」，牠們
是因遷徙或天然因素出現在他鄉的蝴蝶，算是新移入的蝶種。因之「迷蝶」在
此隱喻「遷徙」，隱喻臺灣諸多移民都是臺灣的「迷蝶」，而「迷蝶」最終也成
了臺灣的一部分，象徵臺灣是一個可以融入各種新生命的場域。二、「迷蝶」
是指「謎樣的蝶」，蝴蝶神祕多變的生命和謎般的魅惑促使吳明益一直在找尋
一種與蝴蝶的交往方式。三、「迷蝶」是「迷戀蝴蝶」，彷彿以暗戀者的身分揣
測戀人的心情，而這樣的揣測使吳明益每次遇到一隻蝴蝶都有心跳加速的激
動與羞怯。綜上，「迷蝶」有遷徙、謎樣和迷戀之多重隱喻。

無獨有偶，徐仁修在〈巷弄中的彩蝶〉一文，亦曾以臺灣紋白蝶的遷徙隱

〔註135〕吳明益，《蝶道》，頁 161。
〔註136〕吳明益，《迷蝶誌》，頁 104。

喻臺灣原住民的遷徙：「我常常想，臺灣原住民的命運多麼像臺灣紋白蝶——從平地被逼上高山，現在又有很多原住民洄流到都市謀生。」〔註137〕吳明益和徐仁修皆以蝴蝶移居來隱喻人類的遷徙，雖然蝶種不同，但二者異曲同工。

　　〈界線〉一文，吳明益提到琉璃紋鳳蝶和大琉璃紋鳳蝶的生存界線不明，這一條界線是一種神祕契約。「事實上，所有生命理應都存在著界線，……只有人類有能力以『智慧』拆除、崩解這條生命界線吧！」〔註138〕然而，大自然的神祕契約已被人類的現代化拆除了。馬路上有被輾過的大琉璃紋鳳蝶，隱喻「馬路」其實就是人造的界線，人類拆解了大自然早已為萬物畫好的界線；而跨越這條人造的界線可能引來死亡，成為車下魂。

　　陳玉峯對《迷蝶誌》關心的面向與大眾不同，他說「……毋寧我較關切多少臺灣人願意靜下心來，咀嚼《迷蝶誌》的影像、意象，以及文字之外的情操。」〔註139〕陳玉峯所謂的「文字之外的情操」，指的就是吳明益對「臺灣的認同」。關於臺灣認同與臺灣意識有諸多的隱喻潛藏在吳明益的潛文本中，例如：以流浪的黃蝶隱喻客家人遷徙美濃，鍾理和就是文本裡的弦外之音。

　　象徵的表現手法，吳明益在〈如果有人要送我一座山〉這首詩中淋漓表現。他羅列了十六種美濃黃蝶翠谷的蝴蝶食草，而每一種食草就是一種蝶種的象徵，十六種蝴蝶食草象徵美濃黃蝶翠谷中多元的蝶種，其中鐵刀木就是黃蝶的象徵。

　　如前所述，吳明益善用象徵或隱喻的手法來傳達內心之想法，例如：遷徙、愛戀、界線和霸權等。其他諸如：人類為蝴蝶賦名，也留下權力運鑿後之痕跡；也藉大鳳蝶的外表，暗喻世人生而平等，勉人避免物種和人種之偏見；又藉樺斑蝶隱喻死亡，「一隻樺斑蝶之死」也隱喻了喪父後複雜的心理。隱喻是一種潛文本，讀者不難在吳明益蝴蝶書寫暗藏好的線索裡找到證據或蛛絲馬跡。

五、複式感官

　　人有五感，因此摹寫的技法也分視覺摹寫、嗅覺摹寫、味覺摹寫、聽覺摹寫和觸覺摹寫。早期的蝴蝶書寫接近觀察記錄，常用比較平舖直述的文字來描寫所見所聞。吳明益則不然，他在蝴蝶書寫的摹寫技巧上表現非凡，善用五感和心靈的感動來描摹蝴蝶，使他的蝴蝶書寫生動而突出。這五感和心感的結合

〔註137〕徐仁修，《荒野有歌》，頁28。
〔註138〕吳明益著，《迷蝶誌》，頁63。
〔註139〕吳明益著，《迷蝶誌》，頁12。

即所謂的「複式感官」。

在〈言說八千尺〉，吳明益寫道：「臺灣麝香鳳蝶來時，你的嗅覺是否和心靈一併打開？」〔註140〕在〈寂靜中漫舞〉說：「自然音響不只是音符，而是啟蒙，是造物主湊近耳朵旁的神祕低語。」〔註141〕在〈目睹自己的誕生〉則說：「看著他沉浸在糞便的吸吮，我好像聽到幼蟲潛藏於腐落葉堆裡的大紫蛺蝶，和嗅到糞便興奮趨近的白裙黃斑蛺蝶說，在生命的歷程裡，華麗必須仰賴腐敗。」〔註142〕在〈死亡是一隻樺斑蝶〉則描述：「蛛網的構造簡直就像羅浮宮的壁飾一般複雜而充滿創意，部分蛛網在太陽光下是隱形的，它們就像一組緘默的殺手。」〔註143〕在這些引文裡，吳明益讓自己身體歷經一次又一次不同的「身體感」，他利用五感和心靈的深刻感受來展開蝴蝶書寫，展現不同於前輩的蝴蝶書寫樣貌，他亦誠摯邀請讀者也利用自己的身體感官和心靈之眼一起來親近蝴蝶。

其中，吳明益的蝴蝶書寫更具很強的視覺性。在他的第一本小說《本日公休》出版時，宋澤萊即看好他，評其：

> 那種視覺性很強的描寫能力，使我們感受到他是一個潛力很大的寫作新手。……我個人倒不希望吳明益，往後現代文學的路走得太遠，因為吳明益的才情不是那樣，他更傾向的是一個精工的、理性的小說家。〔註144〕

宋澤萊肯定吳明益有「視覺性很強的描寫能力」。吳明益善用複式的感知來摹寫其所觀察之事物，在《蝶道》一書已淋漓盡致表現。吳明益更展現他高超的視覺摹寫的能力，使得他的蝴蝶書寫栩栩如生，例如：對於蝴蝶顏色的細微刻畫，經常呈現水彩盒裡不可見之顏色；又如：將蝴蝶求偶時的翩翩舞姿，生動呈現讀者眼前。後來吳明益的文學表現也驗證了宋澤萊所說的：「他更傾向的是一個精工的、理性的小說家。」在小說《單車失竊記》一書或後來的其他著作皆可以驗證吳明益是個精工的小說家。

複式感官的運用使吳明益對周遭之人事物能深刻感知，成為他自然書寫的特色之一。

〔註140〕吳明益，《蝶道》，頁214。
〔註141〕吳明益，《蝶道》，頁61。
〔註142〕吳明益，《蝶道》，頁179。
〔註143〕吳明益，《蝶道》，頁129～130。
〔註144〕吳明益著，宋澤萊推薦序，《本日公休》，頁4。

六、生活／記憶書寫

　　吳明益是個長情的人，擅長記憶書寫，他將心靈深處的記憶密封於成熟淬鍊的文字裡，讀者可以在字裡行間發現他埋藏的生命軌跡。家族回憶和家族史是吳明益自然書寫裡非常重要的能量和養分，諸如中華商場、商場上的天橋、父親的皮鞋店和幸福牌腳踏車、臺北大橋小兒科、雙連喝符水和收驚的「聖王宮」、萬華地景，以及父親「臺灣少年工」〔註145〕的身份等諸多題材，一次又一次的出現在他的蝴蝶書寫中，也出現在其他的創作中，例如：《本日公休》、《天橋上的魔術師》和《單車失竊記》等。

　　〈時代〉一文，吳明益回憶起自幼體弱多病，爸爸常帶他到「臺北大橋小兒科」看病；不同於爸爸，媽媽卻常帶他到神壇求神明保佑。吳明益說：「看醫生當然是每個孩子頂恐懼的事，但我從周歲以後，就是大橋小兒科的常客……。」〔註146〕他的母親亦曾用臺語跟他說：「你這個歹飼囝子，那毋是我一直走聖王公，求聖王公保蔽，三工五工就抱去大橋小兒，你是飼會大漢喔！」〔註147〕這二件事是吳明益自然書寫裡常出現的情景，也是他小時候溫馨的回憶。臺北大橋小兒科林醫師看診間架上的蝴蝶標本引起吳明益書寫〈時代〉一文，藉由蝴蝶標本回顧環紋蝶的歷史，也一併回憶起小時候父母予他的溫情，而後書寫了這一溫馨感人的篇章。

　　〈迷蝶二〉，吳明益再次懷念起小時候居住的中華商場，而商場已於1992年拆除。他感性的寫出：

> 前日我下公車時，遠遠地感知一個身影。我肯定那是信棟二樓賣牛肉麵的。不，不記得他的名字了，只記得店名叫「第一牛肉麵店」，記得那些浸滾在火辣牛肉湯裡的油豆腐，與白齒接觸時所流淌出讓人眼眶發紅的滋滋作響。辣燙得足以讓腦裡的儲藏室，自燃。氤氳的蒸騰熱氣中我似乎看到那群經過二十年後，重新飄越海峽的豹斑蝶，野性底飛翔姿勢。〔註148〕

〔註145〕二戰末期，日本戰事吃緊，為了南進之需，身為日本殖民地的臺灣無法置身事外。日本政府召喚臺灣十幾歲的青少年遠赴日本建造飛機，這批青少後來被稱作「臺灣少年工」。參見簡景淵著，《望鄉三千里》，臺北：遠景，2017年。

〔註146〕吳明益，《迷蝶誌》，頁190。

〔註147〕吳明益，《迷蝶誌》，頁198。

〔註148〕吳明益，《迷蝶誌》，頁168。

「第一牛肉麵店」的牛肉麵是吳明益記憶中的好味道。他記得牛肉麵老闆的身影，回憶起「浸滾在火辣牛肉湯裡的油豆腐」、「與臼齒接觸時所流淌出讓人眼眶發紅的滋滋作響」、「辣燙得足以讓腦裡的儲藏室，自燃」，以及「氤氳的蒸騰熱氣」。這一段行文，吳明益使用了視覺摹寫、味覺摹寫、聽覺摹寫和觸覺摹寫，大方與讀者分享記憶中難忘的好味道，彷彿讀者也跟著他的回憶走進了第一牛肉麵店。

中華商場被拆除了，屬於吳明益記憶的參考物也被消失了。中華商場棲息了一群帶著流浪基因的紅擬豹斑蝶，背負遷徙的宿命，在都市中離散又歸聚，歸聚又離散。吳明益經常在他的作品中再現他的生活史和家族史，中華商場是他自然書寫裡最重要的文學地景。然而，他的書寫並不出於懷舊的感傷，而是出於對那個時代的尊崇和致意。

中華商場是吳明益心中永遠的荒野、記憶與鄉愁之所在。鄉愁總在他心靈深海暗潮洶湧，在他的書寫裡隱隱作痛；即便如此，吳明益仍一再於創作中復刻生命中的印記，成為創作的泉源。這樣的心路歷程，猶如李有成於〈迷路蝴蝶〉一詩中一再書寫的荒野、記憶與鄉愁，似乎二人有一樣的心靈路徑。失去荒野，他們一度成了「迷蝶」；如果記憶存在，便能尋回心中的那片荒野；如果記憶消失，那麼荒野就消失，只剩永遠的鄉愁了。

七、百科全書式／博物學誌

吳明益的自然書寫跳脫過去前輩以鷹鳥、鯨豚等動物為主題的書寫，可說是臺灣第一個以蝴蝶此單一物種大量創作的作家。劉克襄曾稱迷戀老鷹的沈振中、提倡綠色旅行的陳世一，以及古道和山林書寫前輩楊南郡為「臺灣特有種」，[註149]而把開創自然書寫新模式的吳明益稱為「另一種新品種」。[註150]新品種的吳明益其作品不僅在內涵上與前人有所不同，在形式上亦有所創新，百科全書式和博物學誌的呈現方式便是其中特色。

藍建春謂吳明益的自然書寫風格為「百科全書式」的書寫，他說：「相較於廖啟宏所針對的《迷蝶誌》，在《蝶道》階段，吳明益顯然更具自覺性、也更有計畫經營『百科全書式』寫法。」[註151]藍建春進一步將吳明益百科全

〔註149〕 吳明益著，劉克襄推薦序，《迷蝶誌》，頁16。
〔註150〕 吳明益著，劉克襄推薦序，《迷蝶誌》，頁18。
〔註151〕 藍建春，〈舞出幽微天啟──談吳明益的蝴蝶書寫〉，頁80。

書式寫法簡單區分為：「摘句與引述」、「註釋、導覽與工具書」、「穿插對照」、「隱喻與模糊化修辭」幾大類，〔註152〕藍建春於〈舞出幽微天啟——談吳明益的蝴蝶書寫〉一文已有詳述，本文不再贅述。

吳明益的蝴蝶書寫結合了一般工具書和圖鑑的形式，形成「百科全書式」的書寫特色，但又不失他原有的文字美學風格，此種書寫源於他扎實的文學造詣和博學多聞。他大量、廣泛和深度的閱讀群書，以及豐富涉入現場的田野經驗，使得他的自然書寫跳脫早期自然寫者易陷於自然知識不足的尷尬和缺乏田野經驗的困境，呈現出博物誌式的格局，展現出博物學家的器度，取得為大自然發聲的話語權，成為動物書寫的重要代言人。

綜覽《迷蝶誌》和《蝶道》二書，不僅是散文集，也是博物學誌，展現吳明益的用功和博學，亦展現他旁徵博引和穿針引線的功夫。劉克襄曾如此讚美吳明益：

> 一隻小小的普通蝴蝶，在他熟練的寫作技巧下，經常就有橫向地生態習性和環境變遷之敘述，兼有縱向地歷史和自然志的延伸。〔註153〕

無論是自然知識或人文歷史之橫向或縱向延伸，吳明益總是運用自如，例如：從珠光鳳蝶言說蘭嶼之沿革、從小紫斑蝶延伸鄭荷時期的臺灣史、從大白斑蝶的生活習性平反其「大笨蝶」之綽號、從白裙黃斑蝶敘述日本博物學家研究臺灣蝴蝶的歷史……，無論縱向或橫向的鋪排或延伸，既是散文的書寫，亦是博物學誌的呈現。

《迷蝶誌》和《蝶道》改變了臺灣自然書寫的模式與層次，陳芳明說：「自然寫作的發展，到達吳明益這個世代，已經脫離了純科學性的報導文學。」〔註154〕不論將蝴蝶做為主體或隱喻，自然書寫至此已脫離了早期的框架，開始演化和進化。陳維壽也特別推薦吳明益能以文學素養和藝術手法揉合生物學的蝴蝶知識，表現蝴蝶之情感，還稱讚這種書寫方法是「嶄新嘗試」。〔註155〕

吳明益作品兼具科普知識、文字美學和藝術美感，並以非虛構的田野經驗，以及對大自然的謙誠態度來關照蝴蝶、書寫蝴蝶；對自然和文明的衝突反覆辯證，對生命價值做深刻反省；而這種百科全書式與博物學誌合一的新書

〔註152〕藍建春，〈舞出幽微天啟——談吳明益的蝴蝶書寫〉，頁 80。
〔註153〕吳明益著，劉克襄推薦序，《迷蝶誌》，頁 16。
〔註154〕吳明益著，陳芳明推薦序，〈光之舞蛹——吳明益自然寫作中的視覺與聽覺〉，《蝶道》，頁 22。
〔註155〕吳明益著，陳維壽推薦序，〈蝶之驚艷〉，《迷蝶誌》，頁 8。

寫模式已為臺灣的自然書寫開創新局，帶來一種新嘗試和新面貌，展現一種新格局和新語境。

八、軟性／柔性，文學性／論述性

吳明益的蝴蝶書寫，已經跳脫早期自然書寫者大聲疾呼的階段。劉克襄曾說：

> 他所成長的環境讓他輕易地跳開這個八〇年代環保的迷障，直接以更成熟的自然知識，在文學的場域奔放。他的行文，不僅看不到早年自然書寫作者（包括我）的那種濫情了；同時，也無作家楊照在九〇年代時認定的急切和焦慮。〔註156〕

吳明益將自然知識置放於文學領域，也將自然知識的元素、符碼轉化成一般大眾可以接受的科普知識，理性論述或感性訴說蝴蝶情事，時而中肯堅定，時而委婉曲折，不控訴、不抱怨、不急切、不焦慮、不口號、不濫情，例如：〈寄蝶〉一文，他對蝴蝶之死並沒有提出沉痛的控訴，只感慨蝴蝶無辜生命的飛逝，以軟性和柔性之筆抒發對蝴蝶傷逝的悲憫之情。

然而，吳明益也不想全以軟調、抒情文學的方式和華麗的詞藻來吸引一批只是想過野趣生活的愛好者，他仍有他的使命和堅持，他說：「我必須自問自己與自然接觸，以文學表現自然的意義是什麼？我想要回答，所以我選擇書寫。」〔註157〕吳明益不想只有批判，透過自然書寫他試圖縫補和修護過去人類對萬物所造成的傷痕，他跳脫道德教條式的框架，以謙虛之心、誠懇之情進行書寫，將論述聚焦於「人類必須承認自己所知和能力有限，重新檢討與大自然萬物的相處之道」，而這樣的理念和情操使他的自然書寫在文學性的描述之外，亦能兼具「反思性的論述」。

陳維壽曾不吝以「驚艷」二字來讚嘆吳明益的表現。他說：

> 他雖然並非昆蟲相關科系畢業，然而他以專研而得的極為豐富的文學素養為基礎，再配合近年來投入大自然的懷抱中，直接與眾多蝴蝶接觸，擁抱優雅舞姿編織的美妙生態，並以敏銳的觀察力和豐富的想像力，從牠們生活上的點點滴滴，終於成功地察覺再深入閱讀

〔註156〕吳明益著，劉克襄推薦序，《迷蝶誌》，頁29。
〔註157〕簡義明，《寂靜之聲──當代臺灣自然書寫的形成與發展（1979～2013）》，頁181。

　　　蝴蝶散發的情感。〔註158〕

吳明益接受學院式的文學訓練，又努力專研蝴蝶的專業知識，加上敏銳的田野
觀察力和豐富的文學想像力，以及整理、綜合、分析、歸納和再現訊息的統整
能力，使其獲致陳維壽「蝶之驚艷」的讚譽，這些驚艷涵蓋科學性和文學性，
兼具描述性與論述性。

　　2000 年，吳明益帶動一波自然書寫之風，學院式文學背景扎實的訓練、
勤奮專研群書和勤跑田野的觀蝶經驗，使他的自然書寫形成自然生態、社會
人文、歷史文化與文學地景交織的複雜書寫網路，展現自然書寫的新風貌和
大格局。

小結

　　本章首先爬梳吳明益的環境倫理觀，他是溫和的人類中心主義者，主張
自然萬物與人類同等；強調以生命對待生命，以全人之姿態欣賞萬物；信仰和
實踐土地國的理念，主張人類只是土地國其中的一員，並不是世界的主宰。

　　其次，分析吳明益《迷蝶誌》、《台北伊甸園》、《蝶道》和一首散文詩〈如
果有人要送我一座山〉的內容。吳明益以蝴蝶本身和蝴蝶生態為阡陌，展開蝴
蝶書寫，擅長以文字表現蝴蝶之意象或隱喻，而蝴蝶詩是應邀美濃黃蝶祭而寫
的珍稀之作。

　　最後，綜整吳明益自然書寫的特質，如下：複合式的主題、美學和藝術
性、詩意與詩境、象徵與隱喻、複式感官摹寫、融入生活與記憶、百科全書式
和博物學誌的呈現，兼具軟性與柔性、文學性與論述性。

　　吳明益擷取自然書寫前輩的創作精華，另闢自然書寫之蹊徑，自創自然
書寫之新格局。他擅長揉和自然生態與人文歷史，大量閱讀群書和經常涉入田
野，使其科學和文學話語無虞，不僅具科學的正確性，也饒富文學的趣味性。
這樣的書寫能力，使他成為臺灣文學界重量級、甚至是國際級的作家，是新生
代自然書寫者學習和致敬的對象。

　　筆者認為，吳明益的自然書寫之所以膾炙人口，絕非純然歸因於文字之純
熟或知識之廣博，最重要的是源於他心頭的那股源源不絕的創作力量，這股力
量有時如涓滴細流（如：記憶書寫），有時又充滿爆發力（如：對知識之渴望

〔註158〕陳維壽推薦序，吳明益著，《迷蝶誌》，頁 18～19。

和對田野之勤跑）。更重要的是，源自於他對自然的謙卑和尊重，以及對自己和讀者的誠實（例如：承認自己也是個會貪圖便利的「文明人」）。因此，他的自然書寫能帶給讀者真誠之感動，而不是沽名釣譽的文字技巧賣弄或道貌岸然的道德說教。

此外，吳明益對土地的感知敏銳而深刻，其視野不侷限於眼前的事物，而是透過身體和心靈深刻的去體現和感知，最後才能再現李奧帕德那樣深具土地美學的詩意與情懷，在文學的花園裡另闢幽幽路徑，綻開朵朵繁花。

檢視吳明益書寫的軌跡，可以感受他自然書寫的力量始終來自於他對生命的尊重和對自然的關照，其自然書寫使讀者能身歷其境、產生共感，進而能一起同理和珍惜。這股力量藉由文字的書寫、圖片的輔助，在文學與自然之間搭起一座友誼的橋樑，建立了自然書寫的新里程碑。

第四章　杜虹的環境倫理觀及蝴蝶書寫

　　杜虹本名謝桂禎，1964 年出生於屏東縣內埔鄉，成長於屏東，求學於屏東，也工作於屏東。1984 年，杜虹自屏東縣美和護專畢業，即到恆春半島擔任墾丁國家公園解說員；後來因對都市充滿憧憬，也曾北上擔任護士二年。最後，仍無法忘情大自然，又回歸墾丁山林。杜虹因長期浸潤於墾丁的大自然，欲寫下墾丁的自然和人文，於 1994 年繼續進修，就讀空中大學人文社會系。

　　後來，杜虹為了充實科學的專業知識，又再度進修，就讀於屏東科技大學熱帶農業研究所（2000～2002），研究南仁山森林生態，獲碩士學位。2003 年，於屏東科技大學熱帶農業暨國際合作研究所繼續深造，專研蝴蝶生態；2011 年，獲博士學位，是臺灣研究植物與蝴蝶的科學專業人士，尤其專精於保育類蝴蝶黃裳鳳蝶之研究。除了擔任墾丁國家公園的導覽解說員，杜虹後來也負責規劃墾丁國家公園的生態旅行，結合環境保護與深度旅遊，致力於墾丁綠色旅遊之推展。

　　杜虹從小生長在屏東鄉下，農村子弟的身分使她有機會體驗早期的農村自然生活，加上恆春半島長年的大自然洗禮，使其能在大自然的豐潤滋養下，展開筆調清新婉約的自然書寫。杜虹是其筆名，她說：

> 春夏走遍山野，總不由得為杜虹花而駐足，春天就該有這種花朵，柔暖鮮麗。普遍、柔麗、生命力堅強，花與果都不馬虎，我是如此地喜歡杜虹花的特質，自然地，便以它為筆名。〔註1〕

─────────────

〔註 1〕杜虹，《比南方更南》，臺北：時報文化，1999 年，頁 99。

杜虹是如此喜歡春天開花、夏天結果，無論開花或結果都明豔動人的杜虹花，也喜歡杜虹花「普遍、柔麗、生命力堅強，花與果都不馬虎」的特質，於是以「杜虹」為其筆名。

　　杜虹是臺灣當代重要的女性自然書寫作家，在自然書寫的光譜裡展現不同於其他作家的南方視野。本章，筆者將爬梳整理杜虹的文本，聚焦於蝴蝶書寫，試圖找出隱含在字裡行間的環境倫理觀，並分析文本裡的蝴蝶書寫，從中找出證據，發現她自然書寫的特質。

第一節　杜虹的環境倫理觀

一、生態中心的環境倫理觀

　　吳明益曾明確表達自己的倫理觀屬「溫和的人類中心主義」；相對地，杜虹未曾在自己的文本中表述個人的環境倫理觀，筆者根據杜虹自述及其他論述來推斷：杜虹具有「生態中心的環境倫理觀」。她曾說：

> 我剛到國家公園工作時並無保育觀念，對自然生態也是一知半解，十年歲月，我的工作單位及環境把我教育成一個懂得珍惜生態環境及尊重各類生命的人，與我同課室的同事，也多與我有著相似的概念態度。〔註2〕

> 當我們眼中有自然，而腹中有科學，群樹便不再只是沉默的靜物，土壤也不再只供踏足，蛛網捕蝶非關殘忍，鳳頭蒼鷹捕食其他鳥類的幼雛也只是物種間的宿命，自然生態系統因動態變化而得以平衡，個體的生死存亡推動演化向前。〔註3〕

從上述「懂得珍惜生態環境及尊重各類生命的人」和「自然生態系統因動態變化而得以平衡」的關鍵語句中，可以辯證杜虹的環境倫理觀屬於「生態中心的環境倫理觀」。群樹不是靜默的，它是有語言的；土地不是只供踏足，它也有其尊嚴；自然生態不是靜止不動的，自有其平衡和演化的規則。

　　杜虹肩負國家公園生態保育的使命，維持生態系統之平衡，使各物種皆能朝向自然的演化之路走下去，是她的關懷和理念，也是責任和使命，因之筆者

〔註2〕杜虹，〈賦別〉，《中國時報》〈人間副刊〉，2001年12月24日。
〔註3〕杜虹，《南仁山森林世界：熱帶邊境生物多樣性》，屏東：內政部營建署墾丁國家公園管理處，2003年，頁11。以下該書簡稱《南仁山森林世界》。

認為她的環境倫理觀是屬於「生態中心的環境倫理觀」。

二、萬物依大自然的律動而運行

　　杜虹長期浸潤大自然下，體會出大自然的律法才是大自然唯一的依循。〈在那遙遠的地方〉一文，她舉了一個例子：

> 而今植物族群自然消長，我們雖然喜愛恆春楊梅，卻也願尊崇大自
> 然的律法。在自然生態朝向平衡發展的過程中，各族群表現出來的
> 強勢現象，多屬短暫，真正的穩定，是複雜的融合，沒有所謂的強
> 勢。……慣看大自然的演替，對於人世枯榮，自然較淡然了。〔註4〕

恆春半島瀕臨太平洋的海岸地帶，三十年前曾是海棗群立的森林，因人為迫
害而凋零，大自然的彼消我長，十多年前生長著鳥兒和人們都喜愛的稀有恆春
楊梅。如今，恆春楊梅並沒有真正消失，而是順應自然將種子潛藏於泥土中，
等待下次環境變動時的生存契機，就像眼前逐漸繁茂的海棗，也曾在土裡靜候
多時、伺機而動。海棗和恆春楊梅的生命更迭就是一種複雜融合的自然現象。
杜虹不會獨鍾恆春楊梅而不樂見海棗的交替滋長，她認為大自然的演替就得
依自然的律動來運行，「尊崇大自然的律法」、「複雜的融合」，才能穩定平衡、
生生不息，沒有所謂的強勢。

　　杜虹曾在〈琉球青斑蝶〉、〈蝴蝶大發生〉和〈樹雀〉也分別表述類似的
觀點：

> 大自然中存在各種威脅生存的危機，天敵與風雨使得野外彩蝶幾乎
> 無一得盡天年，蝶翼麟粉的磨損或脫逃天敵捕食翅翼時的摧折，皆
> 是彩蝶世界慣常之事。蝶翼滄桑，是歲月漸老或死裡逃生的符號，
> 蝶族最終無一能倖免。〔註5〕

> 看著公路上片片如落葉般旋轉墜落的蝴蝶，許多人覺得可憐。然而
> 生物的生生死死，卻是自然界最普遍的事，尤其是族群大量時，食
> 物短少，有其必要性。……那數以百計的蝴蝶的死亡，換得食草的
> 重生，死亡的確是自然界必要的現象。〔註6〕

> 小樹鵲可愛的模樣，的確討人歡心。面對各方盛情，彷彿有監護權

〔註4〕杜虹，《比南方更南》，頁77～78。
〔註5〕杜虹，《相遇在風的海角》，頁168。
〔註6〕杜虹，《蝴蝶森林》，臺北：九歌，2016年，頁193。

> 的我只得不斷解釋：我們希望牠能回到大自然中，為生態平衡盡螺
> 絲釘的力量。況且，我們無權居留牠。〔註7〕

從上文中，「慣常之事」、「自然界最普遍的事」、「死亡的確是自然界必要的現象」、「回到大自然中」和「生態平衡」等關鍵語，再次辯證杜虹「生態中心」的環境倫理觀。

　　海棗或恆春楊梅的消長，蝴蝶遭遇天敵攻擊、風雨摧殘或是萬物的生老病死，杜虹認為這些都是自然界最普遍的現象，無一能倖免。生態的穩定和平衡，人類無法介入、挽留或彌補；因此，在大自然裡，一切都要順其自然，就像暫養覆巢的小樹鵲，即使日久生情，終須讓牠回歸大自然。依自然法則而行，才是與大自然相處之道。

三、動物生存權優於人類生活的便利性

　　阿朗壹古道是一條從恆春半島東北隅旭海村到臺東縣安朔村的沿海小徑，這條古道在劃為「旭海觀音鼻自然保留區」之前，曾有開路的爭議。杜虹寫道：

> 海岸公路也許帶來些許便利，尤其如我這般，年歲漸長、體力漸衰卻
> 仍渴望親近自然之人，得公路之助或許更能暢行千里，但若遂我小小
> 私心，如陸蟹般生活史中需得上山下海的自然生靈，族脈繁衍將更陷
> 入困局，公路開通後改變原生森林的光量、乾溼等環境因子，也勢必
> 導致各族生命的消長……。「便利」與「生活」，輕重何等分明。〔註8〕

這段引文，杜虹未以任何文字明確表達或宣誓反對環島公路網興建之立場，也未直接給予「便利」與「生活」熟輕熟重的答案，但從行文的脈絡裡可以確定她的立場──始終反對開闢海岸公路。

　　臺灣的海岸公路長達一千餘公里，阿朗壹古道是臺灣海岸線最後的處女地，完成臺灣環島公路網的建置意味著最後一段海岸線的消失。杜虹寧願拋棄「便利」的生活，也要自然界萬物生靈可以在此「生活」下去。換言之，杜虹認為動物的生存權優於人類生活的便利性，這是她堅信不移的環境倫理觀。

四、生命無價，無位階

　　有一次，墾丁國家公園管理處要舉辦蝴蝶特展，杜虹是特展的承辦員，在尋找蝴蝶標本時，她於〈蝴蝶之死〉有以下一段反思：

〔註7〕杜虹，《比南方更南》，頁134。
〔註8〕杜虹，〈自序〉，《相遇在風的海角》，2013年，頁9。

> 當我站在存放標本的貯藏室，面對那疊成一扇牆的標本，我突然覺
> 得頭暈。管理標本的同事捧來一個裝滿蝴蝶標本的木盒子，……接
> 過標本盒，我的手微微顫抖。透過標本盒的玻璃蓋，我看到一隻隻
> 蝴蝶被穿胸固定在擁擠的空間裡，失去了生命卻仍然栩栩如生。望
> 著那近百盒標本集成的牆，一時竟無法言語，默默遞回標本盒，我
> 未翻動任何一箱標本，便不安地離去。〔註9〕

從杜虹「頭暈」、「手微微顫抖」、「無法言語」等不舒服的生理反應，以及「未
翻動任何一箱標本」、「不安地離去」等連續動作中，讀者可以感受到她對蝴
蝶標本的排斥和抗拒。「腦海就堆滿了蝴蝶的屍體。」〔註10〕「苦悶了幾天，
還是必須去找標本。」〔註11〕凡此種種外顯的動作和內心的掙扎，在在流露
出杜虹的恐懼和不安。杜虹在趨避衝突中和工作責任間掙扎和選擇，可以感
受到她對生命的初心和尊重。

　　杜虹將標本盒形容為「昆蟲殯儀館」和「蝴蝶的專屬墓園」。對為學術而
捐軀的蝴蝶，她不以為然，但礙於承辦業務，也只好請同事一起來做「蝶體
選美」——選中的蝴蝶標本才有機會在眾人面前展示。杜虹說：「為了不讓自
己微顫的手指碰碎那乾燥薄脆的蝶翼，我不斷調整呼吸又不停地說話，希望
藉談話舒緩不安的情緒。」〔註12〕凡此種種細部動作和微妙情緒的描摹，可
以深深感受到她對生命被摧殘的不忍與不捨；即使是一隻小小的蝴蝶，牠的
生命一樣值得尊重，昆蟲和人類的生命從沒有貴賤和位階之分。杜虹想起了
「蝴蝶之死」的意義：

> 如果，人們在這裡檢閱過牠們美麗的圖彩之後，能如標本間的文字
> 所要求，不再干擾飛舞於大自然的彩蝶，蝴蝶之死便有了「意義」。
> 如果，從事學術研究者能節制標本的數量，我們在回答小朋友的問
> 題時，就不會太心虛。〔註13〕

死的意義是什麼？死是自然的現象，但製成標本的蝴蝶之死並不是自然現象。
杜虹認為如果能做到標本上文字所示，或者研究者能節制標本的數量，那麼蝴
蝶之死便有了「意義」。

〔註 9〕杜虹，《比南方更南》，頁 155。
〔註10〕杜虹，《比南方更南》，頁 155。
〔註11〕杜虹，《比南方更南》，頁 157。
〔註12〕杜虹，《比南方更南》，頁 157。
〔註13〕杜虹，《比南方更南》，頁 159。

「意義」和「希望」治療了杜虹多年的多愁善感。到處飛的蝴蝶難以仔細觀察，為了學術研究和教學，適度犧牲一部分蝴蝶換來蝴蝶的保育和生存的環境，是必要之惡，只要節制數量，是杜虹勉強可以接受的方法。

五、對大自然謙卑

《有風走過》一書，杜虹除了與讀者分享自己行旅臺灣所發現的大自然之美，也嘗試提供一種人與自然和諧的相處方式，讓人們學習以謙卑的態度對待土地，並且從大自然中得到慰藉與警醒。她寫道：

> 我們對大自然長時間的戕害，它可能一次就要回來，自然反撲往往是玉石俱碎的悲劇，付出最大代價的，終是生活在這片土地上的人。我們對待藉以安身立命的自然環境的方式，一向大意而粗暴，透過這本書，願大家能看見臺灣山水的美麗與隱憂，對我們還擁有的，能知溫柔珍惜。〔註14〕

杜虹擁有護理的專業訓練，曾參與九二一大地震賑災的救護工作，親眼目睹災區的滿目瘡痍和斷垣殘壁。她常去旅遊的埔里眉溪（臺灣中部蝴蝶的重要棲地）、還有她寫〈守候林鵰〉的日月潭，已不是記憶中的模樣。人類粗暴對待大自然，使大自然反撲，而臺灣又是一座地質年輕的島嶼上，多山、易震又易坍，隨時面臨天災的威脅與考驗。杜虹勉人要與大自然和平共處，學習謙卑以對；凡大自然釋放的任何警訊皆須引以為戒，不能忽略。

如前所述，歸納整理杜虹的環境倫理觀有：生態中心的環境倫理觀、萬物依大自然的律動而運行、生存權優於便利性、生命無價亦無位階、對大自然謙卑以對。這是杜虹對生命的尊重和對環境的態度。筆者亦發現杜虹對環境的整全性、穩定性和多樣性等諸多觀點與李奧帕德的觀點不謀而合，雖然在文本中找不到她對環境倫理觀直接宣告的證據，然她的環境倫理主張就在她的潛文本中或字裡行間，讀者可以輕易找到其「生態中心」的倫理觀。

第二節　杜虹的蝴蝶書寫

杜虹先後出版了《比南方更南》、《有風走過》、《秋天的墾丁》、《南仁山森林世界：熱帶邊境生物多樣性》、《相遇在風的海角——阿朗壹古道行旅》和最

〔註14〕杜虹，《有風走過》，臺北：天培文化，2000年，頁214～215。

新著作《蝴蝶森林》六本創作集，作品曾獲第六屆中央日報文學獎、第七屆和第八屆梁實秋文學獎，《比南方更南》一書曾獲第五屆新聞局小太陽最佳文字創作獎。杜虹的蝴蝶書寫散見於各作品集，其中以《蝴蝶森林》一書為精華，是代表之作。茲將杜虹的蝴蝶書寫作品爬梳如下：

一、《比南方更南》（1999）

　　《比南方更南》是杜虹的第一本著作，書中以墾丁的候鳥、植物、天文、珊瑚和礁岩的書寫為主，有關蝴蝶的書寫並不多，只有四篇，其中以〈蝴蝶之死〉最為經典。

　　〈礁林夜行〉一文，杜虹描寫了蝴蝶的睡眠。礁林的仲夏之夜蟲鳴齊唱，是個戀愛的季節，小動物們睡得香甜，卻也布滿危機，甚至喪失生命。

> 這溫暖浪漫的夜晚，對許多日間活動、夜間棲眠的生物而言，的確
> 布滿危機，一隻已經睡著的蝴蝶便被一隻淺黃顏色的小蜘蛛攫住，
> 來不及掙扎就成了蜘蛛的食物。步道四周有許多蝴蝶沉沉地睡著，
> 張垂的雙翅懸掛如畫頁，任你以最近的距離注視，也不醒覺。〔註15〕

該篇是杜虹「蝶之眠」的作品，也是唯一之作，雖著墨不多、也不深，卻呈現出非常寫實的「蝶之眠」畫面。沉睡的蝴蝶，是觀蝶的最好時機；然而，睡得香甜的蝴蝶，卻時時充滿危機，甚至因酣睡而喪失生命。杜虹對眼前這隻偶遇的酣睡之蝶並未寫出蝶種和特色，推測當時她是以候鳥或其他動物為主要觀察對象，蝴蝶還不是她熟悉的物種，故未能多加描摹。吳明益《蝶道》〈櫻桃的滋味〉亦有蝴蝶睡眠之書寫，這二篇「蝶之眠」可參照閱讀。

　　〈海檬果〉一文，以介紹海邊植物海檬果為主，間也書寫了蝴蝶：「有時蝴蝶會來，陶醉在花房的蝴蝶警覺性較低，我可以隔窗與蝶兒靠得很近，伸手幾乎便可以輕易捻起。」〔註16〕「綠葉間的花朵愈開愈盛，未到夏天，已經滿載一樹雪白，蝶兒來往更加頻繁了。」〔註17〕這是杜虹蝴蝶的初寫，因而描繪簡單，也未呈現蝶名和其他特徵，筆者認為理由同「蝶之眠」。

　　〈星星姑娘〉一文，杜虹隨同事守候蝴蝶的羽化，她寫到：「晨曦蝶兒破繭而出時，她問我是否感覺到體內有股新的力量？」〔註18〕還寫到同事的

〔註15〕杜虹，《比南方更南》，頁 79。
〔註16〕杜虹，《比南方更南》，頁 104。
〔註17〕杜虹，《比南方更南》，頁 104。
〔註18〕杜虹，《比南方更南》，頁 203。

邀約：「樹林邊的海檬果正開滿花，一隻黃裳鳳蝶在白花綠葉間流連，她邀我同看花與蝶？」〔註19〕杜虹在《比南方更南》的蝴蝶書寫並不多見，幾篇可見的蝴蝶書寫也只是點綴於植物或人物的隨筆，並非特意以微觀的角度來凝視或關照蝴蝶。彼時，杜虹初任國家公園解說員，雖已開始認識蝴蝶，仍不及後來以蝴蝶研究員身份書寫蝴蝶來得深入和精闢通透，但值得注意的是杜虹後來蝴蝶書寫的第一主角——黃裳鳳蝶，第一次出現在她這本的創作中，深具指標性意義。

依蒲薪羽整理的杜虹創作年表，得知〈蝶之生〉一文是杜虹最早公開發表的蝴蝶書寫，發表於《中國時報》〈人間副刊〉（2005 年 7 月 30 日），〔註20〕現收錄在《蝴蝶森林》一書。〈蝴蝶之死〉則是杜虹第一本著作《比南方更南》書寫蝴蝶最多的篇章，極有可能是杜虹蝴蝶書寫的「揭幕之作」。無論如何，蝴蝶的生與死都是杜虹關注的焦點。

春天的季節，國家公園要舉辦蝴蝶展，杜虹必須先去貯藏室堆滿屍體的標本室中尋找蝴蝶標本，進入標本室時她描述了她的感受：覺得頭暈、手微微顫抖、不安地離去……，凡此種種，都可以感受到她對蝴蝶標本的抗拒，因此最後才會請同事前來幫忙挑選標本。然而，倉庫裡有更多的昆蟲標本，被杜虹喻為「昆蟲殯儀館」，而不只是「蝴蝶專屬的墓園」。她雖對蝴蝶被製成標本無法釋懷，但也只能勉強接受「為學術而捐軀的蝴蝶，也算死得重如泰山」〔註21〕的說法，間接承認昆蟲標本對學術的貢獻。

杜虹的無法釋懷，並非只是單純對動物的悲憫之心，回想在南仁山看見蜘蛛網上的五隻蝴蝶，杜虹一群人也未曾伸出援手，她描述：「其中一隻正在舉行婚禮，經過一陣掙扎，才由未觸網的另一半脫離蛛網，我們因為尊重大自然的平衡法則，終究沒有搭救其他蝴蝶。」〔註22〕杜虹對自然界的生與死處之泰然，但對蝴蝶標本卻無法釋懷，這不是單純出於對生靈的悲憫，而是太多數量的昆蟲活生生被研究人員從大自然帶走，在研究報告完成後卻又被做成標本，讓從事保育工作的她感到矛盾、懷疑、心慌和不安。

人和自然之間仍存在許多的不和諧，但蝴蝶之死若有「意義」，在生態保

〔註19〕杜虹，《比南方更南》，頁 203。
〔註20〕蒲薪羽，〈杜虹書寫研究〉，頁 260。
〔註21〕杜虹，《比南方更南》，頁 158。
〔註22〕杜虹，《比南方更南》，頁 158。

育上也能看見「希望」的話，那麼蝴蝶之死雖令人傷逝，也只能釋懷了。站在保育者位置的杜虹，她對生命自然的生與死，始終抱持尊重而不介入的立場與態度，因為她相信生命透過自然的死亡而演化、而趨向完美。

二、《有風走過》（2000）

　　《有風走過》是一本以遊記形式呈現的旅遊文學，文中只有三處蝴蝶的書寫。〈守候林鵰〉一文的主角是臺灣大型猛獸林鵰，蝴蝶只是鑲嵌在該文的一個小小點綴。深春時節，杜虹守候林鵰多時仍不見牠的身影，還好水畔並不寂寞，她描繪了小灰蝶和無紋淡黃蝶的身影：

> 風鈴蘭之下，紫花酢醬草盛開，鮮豔的花色引來蝴蝶。一隻小灰蝶
> 從這朵花到那朵花，忙碌奔走，飽食一頓花蜜之後，卻大意地撞上
> 人面蜘蛛織結在林間的網，成了蜘蛛的食物……我彷彿看見大自然
> 不息的能量轉換。〔註23〕

杜虹於〈守候林鵰〉一文已能指認和辨識蝴蝶，她生動描繪了小灰蝶和無紋淡黃蝶的蝶影，也寫下她的蝶情。成了蜘蛛食物的小灰蝶，她只是用淡淡的口吻形容這是「大自然不息的能量轉換」，並未使用「死亡」的字眼，也未以任何濫情或同情的口氣來傳達她的心情，於國家公園解說員背景出身的她而言，死亡只是一種自然現象。

　　接著，杜虹描繪無紋淡黃蝶的食草和產卵情形：

> 野牡丹旁一棵鐵刀木，青綠的葉片排列如羽狀，這葉片是無紋淡黃
> 蝶的幼蟲食草，興起拉下細枝，撥翻葉背尋找蝶卵；這時一隻無紋
> 淡黃蝶飛來，蜻蜓點水般，便在手中的葉片背面產下一顆剔透的蝶
> 卵（蝴蝶並不輕易產卵，母蝶必在尋著幼蟲食草後，才將卵產下，
> 以使幼卵孵化後立即有食物供養）。〔註24〕

這段文字，杜虹以知性的筆調和簡潔的文字，先寫出無紋淡黃蝶的食草鐵刀木，接著井然有序呈現無紋淡黃蝶產卵的情形，顯現她細微的觀察能力；「興起拉下細枝，撥翻葉背尋找蝶卵」，則展現科學人的好奇心；括弧內文則是她對讀者蝴蝶科普知識貼心的補充說明，因為當時杜虹並不以蝴蝶書寫為重心，所以她的讀者對蝴蝶產卵和食草的關係仍未熟知。

〔註23〕杜虹，《有風走過》，頁74。
〔註24〕杜虹，《有風走過》，頁75。

〈秋山中〉一文，杜虹觀察到一隻紅蛺蝶：「野地花開得燦爛，黃昏時刻，金色陽光更添秋花清麗。一隻紅蛺蝶飛來這高冷的山上，忙碌地為花朵作媒。」〔註25〕杜虹雖輕描淡寫這隻形單影隻的紅蛺蝶，卻是她蝴蝶書寫中海拔最高的一隻蝴蝶（位於海拔2600公尺的新中橫），有其地理位置和海拔上的特殊性。

三、《秋天的墾丁》（2003）

秋天是候鳥南遷的季節，來去的候鳥和鷹群成了《秋天的墾丁》的主角，赤腹鷹、灰面鵟鷹、紅尾伯勞、鷺鷥、雁鴨……鳥影不斷，為南飛的季節頻添幾許熱鬧，其他動物充滿生命力的身影也紛紛躍然紙上，有陸蟹、澤蛙、蜉蝣、番鵑、蝙蝠、蜻蜓、螢火蟲和獼猴等。蝴蝶的書寫在該書並不多見，全書只出現二篇。〈度假的方式〉一文，杜虹只輕輕的寫下了一句隨筆：

> 我沿旅館周圍散步，遇見一隻黃裳鳳蝶翩翩行過身前，又看見幾隻
> 鵜鴣在院子裡翹動長尾巴，來到大尖山前清風吹涼的青青草地上，
> 伯勞的嘎鳴四野想起。〔註26〕

這是黃裳鳳蝶第二次出現在杜虹的作品中，雖然只是幾筆的輕描淡寫，卻讓讀者有機會再度認識墾丁瀕危的黃裳鳳蝶，而此蝶種正是後來杜虹從事蝴蝶研究、蝴蝶保育和蝴蝶書寫的第一主角。

〈關心〉一文，杜虹對黃裳鳳蝶則有較多的描述：

> 黃昏的時候，一隻黃裳鳳蝶飛來我書桌前的窗外，停佇海檬果花朵
> 上採蜜，那閃亮的金黃翅翼引我自書中抬頭；視線與白花、綠葉及
> 一隻華麗的蝶相遇，本已賞心悅目，此刻美麗的陽光更讓畫面頻添
> 幾許魔力。〔註27〕

華麗的黃裳鳳蝶與金黃的夕陽互相輝映，對杜虹來說深具魔力。此刻，讀者再度看到杜虹將眼神凝聚於黃裳鳳蝶，隱然預見黃裳鳳蝶即將躍身為她蝴蝶書寫的第一主角。上文的文字鋪排，引出下文杜虹研究黃裳鳳蝶的動機：

> 看著朝夕日越飛越遠的縹緲鳥影，我忽然想起窗前的黃裳鳳蝶——
> 一個被保育多年卻依然數量稀少的蝶種。……這個島嶼若失去牠，
> 那該多可惜？身受大自然眷顧的我，是否該為這被列為珍貴稀有的
> 保育類昆蟲盡更多心力呢？是否該仔細研究與牠存亡相關的所有

〔註25〕杜虹，《有風走過》，頁173。
〔註26〕杜虹，《秋天的墾丁》，臺北：九歌，2003年，頁81。
〔註27〕杜虹，《秋天的墾丁》，頁198。

生態細節，以為保育工作之參考？〔註28〕

這是一段與蝴蝶偶遇的懷寫，杜虹因黃昏時看見一隻黃裳鳳蝶，想到稀有的臺灣特有亞種蝴蝶面臨瀕危，於是夜裡查起黃裳鳳蝶的資料。朋友的來電中問起近況，她透露：「我看著手上黃裳鳳蝶的照片，提及想研究黃裳鳳蝶的生態的念頭。」〔註29〕由此可見，杜虹想繼續深造博士學位的念頭已在心中悄然萌生，她想研究的對象正是墾丁保育類的蝴蝶——黃裳鳳蝶，並將保育黃裳鳳蝶視為己任。〈關心〉一文實為杜虹日後從事蝴蝶研究的一篇「關鍵文」。

綜觀《秋天的墾丁》一書，蝴蝶並不是全書的要角，書中所附黃裳鳳蝶的攝影作品也只有小小二幅，黑白和彩色各一；再者，從該書日記體裁一日一小品文的寫作形式和內容來查看，發現蝴蝶的身影只出現二次，可見當時杜虹的自然書寫尚未聚焦於蝴蝶。雖然蝴蝶只是《秋天的墾丁》動物書寫的一小部分，但此時研究蝴蝶的念頭已於杜虹的心中悄然萌芽。檢視杜虹研究蝴蝶和書寫蝴蝶的軌跡，可以在〈關心〉一文中找到相當關鍵的起始點。

四、《南仁山森林世界：熱帶邊境生物多樣性》（2003）

杜虹在《南仁山森林世界：熱帶邊境生物多樣性》以接近科學的語言記錄和書寫蝴蝶，乃因該書為其碩士論文的改寫。第十章〈無脊椎動物〉，杜虹以科學之筆對昆蟲綱動物做介紹，她以理性的文字簡介南仁山步道蝶類的分布與動態，並輔以表格和數據來說明。五年的調查期間，她發現以斑蝶科與粉蝶科出現比率較高，而各種蝴蝶出現的時期與蝴蝶大發生的季節、溫度、雨量和東北季風有關，呈現出相當具學術性的資料，但一般讀者只要忽略科學的數據，幾乎可以流暢閱讀並摘取重點，此乃杜虹使用的文字並不生澀之故，且書頁旁皆附精美的蝴蝶攝影之作品，賞心悅目之外，亦具輔助閱讀之效。其實，在進入〈無脊椎動物〉書寫之前，杜虹對南仁山野花夾道和彩蝶紛飛的步道已有一段富於文學性的浪漫書寫，藉由這一段軟性的書寫先呈現南仁山的自然美景和動植物生態，再循循引導讀者正式進入「昆蟲綱世界」的書寫脈絡。例如：

> 如果你曾經在陽光裡或微雨中走過南仁山，我想你不可能忘記這裡的
>
> 蝴蝶，因為牠們甚至會停佇人們頭頂或肩上，搭一段順路便車。〔註30〕

這段柔性的文字出現在學術論文改寫的文本中，杜虹展現了她的文字美學，

〔註28〕杜虹，《秋天的墾丁》，頁199。
〔註29〕杜虹，《秋天的墾丁》，頁200。
〔註30〕杜虹，《南仁山森林世界》，頁176。

「搭一段順路便車」則流露出她的風趣幽默。

〈昆蟲與植物的關係探討——樺斑蝶與寄生植物馬利筋〉一文，杜虹以科學的知識詳細介紹蝴蝶與食草之間的關係。馬利筋是樺斑蝶的幼蟲食草，含有心臟毒。樺斑蝶的幼蟲攝食馬利筋後，體內也會含有毒素而躲過食蟲鳥的捕食，因此有多種蛺蝶會擬態成樺斑蝶的模樣求生。文中，杜虹對樺斑蝶求生的策略有相當精確的科學知識呈現，展現她蝴蝶科學人的專業素養。吳明益對樺斑蝶、食草馬利筋和擬態的避敵策略亦有相當多且精闢通透的描述，展現出他個人的科學素養。二位作家關於樺斑蝶的相關描敘可以相互對照閱讀。

五、《相遇在風的海角——阿朗壹古道行旅》（2013）

〈森林步道記行〉一文，杜虹藉由步道二旁的紫花長穗木和大花咸豐草等蜜源植物，並引用屏東科技大學研究團隊在觀音鼻自然保留區的調查資料，來描繪此地最常出現、最不畏人，且最容易觀察的青斑蝶，也提及林間常見的天敵蟹蛛常在花間守候蝴蝶。然而，並不是每種蝴蝶都喜愛蜜源植物，森林野地也有喜愛腐果的「逐臭之夫」：

> 花前彩蝶去復來，但並非每一種蝴蝶都迷醉花朵，蛺蝶科的蝴蝶便偏愛腐果汁液。步道上有稜果榕落果，時見黃斑蛺蝶、白條斑蔭蝶陶醉其上，此類彩蝶或許也為另類逐「臭」之夫，腐敗果實的氣味，對牠們有致命吸引力。〔註31〕

這一段引文呈現平易近人的科普知識，杜虹嘗試告訴讀者並非所有蝴蝶都吸食花朵。該文與吳明益〈行書〉描寫食糞的白裙黃斑蛺蝶有異曲同工之妙，皆書寫了林間的「逐臭之夫」。二位作家皆不以嫌棄的口吻描繪蝴蝶的逐臭行為，並試圖將它自然化、趣味化，甚至美化，從「陶醉」和「致命的吸引力」之詞語即可得知。

〈在那遙遠海角的原鄉〉一文，杜虹輕描淡寫從旭海觀音鼻自然保留區飛來的蝴蝶：「在這樣的春深時分，即使是海邊，也不時有蝴蝶飛過。」〔註32〕眼前飛過的蝴蝶推測是青斑鳳蝶。該書卷一主要在寫景，文中飛來飛去的蝴蝶只是鑲嵌文本中的小配角，因此杜虹並未對蝴蝶進行更深入的描摹。

卷三〈潮聲裡的蟲蝶鳥獸〉有一篇〈黃裳鳳蝶〉，文如篇名，全篇詳述臺灣

〔註31〕杜虹，《相遇在風的海角》，頁62。
〔註32〕杜虹，《相遇在風的海角》，頁84。

島上最大、特有的蝴蝶亞種——黃裳鳳蝶。「花上振翅，披一襲春光，在牠後翅的亮彩裡，葉與花，盡褪色。」〔註33〕這是恆春半島最令人驚艷的黃裳鳳蝶，同時也是杜虹最熟悉的生命。杜虹憶及與黃裳鳳蝶的初相遇，寫下她的驚艷：

> 忽然一片閃黃彩光自天而降，飛落身前花叢，或許是我的身子反射
> 了視神經傳導而來的震撼，驚嚇了這隻激動秋光的彩蝶，牠旋即飛
> 離花叢和我的視野，留下在綠野間久久呆立的我。〔註34〕

黃裳鳳蝶美麗而稀有，是「臺灣蝴蝶圖鑑介紹的第一種蝴蝶」。〔註35〕後來，杜虹在國家公園解說工作中，也曾有以下的描述：「每當有緣遇見黃裳鳳蝶，那閃亮的金黃翅翼，總輕易成為天地間最明豔的焦點。」〔註36〕遊客也會驚呼：「啊！好漂亮的蝴蝶，飛得像鳥一樣。」〔註37〕杜虹以文學之筆感性描繪黃裳鳳蝶令人驚豔的外表，讓讀者也能藉由她的文字想像黃裳鳳蝶那又大又美、有著閃亮金翅如鳥一般的外表。

接著，杜虹轉而以科學家的理性之筆描繪黃裳鳳蝶的外表：

> 分類上，黃裳鳳蝶歸屬於鳳蝶科鳥翼蝶屬，主要特徵為翅翼上有黑
> 與黃對比鮮明的色彩，雌蝶體型大於雄蝶，翅展開可以達 15 至 20
> 公分，飛行速度頗快，山野間現蹤總令人感到驚艷。〔註38〕

這段類似蝴蝶圖鑑的文字表達方式，將黃裳鳳蝶的科屬、顏色、大小和飛行速度做了快速描摹。描寫完黃賞鳳蝶令人驚豔的外表之後，接著呈現牠的生活習性、生態、生命史和稀有性。杜虹因博士論文以黃裳鳳蝶為研究對象，〔註39〕在工作上也負責黃裳鳳蝶的保育和復育，因此對黃裳鳳蝶可說是相當熟悉。她詳細介紹了她的研究和工作內容，例如：觀察黃裳鳳蝶羽化的過程、棲地的復育和食草馬兜鈴的培育等。杜虹的研究和關注焦點不在於成蝶，而是在於卵和幼蟲的成長，這是蝴蝶生存極具關鍵性的階段，因此其蝴蝶書寫常聚焦於蝴蝶前生活史的詳述，並佐以科學實驗來驗證，提供讀者科學數據和科普知識，例如：蝴蝶孵化和羽化天數，以及存活率等資料，展現不同於其他作家蝴蝶書寫的特色。

〔註33〕杜虹，《相遇在風的海角》，頁 154。
〔註34〕杜虹，《相遇在風的海角》，頁 155。
〔註35〕杜虹，《相遇在風的海角》，頁 156。
〔註36〕杜虹，《相遇在風的海角》，頁 156。
〔註37〕杜虹，《相遇在風的海角》，頁 156。
〔註38〕杜虹，《相遇在風的海角》，頁 156。
〔註39〕參見謝桂禎著，〈墾丁地區港口馬兜鈴族群分布及黃裳鳳蝶產卵偏好〉。屏東：屏東科技大學熱帶農業暨國際合作研究所博士論文，2010 年。杜虹本名謝桂禎。

　　筆者另做補充說明：其實，黃裳鳳蝶不是只出現在恆春半島的特有種，也出現在新竹。幸運的話，在清華大學的蝴蝶園裡，讀者亦可尋訪黃裳鳳蝶的身影，一睹牠的風采。〔註40〕

　　〈琉璃青斑蝶〉一文，杜虹解說琉璃青斑蝶為何喜歡群蝶聚集？為何亂舞？她生動描繪了一場蝴蝶浪漫的林中婚禮。

　　新春二月，陽光進入半島叢林，東北風在林外呼吼，林內卻幽靜無風，隨腳下踩響的枯枝落葉聲，迷離光影間忽飛起無數青斑彩蝶……。

> 隨春意漸濃，恆春半島的林陰花叢間即容易遇見舞藝出色的琉球青
> 斑蝶，那擅舞的皆是雄蝶，而每個殷勤舞者的下方，總靜靜停棲著
> 一位矜持的蝴蝶姑娘。雄蝶的求偶舞蹈一旦展開，便不輕易停止，
> 除非雌蝶肯首成親或逃離無蹤。〔註41〕

琉球青斑蝶分布於低海拔山區，是阿朗壹古道常見的蝶類，無風林裡有青斑蝶、淡色小紋青斑蝶、姬小紋青斑蝶，但以琉球青斑蝶數量為最多，牠們因人們的腳步干擾而在林間群起亂舞。雄蝶之舞意味愛戀著雌蝶，總是貼著雌蝶不斷糾纏縈繞，這是牠們的求婚儀式；若雌雄交尾齊飛則表示求婚成功。杜虹這段對琉球青斑蝶求婚儀式的生動描述，充滿文學的浪漫想像，也成功的將科學的語言轉化成文學的語言。

　　除了飛舞，杜虹對琉球青斑蝶的特殊食性也有深刻的觀察和描寫：

> 蘿摩科植物有毒且多汁，對於取食葉片的蝴蝶幼蟲而言，毒素具有
> 潛在的毒害危機，黏稠的汁液則干擾啃食，一般初齡幼蟲會在葉片
> 上先咬出一個圈狀傷口，以減低葉肉組織內毒素與水分輸送，如此
> 較方便取食及有利本身存活。……待蝴蝶幼蟲成長至口器較發達後，
> 牠們便會更改對應之策——即在葉柄處咬下大缺口，直接阻斷毒素
> 與水分輸送至葉片。〔註42〕

杜虹細細描繪斑蝶幼蟲如何在葉片上咬出圈狀傷口，以減低葉肉組織裡毒素

〔註40〕「體型最大、深負盛名的蝶種代表為『黃裳鳳蝶』，臺灣的黃裳鳳蝶從南到北共計 ABCD 四個基因型，新竹可見 AD 兩型，且 D 型為新竹獨有！」「黃裳鳳蝶造訪蝴蝶園不單止於訪花，亦在此園完成終身大事，交尾、產卵、羽化，足見保育類黃裳鳳蝶已在此落地生根，視清華為家鄉。」參見國立清華大學圖書館網站，網址 https://www.lib.nthu.edu.tw/events/2021/butterfly/，擷取日期 2021 年 6 月 24 日。

〔註41〕杜虹，《相遇在風的海角》，頁 165。

〔註42〕杜虹，《相遇在風的海角》，頁 169。

與水分的輸送。這一段生動的文字，訴說了琉璃青斑蝶生活適應力之強大和基因演化之巧妙，而這樣的能力使其可以避開天敵，不僅有恃無恐，且能舉止優雅、緩慢飛行。杜虹詳實且深刻描述琉璃青斑蝶的生活習性，深入淺出，再次輕而易舉轉化科學的語言，此乃其長期觀察和研究蝴蝶經驗之積累。

六、《蝴蝶森林》（2016）

　　《蝴蝶森林》是集結杜虹過去十年之作的最新出版集，有些是她早期刊登於報紙副刊的作品，有些是她以蝴蝶生態研究員身分書寫的研究日誌，該書可謂其蝴蝶自然書寫的精華和代表之作。

　　〈港口馬兜鈴〉一文，描述杜虹穿梭熱帶叢林，尋找攀藤植物「港口馬兜鈴」之景。港口馬兜鈴屬植物是某些蝴蝶家族的幼蟲食草，「母蝶唯有尋獲幼蟲食草才能產卵，對於尋覓食草，牠們具有基因密碼上的優勢。」〔註43〕以馬兜鈴為食草的蝴蝶，常見的有黃裳鳳蝶、紅紋鳳蝶和大紅紋鳳蝶，其中黃裳鳳蝶為保育類蝴蝶，這正也是杜虹研究的蝶種，她說：「尋找港口馬兜林於我是必然之事。」〔註44〕又說：

　　　　黃裳鳳蝶是我決心研究的蝴蝶，而牠在墾丁地區最重要的幼蟲食草，
　　　　便是港口馬兜鈴，這食草生長處，自然是黃裳鳳蝶幼蟲棲所。〔註45〕

因人類的開墾與活動範圍擴大，港口馬兜鈴生長地被迫害而族群衰微，導致黃裳鳳蝶的生存也面臨威脅。杜虹不僅在野地尋找港口馬兜鈴，也在苗圃種下港口馬兜鈴，期待能營造黃裳鳳蝶之棲地並進行研究。這是杜虹的工作，也是使命，她將保育黃裳鳳蝶視為一生的職志，而黃裳鳳蝶必然也躍升為她蝴蝶書寫的第一主角了。

　　〈舞鶴叢林〉一文，杜虹為了尋找馬兜林藤而東張西望，因沒能「認真」走路而踩空扭傷了腳，無法前進的她只能待在原地而引來了蚊子大軍。此刻，她想到的不是自己的狼狽，而是感受到「受傷野生動物被天敵攻擊的困境」。〔註46〕由此可見，杜虹心心念念的不只是黃裳鳳蝶，還有墾丁森林裡其他的野生動物。在杜虹心中，黃裳鳳蝶的位階並沒高於其他物種，這一直是她堅持的環境倫理觀。

〔註43〕杜虹，《蝴蝶森林》，頁14。
〔註44〕杜虹，《蝴蝶森林》，頁13。
〔註45〕杜虹，《蝴蝶森林》，頁13。
〔註46〕杜虹，《蝴蝶森林》，頁18。

　　七月的墾丁，暑氣逼人，杜虹為了做野外調查而走得太急，因忘了補充水分而中暑。她在〈熱〉一文提及：「心中那期盼能尋得稀有蝴蝶保育之鑰的熱烈想望，想必將助我完成這熱帶叢林的區域適應。」〔註47〕為了保育黃裳鳳蝶，杜虹努力使自己適應墾丁的酷暑環境，期待自己也能擁有適應墾丁暑熱的體質，表現出物種適應理論中所謂的「區域型人種」，見證其保育蝴蝶的決心。

　　〈草原〉一文，杜虹摹寫墾丁芊芊青草和綠浪之美，遼闊的草原上既無樹、也無攀藤，讓從事調查工作的勞累身軀可以暫得歇息，但杜虹心中不免有所感嘆：「我的調查工作每遇草原即可暫歇，也緣於在伐林植草的草原環境裡，我所尋找的稀有植物早已不復存在。」〔註48〕「可以暫歇」和「不復存在」存在一種矛盾，既想使疲累的身心可以獲得暫歇，卻又極欲覓得黃裳鳳蝶之稀有食草，而後者想必才是杜虹的渴望。杜虹於文中雖對「蝶」隻字未提，但「稀有植物」其實就是指「港口馬兜鈴」，而港口馬兜鈴即是黃裳鳳蝶之指涉和同義詞。檢視杜虹書寫的軌跡，筆者發現只要在文本中出現「港口馬兜鈴」、「稀有植物」或「那種藤」，即意味著杜虹已將凝視候鳥的焦點轉移至黃裳鳳蝶，蝴蝶的研究和保育正是此刻她最關注的工作。

　　〈風，吹沙〉與〈熱〉一文有異曲同工之處。杜虹仍未寫上「蝶」一字，但又提到了「港口馬兜鈴」，她寫道：「風，吹著沙。其實這是我極熟悉的一片土地，兩天之前，我還在這裡進行調查工作，寸寸尋找稀有植物港口馬兜鈴。」〔註49〕如前所述，稀有植物港口馬兜鈴其實就是黃裳鳳蝶的同義詞：沒有港口馬兜鈴就沒有黃裳鳳蝶，有港口馬兜鈴就意味著黃裳鳳蝶存在的可能。讀者再次感受到：杜虹雖未寫蝶，但心中始終有蝶。

　　〈恆春的雨〉一文，杜虹為半年未雨的恆春半島感到心急。植物乾枯，小苗生長緩慢，整座珊瑚礁森林顯得無精打采。尤其，她心繫的馬兜鈴未再長新葉，更讓她憂心：「我所調查的藤，部分植株自三月被蝴蝶幼蟲吃光葉片後，未再長新葉，此刻想必又飢又渴。」〔註50〕杜虹於文中多次書寫「藤」，而此「藤」即指藤本植物馬兜鈴，凡杜虹提及馬兜鈴必與蝴蝶有關，皆流露出她對蝴蝶的掛念與關心。

〔註47〕杜虹，《蝴蝶森林》，頁22。
〔註48〕杜虹，《蝴蝶森林》，頁24。
〔註49〕杜虹，《蝴蝶森林》，頁27。
〔註50〕杜虹，《蝴蝶森林》，頁50。

〈熱帶天堂歲月〉中，杜虹透露她最喜歡秋冬落山風的季節：

> 除了舒適感，這風季林間的疏朗，對我的研究而言也具有重大意義，因為此時林中視線頗好，可趁此機會從茫茫樹海中把野外瀕臨絕滅的藤本食草找出來，找不到食草可就找不到蝴蝶幼蟲。於是，每找到一株藤，愉悅感即多增一分，便更要讚美那颳得驚天動地的落山風了。〔註51〕

在熱帶叢林從事蝴蝶研究和尋覓蝴蝶食草不易，最令杜虹困擾的莫過於夏季的悶熱與蚊蟲的騷擾。秋冬的落山風帶來身體上的舒適感和視覺上的明亮度，較容易在叢林間找到稀有的蝴蝶藤本食草，也只有找到瀕臨絕種的馬兜鈴才有可能找到蝴蝶的幼蟲，這將使杜虹身心愉悅疏朗，樂在工作中，工作也有了意義。落山風起的秋天，是墾丁最舒爽的季節，該篇亦可以理解為何杜虹會寫下《秋天的墾丁》一書。

〈蝴蝶志工〉一文，有位癡愛黃裳鳳蝶的核電廠工程師阿祈志願來當杜虹的志工，他在自家庭院種了各種馬兜鈴屬植物，使黃裳鳳蝶能在此產卵；他的黃裳鳳蝶蛹編號曾超過 1300 個，「讓黃裳鳳蝶的數量多起來」〔註52〕是他畢生的職志。阿祈是杜虹研究工作上的最大助手，協助她無法獨力完成的工作，例如：攀爬到樹冠層協助調查馬兜鈴藤和蝴蝶蟲卵的數量。他總是一馬當先，讓杜虹深受感動。「他為心愛的蝴蝶可以如此，換作我呢？在這世上什麼事物可以令我如此一往情深。」〔註53〕杜虹自問。

每每因研究太困難或工作太累而萌生退意時，蝴蝶志工的身影便會使杜虹斬斷放棄的念頭，因不忍辜負蝴蝶志工的熱情，再加上對黃裳鳳蝶的一往情深，於是繼續往蝴蝶保育之路走去，因此才有更多蝴蝶書寫的創作產出。杜虹對保育類蝴蝶前生活史和樹冠層蝴蝶蟲卵的觀察，是一般自然書寫者難以抵達的境界；可以說，杜虹佔了這個幾無文學作家可以取代的位置。

有個研究樣區是黃裳鳳蝶最大的天然棲地，也是黃裳鳳蝶的最後方舟。颱風過後，蝶卵不見，幼蟲失去大半，接著上演死亡的接力，杜虹心中萬分不捨。〈方舟風雨後〉一文，杜虹描述：「從此以後，每一陣強風吹襲、每一場大雨灑落，我都不由得掛念起蟲兒的安危。」〔註54〕此語流露出杜虹對蝴

〔註51〕杜虹，《蝴蝶森林》，頁 47。
〔註52〕杜虹，《蝴蝶森林》，頁 60。
〔註53〕杜虹，《蝴蝶森林》，頁 63。
〔註54〕杜虹，《蝴蝶森林》，頁 65。

蝶的憐愛之情，也對蝴蝶的未來埋下伏筆。颱風過後三星期，杜虹驚見大樹下蝶影舞動：

> 一隻黃裳鳳母蝶！牠飛入樣區來自然是來食草上產卵，這也意味著
> 新的生命期程將重新展開，這被死亡籠罩許久的蝴蝶方舟，在蝶卵
> 被產下的同時，也注入一股新的生命希望。〔註55〕

黃裳鳳蝶的保育之路坎坷，風雨是無法逃脫的宿命，杜虹雖感慨風雨中野地生命的艱難，更珍惜颱風對蝴蝶生態影響之資料蒐集。風雨中之蝶，生命時而脆弱，時而堅強；颱風雖帶來迫害，卻也維持了生態的平衡，是以風雨過後的方舟意味著蝴蝶的重生。風雨中觀蝶不易，杜虹不僅於颱風中觀蝶，還追蹤了颱風過後蝴蝶之生態變化，將蝴蝶的書寫拓展至天氣與生態的關係上，呈現出長時間科學的觀察結果及蝴蝶書寫的多樣性。該篇是杜虹少見的「颱風之蝶」的蝴蝶書寫。

〈蝶蛹〉一文，杜虹以長期追蹤觀察的經驗細細描繪化蛹階段的奇妙，生動有趣，諸如：吐絲織帶像高級的體操表演、尋蛹的過程像大自然的尋寶遊戲、蛹的內部變化是大自然界最經典的魔法之一……。文中除了展演化蛹的精采和奇妙，杜虹也寫下心中的喜悅和祝福：

> 每當我苦尋不著蝶蛹卻突遇彩蝶羽化時，為她感到欣喜的情緒總遠
> 大於尋不著她的氣餒。〔註56〕

> 但當我輕觸牠，牠總會「出聲」傳達存活訊息，一百七十六天過去後，
> 牠終於化成一隻健壯母蝶，在我祝福的目光中飛向微風藍天。〔註57〕

杜虹見證了蝶蛹的堅強，觀蛹羽化需要耐心等待和豐富經驗，經驗使她能預知彩蝶破蛹的時日，因此有機會目睹化蛹成蝶的過程。觀蝶羽化的過程是一般自然書寫者少有之經驗，因之羽化成了少見的蝴蝶書寫，自有其豐富性和特殊性。杜虹經常描寫蝴蝶前期的生命史，諸如求偶、交歡、產卵、成蟲、化蛹和羽化，這些畫面的取得是她長期觀察的所得。

為了等待羽化的吉光片羽，杜虹經常得在黎明前去守候。羽化是蝴蝶生命史中非常關鍵的時刻，非生即死，不死則生。〈蝶之生〉一文，杜虹對蝴蝶羽化有一段非常精彩且細微的描寫。首先，蝶蛹頂部撐開一隙縫，接著羽化

〔註55〕杜虹，《蝴蝶森林》，頁67。
〔註56〕杜虹，《蝴蝶森林》，頁71。
〔註57〕杜虹，《蝴蝶森林》，頁72。

成蝶，再來撐開皺翅，最後晾翅起飛，這就是只有短短一分鐘的「蝶之生」。杜虹〈蝶之生〉的改寫版收錄於國小國語課本南一版第八冊第七課（2021），〔註58〕做為國小語文與生命教育的教材，具有正面的教育意義，亦見證她自然書寫之清新筆調和科學知識轉化之能力，其文之親切和友善連中年級的小學生都可以接受。

　　蝴蝶是杜虹最喜歡的動物，她說：

> ……因為幼蟲化蛹後重生成蝶的神奇蛻變，這也正是我對自我人生的期許。〔註59〕

> 早上我在樣區做調查時，就巧遇黑點大白斑蝶羽化的美麗畫面，使人一整天都充滿好心情，即使腳上被林投銳刺劃了一道長長的滲血傷口也不以為意。〔註60〕

> 一隻稀有蝴蝶在我身前舉尾生下二顆卵，然後穿林而去，留給我滿心笑意。〔註61〕

杜虹以蝶自許，欣見蝶卵的孵化和蝶的羽化，羽化成蝶象徵著生命的蛻變和喜悅，這也是她對自我人生的期許。

　　然而，研究蝴蝶並不是一件容易的事。〈挑戰完美巢樹〉一文，雖主要描寫巢樹上的蛇鷹，但這一區亦是杜虹蝴蝶的研究樣區，因此樹冠層上的蝴蝶有機會被展現出來：

> 我也需要攀上樹冠層，因為我研究的蝶蟲大部分住在那兒，但由於蝶蟲吃的食草（港口馬兜鈴）較常攀附於於四公尺高左右的樹上，所以我可以架設梯子或較輕鬆地爬樹，不過要找到這稀有的蝴蝶食草並不容易，且一旦開始便必需定期調查不能中斷。〔註62〕

杜虹為了尋找稀有蝴蝶而爬上樹冠層，這不是一般自然書寫者能擁有的能力、機會和經驗，能在巢樹上以另一種的高度和角度來觀看蝴蝶，自然可以呈現出有別於他人的觀蝶視角。

　　〈風大的日子〉一文，杜虹描寫在十級強風中調查蝴蝶的危險，也寫下蝴

〔註58〕〈蝶之生〉，參見國小國語課本南一版電子書網站，網址 https://tinyurl.com/yfd7odrp，2021 年 6 月 21 日。

〔註59〕杜虹，《蝴蝶森林》，頁 86。

〔註60〕杜虹，《蝴蝶森林》，頁 86。

〔註61〕杜虹，《蝴蝶森林》，頁 86。

〔註62〕杜虹，《蝴蝶森林》，頁 86。

蝶生命的艱辛：

> ……林中枝葉狂舞，我調查的蝴蝶幼蟲有不少從食草上掉落。登上
> 離地五公尺的梯子，風吹得人難以在梯上安立，想藉搭扶枝條穩住
> 身子，狂野的樹枝卻似要將人彈甩出去，這迎風海岸的風，至少有
> 十級吧！搖搖晃晃檢視葉片，蟲明顯減少了。〔註63〕

杜虹的蝴蝶田野調查工作極具高難度，充滿挑戰性和危險性；然而，相對於蝴蝶的幼蟲，牠們的生命更充滿艱辛和危險。強風連續吹了幾天，蝶蟲八成被吹落，生機渺茫，但杜虹樂觀的認為：只要棲地存在，蝴蝶自有其因應之道。死亡之於杜虹不會太沉重，只有棲地的破壞才會讓她憂心。該文與〈方舟風雨後〉一文同樣描寫「風中之蝶」的生存之道，二篇可以互文，參照閱讀。

杜虹研究的蝴蝶食草大多生長於叢林上層，為了記錄蝶卵和幼蟲，她經常得使用梯子攀爬到樹冠層。〈梯子〉一文即是描寫杜虹使用梯子爬到樹上觀察蝶卵和蝶蟲的情形。有一次，杜虹從竹梯摔落，她寫道：「叢林歲月，梯間來去，有一回登上樹頂調查時，心事徘徊、神思迷濛，下五米竹梯至中段時不慎摔落！」〔註64〕杜虹一時情緒崩潰，不禁放聲大哭，但為了蝴蝶保育工作，她擦乾眼淚，走向下一個梯子，繼續蝴蝶的研究工作。杜虹「登高觀蝶」，在文學界幾乎可說是少有的經驗，這也使她的蝴蝶書寫能跳脫傳統的框架，可以從陸地延伸至空中，展現更高、更寬闊之視域和空間感，不同於其他作家之蝴蝶書寫。

〈野林之夢〉描寫蝴蝶的夏日夢幻婚禮。野林中有一棵大葉雀榕，野鳥和松鼠常來造訪，杜虹意外發現這裡還有紫斑蝶和青斑蝶，但牠們並不是這裡的原住民，落果的發酵味、剛好的濕度和不大的風，吸引了群蝶飛來，野林成了牠們避風的棲所和婚禮的場所。該篇最引人之處在於杜虹對大白斑蝶夢幻婚禮的浪漫摹寫：

> 兩位主角皆穿著白底黑斑紋的彩衣，在光影搖動的林間，那禮服華
> 麗而夢幻，令人不禁駐足細看這場旖旎風光。……這對蝴蝶中的雌
> 蝶，是在這林間成長的，羽化不久即被雄蝶尋見，而在婚禮現場，
> 還有一個金色的大白斑蝶蛹在光影裡等待羽化。〔註65〕

〔註63〕杜虹，《蝴蝶森林》，頁89。
〔註64〕杜虹，《蝴蝶森林》，頁101。
〔註65〕杜虹，《蝴蝶森林》，頁105～106。

大白斑蝶並不是杜虹研究的對象，雖極易遇見和觀察，但如此的奇遇仍讓杜虹彷彿經歷了一場不可預期的野林之夢。大白斑蝶因行動緩慢，向來被戲稱為「大笨蝶」，杜虹卻將「大笨蝶」的婚禮（交尾）如此浪漫的描摹，流露文學之趣味，而於文學浪漫中也包含了科學理性的描寫（羽化不久即被雄蝶尋見，立即進行交尾，以繁殖後代），展現她自然書寫深入淺出的一貫特質。

〈重回熱帶叢林〉一文，杜虹訴說自己轉任幕僚，雖沒能繼續蝴蝶的調查工作，仍無法忘情熱帶的叢林。有一次，她利用假日重回熱帶叢林，看見淡小紋青斑蝶正在林下求偶；過了一陣子，發現「那隻跳著結婚舞蹈的淡小紋青斑蝶依然賣力地原地振翅，因為停伏在葉面上的雌蝶還未接納牠。」〔註66〕這一段文字也是科學知識轉化的呈現。離開蝴蝶的調查工作，杜虹仍在尋找蝶蟲吃的「那種藤」，最後在破碎化的森林中找到了一株青少的藤，讓她大感意外，而冬日多雨帶來藤的生意盎然乃拜全球氣候變遷之故。〈方舟風雨後〉一文描寫蝴蝶與天氣之關係；〈重回熱帶叢林〉則描寫蝴蝶與氣候變遷之關係。天氣變化和氣候變遷與自然生態息息相關，皆是杜虹關心的議題。

〈颱風與蝴蝶〉是杜虹第二篇描寫「颱風之蝶」的作品，文中探討颱風與蝴蝶生存之間的動態關係。2004年，杜虹初踏入蝴蝶生態之研究，風雨中著魔般趕赴蝴蝶棲地一探蝴蝶的安危。颱風打落蟲卵讓她萬分不捨，但野地研究多年，讓杜虹對於颱風的看法有了轉折。2005年，四個颱風過境後，蝶影寂寥，蝴蝶食草馬兜鈴卻因充足的陽光和水而蔓延滋長。2006年，蝴蝶因食草充足而快速增長，世代傳承無間斷，始料未及！但緊接著是食草因大量蝴蝶的出現而被掃光，母蝶也因無藤葉可產卵，導致族群數量暴跌，幾乎形成災難。往後三年，蝴蝶的數量跌落谷底。2012年，蝴蝶因食草豐茂而再度大增，還好颱風來襲而避免重蹈過去的災難。長達八年的野外觀察和記錄，使杜虹相信：颱風的干擾，對熱帶森林中蝴蝶與食草的互動有一定的調節作用。〔註67〕

如前所述，可從杜虹感官之表現，情感之波動，窺知她已然可以更寬廣之心看待自然之消長。此外，杜虹將颱風與蝴蝶的交互作用按照年代依序書寫，呈現其脈絡和因果關係，展現長期從事蝴蝶研究的理性態度和科學精神。

〈蝴蝶森林〉是杜虹描寫蝶種最多、也是對蝴蝶著墨最多的一篇作品，因之該書賦名《蝴蝶森林》。像蒼蠅一樣聚集的是青斑蝶，一叢叢似葉的彩蝶是

〔註66〕杜虹，《蝴蝶森林》，頁112。
〔註67〕杜虹，《蝴蝶森林》，頁118。

淡小紋青斑蝶,彩蝶在林內群聚群飛,杜虹守候多年的森林不曾如此熱鬧過,蝴蝶可能因低溫之故而來此躲避強風,也可能與林內食草和蜜源植物豐足有關。接下來的日子,黃裳鳳蝶、大白斑蝶、大紅紋鳳蝶、琉璃紋鳳蝶、琉球青斑蝶、樺斑蝶、紅紋鳳蝶、眼紋蛺蝶和臺灣粉蝶紛紛飛來,滿天的彩蝶飛舞使社頂部落的山林成了杜虹筆下熱鬧且繽紛多彩的「蝴蝶森林」。杜虹如此描寫這座蝴蝶森林:

> ……其中以大白斑蝶數量最多,四處可見雄蝶纏著雌蝶獻跳求婚之舞;數量也頗為可觀的琉球青斑蝶,不訪花卻熱衷於青草間尋尋覓覓,看得出是母蝶忙產卵了;大紅紋鳳蝶正逢羽化節氣,顏色最為鮮豔,那紅斑鑲綴的薄翼,每一次震動都揮落春天的訊息;而最令人驚艷,則屬閃亮著金黃後翼、飛行快速的黃裳鳳蝶。〔註68〕

這段行文,杜虹對蝴蝶森林彩蝶飛舞的夢幻畫面做了生動的視覺摹寫,也傳達了科普知識,例如:跳著求婚之舞的大白斑蝶是為了交配繁衍後代、琉球青斑蝶在青草間穿梭是為了產卵。蝴蝶森林裡的黃裳鳳蝶依然是最稀少的族群,此乃因食草港口馬兜鈴被列為瀕危植物之故。杜虹曾說:「黃裳鳳蝶是半島上唯一的保育類蝴蝶,研究牠、保育牠是我的工作。」〔註69〕她率領志工栽植港口馬兜林,營造黃裳鳳蝶的棲地,亦嘗試結合部落的生態旅遊,使參加生態旅遊的遊客有機會在繁花小徑旁觀賞到稀有的美麗蝶影,這正是杜虹保育黃裳鳳蝶理念的展現,也是社會行動的實踐。

〈另一種風景〉一文,杜虹的朋友來訪,朋友見到一隻大型的蝴蝶飛來,脫口而出:「好漂亮的蝴蝶!」而這種「大型的」、「漂亮的」蝴蝶正是黃裳鳳蝶。接著,祖母綠的青斑蝶蛹在一片綠海中被辨識出來;不怕人的大白斑蝶,也被朋友以手機拍攝下來。朋友因不識蝴蝶,因此杜虹在專業之下以更淺顯易懂的語言解說蝴蝶,帶給朋友一份驚喜和另一種風景。

看似雜草的畢葉馬兜鈴是紅紋鳳蝶、大紅紋鳳蝶和黃裳鳳蝶重要的食物來源,卻被工程廢棄土掩埋了。杜虹和社區居民一鋤一鏟先挖開厚土,再小心翼翼的徒手撥開泥土,企圖挽回馬兜鈴和蝴蝶蟲卵的生機。早年靠山吃山的社頂部落居民與國家公園是緊張的、對立的,過去他們是半島上的獵人;如今物換星移,彼此已發展出重要的合作夥伴關係,還一起寫下「重現鳳蝶綠舟」的

〔註68〕杜虹,《蝴蝶森林》,頁144~145。
〔註69〕杜虹,《蝴蝶森林》,頁146。

美麗一頁。〈重現綠舟〉一文，記錄了杜虹和部落的社會行動，杜虹借助社區的力量，和部落居民一起守護蝴蝶森林，展現多年努力合作的成果，這也使她的蝴蝶書寫充滿人文和社會關懷，為國家公園帶來「另一種風景」。該篇可以和〈蝴蝶森林〉互文，皆展現官方與社頂部落合作的力量，而這也是自然書寫者展現社會行動與實踐的最佳寫照。

　　杜虹最愛的蝴蝶是黃裳鳳蝶，但最吸引她的蝴蝶卻是紅紋鳳蝶，她於〈紅紋鳳蝶〉一文特寫紅紋鳳蝶，筆者將於第五章第二節與吳明益的紅紋鳳蝶書寫一併做分析比較。

　　〈蝴蝶大發生〉描寫每隔四到六年，半島上的玉帶鳳蝶會在清晨時成群越過公路往海的方向飛去的景象，研究人員稱它為「大發生」，氣候是啟動這種週期性現象的開關。滿天的彩蝶總會有撞車的事件發生，許多美麗的生命因此在濱海公路上殞落。杜虹寫道：

> 看著公路上片片如落葉般旋轉墜落的蝴蝶，許多人覺得可憐。然而生物的生生死死，卻是自然界最普遍的事，尤其是族群量大時，食物短少，死亡有其必要性。……那數以百計的蝴蝶的死亡，換得食草的重生。死亡的確是自然界必要的現象。〔註70〕

杜虹推測蝴蝶大發生的原因可能是蝴蝶族群數量多導致食草減少，族群面臨斷糧而被迫大量死亡。杜虹視死亡為自然現象，蝴蝶撞車而死雖心生不忍和不安，但也只能放慢車速，別無選擇。多年研究蝴蝶的生態，杜虹看著生命不斷的生與死，對於蝴蝶之死也只能釋然了。

　　大紅紋鳳蝶與紅紋鳳蝶是不同的蝶種，杜虹在〈大紅紋鳳蝶的春天〉細細的描繪了春日大紅紋鳳蝶的羽化，等待大紅紋鳳蝶羽化成紅艷彩蝶需要耐心和運氣。雌蝶羽化隨即與雄蝶婚配交尾，春天是大紅紋鳳蝶戀愛的季節。

> 自然生物無聲傳達的訊息總超乎想像中神妙，身前的蛹正散放出唯有同族異性可以接收到的訊息，尚在蛹殼之中已招來雄蝶成隊。於是在這樣的春日，母蝶一羽化，就教搶得先機的雄蝶配成對，此時由於母蝶翅翼未乾尚無法飛行，他們會雙棲枝頭近二小時。〔註71〕

杜虹沒有和朋友上山賞雪，堅持守候大紅紋鳳蝶的羽化，終於讓她參與了春天裡大紅紋鳳蝶的生日派對和結婚典禮（羽化之雌蝶不久即與雄蝶交配），寫出一

〔註70〕杜虹，《蝴蝶森林》，頁 193。
〔註71〕杜虹，《蝴蝶森林》，頁 202～203。

篇蝴蝶羽化成功的浪漫詩篇。該篇可以與吳明益《飛》互文，吳明益強調羽化後的飛行，杜虹則強調羽化後的求偶行為，二人皆成功的轉化了科學的知識。

馬兜鈴的馬兜鈴酸氣味吸引大紅紋鳳蝶的母蝶來產卵，母蝶也為杜虹引路而找到蝴蝶幼蟲的棲地。「每隻蝴蝶皆在追逐一種生命中最重要的植物氣味，母蝶為產卵，雄蝶為求偶。」〔註72〕馬兜鈴酸是一種化學訊息，散發出人類無法敏銳嗅出的氣味，這氣味是金鳳蝶族（紅紋鳳蝶、大紅紋鳳蝶和黃裳鳳蝶）專屬的氣味。有一次，馬兜鈴酸同時召喚了這三種金鳳蝶家族前來，這是杜虹研究蝴蝶七年來首見，看著豐足的食草和歡樂進食的蝴蝶幼蟲，杜虹心中有著莫名的喜悅。〈氣味〉一文，不在於描寫蝴蝶身上的味道而是深刻描寫一種鳳蝶繁衍奧祕的氣味，也就是食草馬兜鈴酸的氣味——一種求偶和戀愛的味道。該文可與吳明益《蝶道》〈愛欲流轉〉一文相互呼應，皆傳達了蝴蝶嗅覺與性愛之關係。

〈大白斑蝶〉開篇即引用余光中〈大白斑蝶〉一詩，該詩摹寫了大白斑蝶的飛行姿態：「多自由啊！唯美的使徒，這麼翩翩地素妝上而舞。」〔註73〕恆春熱帶叢林約有百餘種蝴蝶，而大白斑蝶翩翩起舞、款款而飛，不疾不徐的風姿和不怕人的動作卻引來「大笨蝶」的封號。其實，大白斑蝶並不是大笨蝶，牠們行動較緩乃因在幼蟲階段，身體已積累許多爬森藤食草的毒素，使天敵怯步而有恃無恐，因此無需避敵而能緩緩而飛，易於親近和觀賞；黑白設色和圓點裝飾的身軀，時尚高雅，是杜虹第一推薦的觀賞性蝶種。食草葉片上的缺口是減低毒素輸送的傑作，避免因攝取過多食草毒素而自殺身亡，這是斑蝶演化的祕笈，只有不識這些道理的人才會把大斑蝶戲稱為「大笨蝶」。杜虹和吳明益一樣，一找到機會就為大白斑蝶平反，不僅轉化科學語言，也藉物說理，說了一則關於人生的哲理。

杜虹除了為大白斑蝶平反，也觀察了大白斑蝶「黃金蛹」羽化的過程：

> 當牠終於脫殼而出，那初生的蝶體帶著便便大腹與縮縐不成形的翼圍，而這種捲摺的雙翼，接著便如西班牙舞孃的裙襬緩緩開展，直至翅翼撐平、開展成原初的數倍……。〔註74〕

遇見初羽化的大白斑蝶不難，欲睹破繭而出的瞬間則須耐心等待。羽化過程是令人驚艷的畫面，杜虹娓娓訴說此動態過程，讓人如身歷其境，彷彿讀者也一

〔註72〕杜虹，《蝴蝶森林》，頁211。
〔註73〕杜虹，《蝴蝶森林》，頁218。
〔註74〕杜虹，《蝴蝶森林》，頁222。

起受邀參與蝴蝶的慶生會；也由於杜虹長期的、耐心的等待和觀察，才能呈現出一篇篇蝴蝶羽化的精采作品。

余光中曾為墾丁的大白斑蝶寫了一首詩〈大白斑蝶〉；吳明益〈寄蝶〉亦曾描寫從墾丁寄到臺北，但最後淪為標本的大白斑蝶；杜虹則描寫墾丁大白斑蝶的羽化和夢幻婚禮。他們三人非常有默契，都描寫了墾丁的大白斑蝶，也都表達了對大白斑蝶的疼惜和憐愛。

《蝴蝶森林》是杜虹最新之作，也是其代表之作。杜虹以文學作家和蝴蝶研究員的雙重身分進行蝴蝶的多元書寫，書寫了蝴蝶的外形、習性和生態等，無論從近觀、遠觀、微觀或宏觀的角度來觀看蝴蝶，皆展現屬於自己蝴蝶書寫的風格，成為蝴蝶的守護者和代言人。

第三節　杜虹的自然書寫

杜虹為臺灣當代重要的自然書寫作家，她的自然書寫出版品涵蓋散文、日記、遊記和導覽手冊等。本文聚焦《比南方更南》、《有風走過》、《秋天的墾丁》、《南仁山森林世界》、《相遇在風的海角》和《蝴蝶森林》六書中與蝴蝶自然書寫相關的部分，爬梳整理杜虹的自然書寫具有以下的特質：

一、地方感／空間感，南方地景／南方視野

南方視野是一股由南方醞釀的力量，呈現自然書寫中的南臺灣觀點和南方情懷，以《柴山主義》、《重返美濃》和《南方綠色革命》等為代表。簡義明寫道：

> 這股力量並非由某位教主或英雄式的人物引領風騷，而是與土地、
> 自然生態資源禍福與共的在地居民，由下而上試圖改寫自然書寫與
> 生態運動的歷史。〔註75〕

杜虹雖然沒有直接參與生態運動，但她以自然書寫展現她的南方視野，抒發其南方情懷，並呈現南方半島諸多文學地景和生態樣貌，諸如：海底珊瑚礁、海岸珊瑚礁、高位珊瑚礁、熱帶雨林、熱帶動植物、空中候鳥、南方星空、墾丁蝴蝶和半島風情。

〔註75〕簡義明，《寂靜之聲——當代臺灣自然書寫的形成與發展（1979～2013）》，頁72。

　　杜虹出生、成長、求學和工作都在屏東，在墾丁國家公園蹲點三十餘年，恆春半島自然而然成為她自然書寫最熟悉、最核心的場域。除了《有風走過》是行旅各地的旅行文學，其他五本著作皆以恆春半島為書寫場域，其在地書寫遍及半島各地，呈現墾丁多處的文學地景，諸如：龍鑾潭、溪口、砂島、關山、滿州、龍坑、社頂部落、恆春鎮上、南仁山、阿朗壹古道，以及墾丁國家公園高位珊瑚礁熱帶叢林、草原和海岸等，其作品充滿墾丁半島在地的生活感和地方感，文學界幾乎無人可以取代她在國境最南端的自然書寫位置。劉克襄評論繼起的自然書寫者，曾對杜虹有以下的肯定：

> 後繼而起的自然寫作者，大抵也是偏向這種地方主義的形塑，而且
> 屢有傑出的創作者投身，形成一個現今較為主流的民間自然生態論
> 述，諸如廖鴻基的鯨魚書寫、吳明益的蝴蝶誌爬梳、陳世一的生態
> 人文旅遊、杜虹的國家公園生態經驗，或者連志展的高山美學，其
> 實都在自己嫻熟的領域裡，擴大書寫的範圍和題材。〔註76〕

杜虹在自己熟悉的領域裡展開自然書寫，其南方半島經驗形成一種具在地性和南方視野的特色；而長期以國家公園經驗來表現文學，更具個人特色，可說是文學界的唯一。筆者認為，未來應該極少有人可以取代她南方半島和國家公園的書寫位置。

　　杜虹的作品以恆春半島的文學地景為主，深具墾丁的在地性，呈現地方感，並形成地方主義。政治地理學家阿格紐（John Agnew）為「地方」勾勒出「有意義的區位」的三個基本面向，包括：區位、場所、地方感。〔註77〕其中「地方感」是指「人類對於地方有主觀和情感的依附」。地景（landscape）則不同於地方（place），Tim Cresswell 如此解釋：

> 地景是指我們可以從某個地點觀看的局部地球表面。地景結合了局
> 部陸地的有形地勢（可以觀看的事物）和視野觀念（觀看的方式）。
> 地景是個強烈的視覺概念。在大部分地景定義中，觀者位居地景之
> 外。這就是它不同於地方的首要之處。地方多半是觀者必須置身其
> 中。〔註78〕

〔註76〕陳明柔主編，劉克襄著，〈一個自然作家在臺灣〉，《臺灣的自然書寫》，頁15。
〔註77〕Tim Cresswell 著，徐苔玲、王志弘譯，《地方：記憶、想像與認同》，臺北：群學，2006年，頁14。
〔註78〕Tim Cresswell 著，徐苔玲、王志弘譯，《地方：記憶、想像與認同》，頁19～20。

地方不同於地景，地方多是觀者必須置身其中。杜虹長期在恆春半島居住和工作，可謂「置身其中」的觀察者和參與者；易言之，杜虹是一個長期浸潤南方半島的參與者，也是一個住在墾丁的書寫者。墾丁對杜虹來說是一個有意義且具情感依附的地方，因此我們可以說杜虹的在地書寫帶有墾丁的「地方感」，而墾丁的地景則是她可以與讀者分享的部分，包括在墾丁觀察的事物和觀看的視野。曾怡臻在其碩士學位論文〈屏東地景書寫研究——以在地作家散文作品為對象〉曾對屏東作家的地景書寫有以下的評論：

> 因此作家們偏愛書寫的地景，仍以生活經驗的周遭和所見所聞為主，充滿南國風情和國家級自然人文景觀的恆春半島，也十分獲得作家們的青睞，但地方感仍是作家最主要的書寫主題。〔註79〕

這段引文，曾怡臻特別強調屏東在地作家的「地方感」，而「充滿南國風情和國家級自然人文景觀的恆春半島」一語幾乎直指杜虹南方半島的自然書寫。「生活經驗和周遭所見所聞」一直是杜虹自然書寫的泉源，其恆春半島一系列的自然書寫不僅呈現當地文學地景，更深具「地方感」，使其作品帶有濃烈的南國風情和南方視域，極具個人特色。

　　自然書寫的範圍不侷限於地表，即使小小蝴蝶之書寫也能延伸至樹冠層或觀察塔之上，甚至整個南方半島的天空都可以是自然書寫的範圍和場域。蝴蝶紛飛群舞，候鳥鷹群的長途旅行，皆是墾丁一頁頁的風景。如前所述，杜虹長期置身恆春半島，因此其作品深具墾丁的地方感，但筆者認為杜虹的作品尚帶有一種屬於墾丁特有的「空間感」，緣於其自然書寫可以從海底的熱帶珊瑚海景延伸至國家公園常見之地景，甚至可以拉高海拔至高位珊瑚礁熱帶雨林、深入南仁山叢林，遠至天涯海角的阿朗壹古道，更可擴展到墾丁無垠的天空。簡言之，墾丁的海底、地表和天空都是杜虹自然書寫的範疇，其文學景觀可謂海景、地景和空景兼具；其空間之遼闊，不僅提供南方半島海陸空不同的、全方位的視域，也帶給讀者鮮有的南方視野，有別於其他作家。

　　綜上所述，南方半島的地景／視野、地方感／空間感使杜虹的自然書寫極具辨識度，形成她書寫的一大特色。杜虹的自然書寫呈現墾丁的文學地景、南方半島的地方情懷，也涵蓋由地表向下延伸（海底）和向上擴展（天空）的空間感。她以位居臺灣最南方的位置長期觀看和關照半島的自然生態和風土人情，形塑個人特有的南方視野，可謂臺灣「南方半島作家」的代表。

〔註79〕曾怡臻，〈屏東地景書寫研究——以在地作家散文作品為對象〉，頁168。

二、豐富之田野經驗

當代臺灣的自然書寫者不能遠離自然而獨立於案牘之前、書齋斗室之間，田野觀察和記錄皆是自然書寫者必備的基本功夫。簡義明曾探討「觀察記錄」類型是臺灣自然寫作的重要基礎，他寫道：

> 「觀察記錄」類型的作品，是後來很多活躍的自然書寫者踏出的第
> 一步，這種書寫與觀察的歷練使作家培養出對事物細膩的察覺眼光
> 與耐心，並能將自然科學和生態知識的語言熟悉地運用在作品當中，
> 可以說是一種基本功夫與能力的培養。〔註80〕

> 所謂自然書寫基本功，諸如田野經驗、自然語言、生態理念等，經
> 過文類的累積與轉化，俱已成為共同基因。〔註81〕

簡義明認為許多自然書寫作家都是從「觀察記錄」出發，最後走出自己的路線，形成自己的風格，而田野經驗、自然語言和生態理念是自然書寫者共同的基因，缺一不可。他又舉杜虹之例，說明她在做恆春半島的自然書寫時與劉克襄在做動物小說書寫時有些許相似處：

> 他們均會在作品中針對各種動植物生態的生物習性進行觀察、記錄、
> 發現與探究敘述，以及對自然知識符碼的運用描述。〔註82〕

綜上所述，觀察記錄、發現探究的田野經驗已然是自然書寫者必備的基本能力和工夫，而杜虹皆已具備。

訪問過杜虹的蒲薪羽也曾有以下的描述：

> 杜虹的自然書寫既是從工作的延伸發展而來，亦是由「觀察記錄」
> 此一種類型磨練中走出自己的風格，作為一位在山水之間擔任自然
> 景觀解說員的作家，為了能將臺灣首度成立的國家公園介紹給大眾
> 知曉，踏入恆春的土地工作並且生活著，接受自然帶給她潛移默化
> 的影響，並開始寫作，用文字抒發並記錄著她在大自然中觸及的人、
> 事、時、地、物，與生活和工作的點滴。〔註83〕

杜虹既做為國家公園解說員和蝴蝶研究員，理所當然是一個觀察記錄者。解說

〔註80〕簡義明，《寂靜之聲──當代臺灣自然書寫的形成與發展（1979～2013）》，頁69。

〔註81〕簡義明，《寂靜之聲──當代臺灣自然書寫的形成與發展（1979～2013）》，頁178～179。

〔註82〕簡義明，〈臺灣「自然寫作」研究──以1981～1997為範圍〉，頁178。

〔註83〕蒲薪羽，〈杜虹自然書寫研究〉，頁23。

和研究工作使她能長期踏查於墾丁的山巔海濱，足跡遍布國家公園，深入南仁山自然保護區，遠至阿朗壹古道，最後她將這些田野的經驗化做自然和文學的語言，呈現道地的、南方半島的在地自然書寫。

起初，杜虹田野調查的對象以國家公園的動植物和季節性的候鳥為主；進修碩士學位後，以南仁山保護區的動植物為調查對象；進修博士學位後，則以高位珊瑚礁森林的保育蝴蝶黃裳鳳蝶為研究對象。為了保育蝴蝶，她必須長期的、定時的、定點的穿梭於上千公頃、上百個蝴蝶研究樣區之間，並以科學的方法做觀察記錄，呈現觀察結果，展現作家之外的科學能力和研究精神。

杜虹走踏國家公園三十多年，毫無疑問，她擁有非常豐富的田野經驗，亦兼具豐富的國家公園生態經驗，形塑她自然書寫上最大的優勢和特色。

三、知性／理性／感性

杜虹大學畢業於人文社會學系，又取得熱帶農業所的碩博士學位，既有文學涵養，又具科學的素養；喜歡閱讀和走讀，加以個性溫柔含情，因此她的自然書寫兼具理性、知性與感性的特質。吳明益曾論及：

> 與其他女性自然寫作相較，具有國家公園解說身分的杜虹，在作品
> 中含有豐富的自然元素，更能將知性材料與感性抒發拿捏至一個平
> 衡點。在她的筆下，可以得到一種紓緩，循著某種規律運行的自然
> 呼吸。〔註84〕

吳明益稱讚杜虹能將自然元素、知性材料與感性抒發拿捏至一個平衡點。杜虹在《相遇在風的海角》自序中也自陳：

> 我十分榮幸受邀以文學的角度淺釋古道自然生態與往事，也因而有
> 幸在此與種種動人的精彩相遇。藉此機緣，也讓我長期接受生態學
> 訓練的知性思考，在這多風的海角與文學的感性相遇……。〔註85〕

這段自述，杜虹說自己能將自然生態的知性與文學的感性結合。她以不同風格的導覽手冊來為讀者導覽阿朗壹古道的生態與歷史，呈現綠色深度旅行的新貌，使「知性思考與文學感性相遇」，別樹一幟。

鄭宇辰在其碩士學位論文〈指引一條綠色小徑：臺灣自然書寫者之旅遊導覽研究〉也曾如此論述杜虹：

〔註84〕吳明益，《臺灣自然寫作選》，頁277。
〔註85〕杜虹，自序，《相遇在風的海角》，頁10。

由於解說員的專業背景，讓杜虹在書寫時對生態及環境皆有屬於科學性文字的敘述。畢竟，自然物種多樣而繁複，倘若不能先為讀者建立一個最基本的生物形貌、習性等知識背景，那麼許多隨之而來的深入關注與情感抒懷就無法準確地呈現。是故，在杜虹以特定動植物為題的篇章中，這類資料性陳述，通常會鋪陳在起頭的幾個段落。而解說員的導覽經驗，則一定程度地讓杜虹在處理知性材料時，會以較生動的、一般人都能了解的，甚至是略帶感性的方式來細膩描述，而不是直白生硬地將資訊陳列出來。〔註86〕

鄭宇辰謂杜虹的導覽手冊有科學性的文字、並能以生動的、親近的、感性的方式將理性知識細膩表達出來，不同於一般商業性導覽手冊的直白生硬。

如前所述，杜虹接受人文和自然跨領域的學術訓練和洗禮，使得她的自然書寫始終能結合科學與文學，揉合自然符碼和文學元素，在知性與感性之間取得平衡點。因此，杜虹的自然書寫可說是兼具理性、知性與感性的特質。

四、女性細膩溫柔之軟派書寫

旅行盛行時，旅行文學也曾蔚為流行。詹宏志曾分析所謂「硬派」和「軟派」的二種旅行家：「『硬派』旅行家尋找對身體和意志充滿挑戰的創意旅行路線；『軟派』旅行家以強烈的感性去感受和穿透異文化。」〔註87〕軟派旅行家不同於硬派旅行家的出生入死，他們追尋內斂且深刻的感受和反省，誠如杜虹悠遊於天地之間，以清新之文筆，娓娓訴說自然之情。林雅玲曾謂杜虹：

其瑣碎的、陰柔的、非系統的、靜觀渺小微物的書寫，有別於先輩男性陽剛、建構大論述的自然旅行寫作。她的書寫，沒有對抗男性先輩已書寫過、已踏查過的焦慮，而是一種自在悠遊，沉醉自然之美的愉悅。是在凝視、欣賞、體會後所呈現的土地美學。……透過呈現在自然界中所眼觀、耳聞、鼻嗅到驚愕之美，杜虹示範了女性另一種書寫空間——軟派的、美善的自然旅行書寫。〔註88〕

杜虹的書寫不同於男性作家，她心思細膩，以溫柔筆調和軟性文字書寫自然美景和土地美學，展現女性軟派旅行書寫的特質和風采，遊記《有風走過》和導

〔註86〕鄭宇辰，〈指引一條綠色小徑：臺灣自然書寫者之旅遊導覽研究〉，頁67。
〔註87〕詹宏志，〈硬派旅行文學〉，《聯合文學》第16期，1998年9月，頁98～99。
〔註88〕臺中技術學院應用中文系編，林雅玲著，〈軟派旅行文學——論杜虹自然旅行書寫〉，《臺灣旅遊論文集》，頁175。

覽手冊《相遇在風的海角》皆展現她軟派旅行家的書寫特質。

　　關於這一點，吳明益也持相似的觀點，認同杜虹具「細膩觀點」和「柔性文風」。吳明益將自然書寫分成三類，其中第二類論及女性的柔性書寫，他舉了凌拂的《食野之苹》、陳月霞的《童話植物——臺灣植物的四季》〔註89〕和《大地有情——臺灣植物的四季》〔註90〕及杜虹的作品為例。吳明益對杜虹的自然書寫曾有以下的評論：

> 與前一時期洪素麗強調的冷靜觀察不同，凌拂、陳月霞和杜虹的筆觸
> 含情，且文字極度感性，但這感性並非是回到韓韓時代的濫情，反倒
> 是在投入自然觀察後，展先出女性的細膩觀點與柔性文風。〔註91〕

吳明益認為杜虹不同於韓韓時代的濫情，也不同於洪素麗的冷靜，展現了女性作家的細膩、含情、感性與柔性。

　　杜虹曾形容自己個性不喜批判，喜歡與人分享美好的事物。她對大自然觀察細膩，能靜觀細小之微物，遠望天空之飛禽，擅於將親身眼觀、耳聽、鼻聞、口嘗、手觸、心動的多感之美，以女性溫柔的語調和清新的筆調娓娓訴說，引領讀者走進作家的文學地景和心靈深處。她的文字基本上屬於林雅玲所謂的「軟派的作家」。「軟派的書寫作家」是相對於詹宏志所謂的「硬派的作家」而言，而這樣的說法基本上也符應吳明益對杜虹具「細膩觀點」和「柔性文風」之評論。

五、特殊之體裁

　　《秋天的墾丁》是一本以日記體裁書寫的創作集，杜虹將墾丁最美麗的季節——秋天以日記形式表現，從9月1日寫到11月30日；始篇〈秋天來了〉，終篇〈秋去了〉，篇名首尾相互呼應，共89篇。〔註92〕

　　《秋天的墾丁》是一本關於恆春半島的自然生態觀察日記，包括自然生態之觀察和風土人情之體悟，此種寫作形式帶有陳冠學《田園之秋》的風格。二書同是屏東在地作家的作品，同是日記的體裁，同是從9月1日寫到11月

〔註89〕陳月霞，《童話植物——臺灣植物的四季》，臺北：玉山社，1995年。
〔註90〕陳月霞，《大地有情——臺灣植物的四季》，臺北：玉山社，1995年。
〔註91〕吳明益，《以書寫解放自然——臺灣現代自然書寫的探索（1980～2002）》，頁211。
〔註92〕《秋天的墾丁》從9月1日寫到11月30日，本應有91篇日記，但不知何故，少了10月16日和11月17日二篇日記，故全書只有89篇日記。

30 日，同是書寫南部秋天的美景。以季節為主題和日記形式來書寫臺灣自然之景的文類，在臺灣文學界是較少見的表現形式，若說這是杜虹對陳冠學《田園之秋》寫作形式的學習或致意，也無需置疑，畢竟陳冠學是臺灣自然書寫相當有名望的前輩，其《田園之秋》更是臺灣自然書寫的經典之作。前文提過，《夏日走過山間》是約翰・繆爾走過美國加州內華達山的盛夏日記，或許陳冠學和杜虹的觀察日記也曾受到該書之啟發。

比較《田園之秋》和《秋天的墾丁》二書，體裁相同，形式相似，皆是自然觀察日記，書寫的場域皆在屏東。陳冠學以出世者的身分書寫老家新埤鄉，呈現家鄉在地的田園觀察；杜虹則以入世者的身分書寫工作地墾丁國家公園，呈現國家公園的自然觀察和對環境的省思。二書各有異同。

這一季秋天，杜虹幾乎天天記錄墾丁的美景，其中，書寫最多的是植物和鷹鳥。秋天是杜虹認為墾丁最美麗、最舒爽的季節，落山風初起，不再燠熱，蚊子也少，正是最宜的工作季節，也是杜虹最喜歡、最珍惜的季節。秋天墾丁的候鳥忙著遷徙，鳥影不斷，正是賞群鷹候鳥的好時節。杜虹希望能透過該本日記體裁的書寫，讓旅人有機會認識墾丁秋天之美，尋覓心儀之景，好決定日期親至拜訪墾丁，感受半島上的舒爽秋意。這正是杜虹以日記體裁逐日書寫《秋天的墾丁》的心意。

《有風走過》是杜虹將走入山林和跳躍離島的經驗結集而成的一本自然旅遊集。書中依四季的自然時序，按月份排列，呈現一篇又一篇的散文小品，從一月寫至十二月，每月安排二至三篇的短文，置入旅遊各地的動植物生態、自然景觀和人文風景，帶領讀者走讀臺灣，提供讀者觀看臺灣的另一種視角以領受大自然之美，並向大自然學習。該書書寫的場域除了杜虹常駐足的墾丁國家公園，足跡也遠至南橫、玉山、大雪山、日月潭、合歡山、新中橫塔塔加、臺東大武、屏東四重溪、南迴公路和臺東綠島等地，是杜虹所有著作中足跡最多、也是最遠的一本著作，可謂一本遊記或旅行文學創作。

阿朗壹古道為恆春東北隅旭海村通往臺東縣安朔村沿海小徑之統稱，是臺灣唯一尚未開闢海岸公路的處女地。這條古道大約十八公里，沿途風景幽美，自然生態和人文歷史豐富。杜虹應屏東縣政府文化處之邀，寫下不同於一般旅遊圖鑑式的導覽手冊，以溫柔的文字和生動的照片誠摯邀請讀者與她一起在書上走訪古道，一起望見阿朗壹的豐茂和美好。《相遇在風的海角——阿

朗壹古道行旅》文分三部分：卷一〈聽海風的故事〉、卷二〈看不盡的天涯海角〉和卷三〈潮聲的蟲蝶鳥獸〉。卷一書寫大地和山海之景，也書寫當地之人；卷二書寫古道上的花草樹木；卷三書寫古道上的昆蟲鳥獸。這是一本非制式的導覽手冊，每卷皆賦予詩意之卷名，皆有其導覽之重點；記敘文兼抒情文的書寫方式跳脫了一般導覽手冊之框架，既是導覽手冊，也是遊記。全書有四篇蝴蝶的書寫，分別是〈森林步道記行〉、〈在那遙遠的海島原鄉〉、〈黃裳鳳蝶〉和〈琉璃青斑蝶〉，筆者已於本章第二節分析過，故於此不再多述。

綜上分析，杜虹的自然書寫採多元體裁，散文、日記、遊記和導覽手冊皆有，兼具生態解說、科普知識、旅行文學之內涵，以及女性溫柔書寫、知性／感性／理性之特質，行文置入豐富的國家公園經驗，呈現南方半島之地景和南方視野，帶有在地的生活感、地方感和空間感，是南方半島自然書寫的代表人物，亦是臺灣當代自然書寫的重要作家。

小結

本章首先爬梳杜虹的環境倫理觀——生態中心的倫理觀；萬物依大自然的律動而運行；動物的生存權優於人類生活的便利性；生命無價，亦無位階；對大自然謙卑。其次，分析杜虹《比南方更南》、《有風走過》、《秋天的墾丁》、《南仁山森林世界》、《相遇在風的海角》和《蝴蝶森林》文本中蝴蝶書寫的內容和特色。杜虹擅長蝴蝶前生活史（求偶、交尾、產卵、幼蟲、結蛹和羽化）之觀察和書寫，黃裳鳳蝶是其研究和保育之對象，迄今研究蝴蝶二十年，其蝴蝶書寫深具專業的權威。最後，綜整杜虹自然書寫的特色，有以下之特點：墾丁地方感和空間感；南方地景和南方視野；豐富之田野經驗；感性、知性與理性兼具；女性細膩溫柔之軟派書寫特質；特殊體裁之表現形式。

蝴蝶書寫已然為杜虹自然書寫的最大優勢和特色，但實際上她的自然書寫並不是發跡於蝴蝶書寫，身為墾丁國家公園的一員，她起先提筆寫國家公園裡的花蟲鳥獸、海底生物、海濱礁岩、天文星象和秋冬候鳥等，最後因長期投身蝴蝶研究和保育工作，而有更多的蝴蝶創作。筆者發現，杜虹因研究保育類蝴蝶，故對蝴蝶前生活史觀察入微、描寫細膩，這是她「微觀」功夫的展現。再者，杜虹蝴蝶專業知識深具專業的權威，然而身為蝴蝶保育和教育人員，她必須將自然的專業知識轉化為科普知識，方能使讀者消化吸收，這是她科學知

識「轉化」功夫的展現。此外,杜虹具國家公園工作者的身分,造就她對自然的洞悉和理解,她體察到大自然的運行自有其韻律和脈動,人類只要順勢而行,不予干預,大自然自有其生存法則和維持其動態平衡的能力,而這種全貌觀之生態視野,是她長期在大自然裡習得的功夫。

杜虹的工作和生活三十多年來看似被框架於天涯海角的臺灣最南端,但也因長期在國家公園深耕,使其自然書寫具濃烈的墾丁半島地方感和國家公園色彩,呈現南方半島的視域,形成她自然書寫的最大特色。筆者以為,杜虹雖深居南方半島,但實際上她的自然書寫範圍廣大遼闊,可以寫海景(例如:海底珊瑚)、可以寫地景,也可以寫空景(例如:高飛候鳥);其書寫內容亦豐富,不僅寫動植物生態,也寫深態旅遊之規劃、社區部落之營造和蝴蝶棲地之建立等,亦於行文中傳達環境倫理之信仰和實踐土地倫理之美學。總而言之,杜虹大方的與讀者分享南方土地上的美好,傳遞生命的核心價值,是她在自然書寫上最真誠、最可貴、最大器,也是最可敬的地方。

第五章　吳明益與杜虹蝴蝶書寫的比較

吳明益和杜虹都是臺灣蝴蝶書寫重量級且具指標性的作家，他們的蝴蝶書寫各有異同，各具特色。以下筆者就他們田野之經驗、觀察之視野和文學之表現進行比較。

第一節　田野之經驗

自然書寫並沒有嚴格之定義，吳明益認為它是動態、跨界的，但有基本共識之邊界，也就是說有其「界義」。他歸納出自然書寫有幾個要點，其中之一：「自然體驗」一語，是加諸於作者身上的要求。」〔註1〕吳明益從自然書寫解釋性的界義中討論到自然書寫中的「注視、觀察、記錄、探究與發現等『非虛構』的經驗──實際的田野經驗是作者創作過程中的必要歷程。」〔註2〕亦即，「真實性」或「非虛構」的自然經驗來自自然書寫者親身涉入田野現場的觀察，並非杜撰或想像而來。吳明益又補充說：

> 作者「涉入」現場，觀察、凝視、記錄、發現自然的運作過程，是
> 自然書寫必要的行文基礎。此外，除非特定需要，當代自然書寫者
> 皆強調「觀察而不介入」、「理解卻不占有」的態度來對待觀察對
> 象。〔註3〕

〔註1〕吳明益，《以書寫解放自然：臺灣現代自然書寫的探索（1980～2002）》，頁9。
〔註2〕吳明益，《以書寫解放自然：臺灣現代自然書寫的探索（1980～2002）》，頁20。
〔註3〕吳明益，《以書寫解放自然：臺灣現代自然書寫的探索（1980～2002）》，頁21。

「涉入現場」的自然觀察是一種田野經驗,是自然書寫者必要之條件。所謂的田野經驗不一定要在荒野中進行,無論在都市或野外,只要觀察對象具有「野性」的質素即可,誠如:吳明益在朋友家陽臺觀察被寄生蜂寄生之蝶蛹;劉克襄在都市住家窗口凝視窗外之景物;徐仁修在都市巷弄觀察臺灣紋白蝶;王瑞香在自家陽臺飼養毛毛蟲等經驗皆屬之。

　　簡義明亦曾探討「觀察記錄」類型是臺灣自然寫作的重要基礎。〔註4〕臺灣自然書寫經過簡義明和吳明益二位學者詳細整理爬梳,已有相當清楚之脈絡,二人均認為田野的觀察是自然書寫必備的經驗。

　　吳明益和杜虹二人的蝴蝶書寫皆符應上述之條件──涉入現場,他們在田野裡凝視、觀察、記錄和發現。換言之,他們的蝴蝶書寫不是蝴蝶圖鑑或蝴蝶百科裡知識的挪用,二人皆勤於田野,長時間進行實地的觀察和記錄,最後轉化科學知識,將觀察發現以文學形式表現出來。即便如此,二位作家仍存在一些相異之處,分三點來論述,如下:

一、田野地之比較

　　從吳明益《迷蝶誌》、《台北伊甸園》和《蝶道》三本著作中,明顯發現他的蝴蝶田野主要以北臺灣為主。他以士林住家附近的陽明山做為觀察起點,然後聚焦士林官邸,也曾騎單車或機車遊北海岸,或橫跨北宜、北橫來到宜蘭、花蓮和臺東,甚至橫越南橫到高雄桃源,更遠至離島蘭嶼追尋珠光鳳蝶;而研究所就學多年的中央大學,不遠的石門水庫,也是他經常觀蝶的地方。吳明益又曾為美濃黃蝶祭寫了一首詩〈如果有人送我一座山〉,黃蝶翠谷自是這首詩的田野地;高雄和屏東交界的茂林有多處的曲流峽谷,自然資源豐富,還有世界級越冬型的紫蝶幽谷,也是他不可錯失的蝴蝶田野。他曾到茂林的濁口溪靜觀蝴蝶吸水群,這是他在本島西部最遠的蝴蝶田野。

　　欲找出吳明益的蝴蝶觀察之田野,除了從上述三本著作的行文裡去爬梳,亦可從《迷蝶誌》和《蝶道》二書圖片中的拍攝地點綜整他的蝴蝶田野,〔註5〕詳如附錄一和附錄二。筆者又將《迷蝶誌》和《蝶道》書中的每篇之田野和重要議題表格化(詳如表一和表二),並將田野地圖化(圖二),如下:

〔註4〕參見簡義明,《寂靜之聲──當代臺灣自然書寫的形成與發展(1979～2013)》,頁69。

〔註5〕《迷蝶誌》初版(2000)和《迷蝶誌》新版(2010)的圖片安排不同,只有幾幅圖片重複,因此筆者將二個版本圖片裡的田野皆呈現出來。

表一：《迷蝶誌》蝴蝶觀察之田野與探討之議題

篇　名	觀蝶田野	主要議題
〈寄蝶〉	臺北市昆蟲展館	生命教育
〈寂寞而死〉	花蓮縣瑞穗縣富源村	文明迫害、生命共同體
〈十塊鳳蝶〉	臺東縣蘭嶼鄉	臺灣捕蝶史、蘭嶼地方誌、生命價值
〈界線〉	臺中梨山、花蓮太魯閣、新北市北海岸	生存界線、自然法則
〈死蛹〉	臺北圓山、臺北朋友家陽臺	死亡議題、種族平等
〈陰黯的華麗〉	臺北市信義區四獸山	核能議題、蝴蝶生態
〈忘川〉	桃園市石門水庫	愛情神話、環境議題
〈在學習睜開眼睛〉	桃園市中壢區中央大學	生物多樣性
〈野桐開放〉	不詳	人生哲理
〈魔法〉	桃園市石門水庫	生命議題、環境議題
〈地圖〉	不詳	文明代價、生態都市
〈活埋〉	桃園市中壢區中央大學	記憶書寫、環境議題
〈國姓爺〉	南投縣國姓鄉	臺灣歷史、土地國概念
〈放下捕蟲網〉	不詳	種族意識、動物友善
〈迷蝶〉	桃園市中壢區中央大學	族群遷徙
〈迷蝶二〉	桃園市中壢區中央大學	族群融合
〈飛〉	桃園市中壢區中央大學	飛之意象、生命責任
〈時代〉	北橫（桃園市至宜蘭縣）	記憶與傳承

　　表一和表二由附錄一、二綜整而來，得知吳明益主要的蝴蝶觀察田野有：臺北、新北、桃園、宜蘭、臺中、南投、花蓮、高雄和臺東。從表一和表二中可以發現：成長於臺北且在桃園就學多年的吳明益較常以北臺灣（當時的臺北市、臺北縣和桃園縣）為主要觀蝶之田野，宜花次之，中部再次之，南部最少；而臺北市陽明山、士林官邸、北宜、桃園中央大學、石門水庫和北橫是吳明益觀蝶之熱點。吳明益在這些蝴蝶田野，不但介紹蝴蝶及其生態，也會延伸幾個複合式的主題，嵌入核心議題，傳達某些生命或環境倫理的價值觀。

表二：《蝶道》蝴蝶觀察之田野與議題

篇　名	田　野	主要議題
〈趁著有光〉	臺北市士林區士林官邸	光之隱喻
〈在寂靜中漫舞〉	臺北市士林區陽明山	多音交響
〈愛欲流轉〉	臺東縣蘭嶼鄉	蝶之愛與性
〈櫻桃的滋味〉	高雄市茂林區、嘉義縣阿里山鄉山美村達娜伊谷	生命之味
〈死亡的是一隻樺斑蝶〉	臺北市士林區自家陽臺	生與死
〈我所看見聽見的某個夏日〉	桃園市中壢區中央大學	生物多樣性
〈達娜伊谷〉	嘉義縣阿里山鄉山美村達娜伊谷	文化霸權、環境倫理
〈目睹自己的誕生〉	北橫（桃園市至宜蘭縣）	新視角、新生命
〈往靈魂的方向去〉	高雄市美濃區黃蝶谷	族群遷徙、政治霸權
〈當霧經過翠峰湖〉	宜蘭縣大同鄉太平山翠峰湖	植物馴化、外來種植物
〈言說八千尺〉	臺中市和平區八仙山	美的詮釋
〈行書〉	新北市、北宜公路、宜花東、南橫公路	島嶼旅行、環境倫理

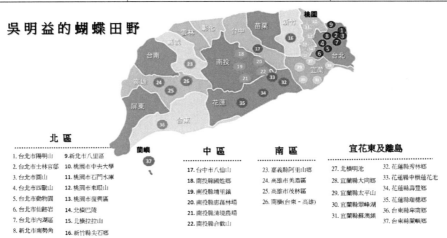

圖二　吳明益的蝴蝶田野〔註6〕

〔註6〕圖二，筆者根據表一和表二自行繪製，將當時的臺北市和臺北縣並置，合稱「台北」。

　　欲綜整杜虹的蝴蝶田野，同樣可以從她《比南方更南》、《有風走過》、《秋天的墾丁》、《南仁山森林世界》、《相遇在風的海角》和《蝴蝶森林》六本著作的行文來爬梳。筆者整理杜虹蝴蝶觀察之田野，詳見圖三和附錄三之表格。

圖三　杜虹的蝴蝶田野（筆者自行繪製）

　　杜虹因長期居住和工作在墾丁國家公園，自然而然，墾丁國家公園成了她最主要的觀蝶田野；又因撰寫導覽手冊《相遇在風的海角》，屏東縣阿朗壹古道成了她第二個觀蝶田野。杜虹六本著作中，只有二次出現在屏東縣以外的蝴蝶田野（一是南投縣日月潭，二是南投縣新中橫公路）；易言之，杜虹的蝴蝶田野幾乎未曾跨界至北部。再者，從附錄一、二和三的表格或圖二、圖三的資料顯示：吳明益和杜虹二人的田野幾乎不重複，吳明益的足跡較少踏至南臺灣，不曾出現過屏東的蝴蝶田野；不同於吳明益，杜虹長期蹲點南臺灣，屏東是主要的田野。二人的田野恰成一北一南之對比和互補，無怪乎關於蝴蝶書寫向來有「北吳明益，南杜虹」之說。此外，很湊巧的是，筆者發現二人的蝴蝶田野幾乎位在山區，未出現西部平原之田野，推測可能與山區是蝴蝶主要的棲地有關。〔註7〕

　　關於吳明益和杜虹蹲點田野時間也有所之不同。吳明益初擔任昆蟲展覽館臨時解說員時，為充實蝴蝶的專業知識，常常在一大早上班之前就騎著機車上陽明山觀蝶。之後，也常利用課餘時間與好友結伴或踽踽獨行到臺灣各地觀蝶。他的蝴蝶田野分布很廣，超過十個縣市，但這些點都不是可以長期觀察或經營的蝴蝶棲地或樣區，因此吳明益蹲點一個蝴蝶田野的時間不會太長，有些田野可能只去過一、二次，有些則會重複返回幾次。即便陽明山和士林官邸是最常去之點，但因非以蝴蝶研究為工作，故仍難以形成一個可以長期觀察蝴蝶的田野。

　　杜虹則不然，她長期在墾丁國家公園工作，墾丁國家公園自然而然成為

〔註7〕參見陳維壽著，《台灣賞蝶情報》，臺北：清新，1997年，頁154。

她最重要的蝴蝶田野。在進修博士學位期間，杜虹致力臺灣特有亞種黃裳鳳蝶的研究，在國家公園擁有上千頃、上百個蝴蝶研究樣區，因此可以長期定點來回樣區研究蝴蝶，而此一研究計畫至少延續八年；即使獲得博士學位後，她仍沒有放棄研究和觀察蝴蝶。因此，杜虹蹲點固定區域研究蝴蝶的方式可說是一種「長期的、定點的、集中式的」的田野經驗，此與吳明益「短期的、流動的、擴散式的」田野經驗有所不同。筆者認為，這也是吳明益的蝴蝶書寫呈現較多蝶種、田野也較多變之主因；相對的，杜虹書寫的蝶種並不多，除了黃裳鳳蝶外，幾乎以墾丁常見的蝶種為主，但也因她專注於稀有黃裳鳳蝶之研究，故能細察其生活史，使她的蝴蝶書寫更聚焦且具體而微，成為黃裳鳳蝶的最佳代言人。

劉克襄曾言：「賞蝶和其他自然觀察一樣，必須透過不斷的旅行，在跋山涉水中，長期鍾鍊心志和書寫的內容。」〔註8〕陳芳明也曾如此評論吳明益：「他的文字不是書寫出來的，而是以他的徒步旅行走出來的。新世代作家耽溺於想像與虛擬實境時，吳明益追求的是文字的行動與實踐。」〔註9〕吳明益和杜虹皆長期「涉入第一現場」，前者以步行、騎單車、騎機車或坐火車的移動方式履行之；後者以長期行走、蹲點於上百個遠距離的定點蝴蝶樣區進行之。這個融入現場的過程雖然經常讓他們感到困頓和疲乏，但呈現在作品中自是竭盡體力、千山萬水跋涉之後的一頁頁美景，誠如吳明益自言：「行走是思維，文字是化石。」〔註10〕文字是死的，唯有親身踏過、雙腳走過和親眼閱讀過的土地，才能深刻且敏銳的感知，並生動呈現出每一物種的生命之美。吳明益和杜虹因長期浸潤於蝴蝶的田野，蝴蝶自然而然也刻畫在他們的生命裡了。

自然書寫逐漸發展出「另一種結合自然觀察、特定場域理解、文化思索的書寫策略」〔註11〕，吳明益和杜虹二人都是這樣的作家，他們在臺灣這片土地上行走，進行一場動態的觀察和靜態的書寫，並深刻反思。

二、與蝶之初次邂逅

吳明益和杜虹的蝴蝶書寫皆緣於工作。他們對謎樣的蝴蝶皆具深情，於是以蝴蝶為素材，以文字、攝影或手繪插圖為媒介，二人幾乎是同時期走入山林

〔註 8〕吳明益著，劉克襄序，《迷蝶誌》，頁 15。
〔註 9〕陳芳明序，吳明益著，《睡眠的航線》，臺北：二魚，2007 年，頁 4。
〔註10〕吳明益，《蝶道》，頁 149。
〔註11〕吳明益，《臺灣自然寫作選》，頁 16。

原野，以雙眼和長鏡頭對焦和凝視蝴蝶，生動呈現出一篇篇和一幅幅與蝴蝶型態、姿態、動態和生態交織的文學和藝術作品。

　　吳明益第一本蝴蝶專著《迷蝶誌》的第一篇文章是〈寄蝶〉，「寄蝶」直指寄自墾丁的大白斑蝶，讓吳明益在與蝴蝶邂逅之初即省思蝶與人之關係。巧合的是，杜虹第一本出版品《比南方更南》的第一篇蝴蝶書寫──〈蝴蝶之死〉，大白斑蝶也是文中的主角，她又引余光中〈大白斑蝶〉的詩句作為序曲。〈寄蝶〉的蝴蝶是為了展示眾人，〈蝴蝶之死〉的蝴蝶則是為了學術研究，但最後結局都是大白斑蝶成了蝴蝶標本，讓吳明益和杜虹感到不忍與不捨。二人在後來的蝴蝶書寫中多次為文為大白斑蝶平反「大笨蝶」的綽號，流露他們對大白斑蝶的垂憐與疼惜。

　　吳明益發表〈寄蝶〉和杜虹發表〈蝴蝶之死〉之時，二人的工作恰巧都擔任臨時解說員，而大白斑蝶正是他們蝴蝶書寫初次邂逅之主角。另一巧合是，二篇文章發表的時間非常的接近，前後可能只差一年。吳明益〈寄蝶〉發表於1998年（擔任昆蟲解說員那一年），出版於2000年；杜虹〈蝴蝶之死〉出版於1999年，而書寫時間必定早於出版時間。但無論何者先，何者後，幾乎可以說吳明益和杜虹是同一時期展開蝴蝶書寫的作家。換言之，在2000年前，二位作家已經為臺灣的動物自然書寫打開新的一頁。2003年《蝶道》出版時，吳明益的蝴蝶書寫達到最高峰，這一年正也是杜虹決定踏入研究黃裳鳳蝶的一年。以上諸多的巧合，皆可證明吳明益和杜虹的蝴蝶書寫崛起於同一時期，他們同時為臺灣的蝴蝶書寫而努力。

　　〈寄蝶〉和〈蝴蝶之死〉是吳明益和杜虹蝴蝶書寫的「揭幕之作」，也是重要里程碑。二人在蝴蝶書寫的進程上，有著某些相似的背景和足跡，也有著相近的環境倫理觀，例如：二人都不苟同蝴蝶標本的製作，也對蝴蝶如此死法無法釋懷；二人也有著不同的觀蝶經驗和書寫路徑，因此二人的蝴蝶書寫風格也不相同。

三、田野資源不同

　　吳明益在做蝴蝶田野觀察時，曾感嘆自己的裝備不足，買不起精良的攝影設備而無法盡情觀察，甚至遭遇困難。吳明益寫道：

　　　　在觀察的過程中，我沒有研究者的豐富知識，沒有紅外線或夜視攝
　　　　影機，也沒有能力建造一座觀察塔以觀看樹冠層的美麗綠小灰蝶

（綠小灰蝶屬總是高飛在樹冠，許多觀察者，可能窮一生未能親
見），不使用捕蟲網，更沒有雇請捕蝶人，為我注意冬季蝴蝶谷形
成的日期。〔註12〕

吳明益沒有紅外線或夜視攝影機可以觀夜間之蝶、沒有梯子和觀察塔可以觀察
樹冠層之蝶；他不使用捕蝶網，也沒有像徐仁修一樣雇請捕蝶人，更沒有像杜虹
有長期的志工可以協助他。他經常獨行踽踽騎著單車直上北宜、北橫到宜花觀
蝶，甚至遠到南橫，身心經常疲乏困頓；有時也會與好友一起去踏查，他們到過
北海岸、花蓮和蘭嶼等地觀蝶。總之，吳明益並沒有一個專屬的蝴蝶觀察樣區，
也沒有長期的合作夥伴，在蝴蝶的田野裡，他經常是孤單的，卻從不放棄。

杜虹則不然，她有核電廠的員工擔任長期志工，協助她搭梯子和攀爬樹冠
層觀蝶，還有社頂部落的居民協助蝴蝶食草馬兜鈴的培育和黃裳鳳蝶之復育，
一起參與國家公園深度旅遊蝴蝶森林賞蝶小徑之規劃，設計菜單並提供部落
特色美食來服務遊客。此外，杜虹身為國家公園員工，又從事保育類蝴蝶黃裳
鳳蝶之研究，因此擁有專業級的觀察設備和資源，例如：攝影照相機、望遠鏡、
攀爬梯、觀察塔和廣大的蝴蝶研究樣區，還有專家學者的指導和諮詢，而這些
豐富的資源其他的自然書寫者很難一次擁有。內政部營建署墾丁國家公園管
理處還將杜虹的碩士論文改寫出版成《南仁山森林世界：熱帶邊境生物多樣
性》一書，成為中央級的官方出版品，對杜虹來說無疑是莫大的支持和肯定。

吳明益為蝴蝶的業餘愛好者，而杜虹為國家公園資深員工和蝴蝶研究員，
二人身分不同，是以擁有的資源也有所落差，而這樣的落差使他們在蝴蝶書寫
的表現上也有所不同。杜虹可以呈現樹冠層蝴蝶和蟲蛹之觀察，可以長期觀察
樣區蝴蝶之消長與變化，可以呈現長時間追蹤的觀察結果；即使是颱風天也能
直奔樣區觀察風雨中之蝶，並予以追蹤，呈現蝴蝶與天氣和氣候之關係。吳明
益的蝴蝶書寫，雖少了這些豐富的資源，但學生的身分，使他可以利用課餘或
寒暑假時間移動身體至遠方觀蝶，因而他的蝴蝶書寫較具多樣性，不僅呈現較
多的蝶種，也能描繪較多元的蝴蝶樣態和生態，例如：蝴蝶吸水群和蝴蝶食糞
有趣的畫面曾多次出現在他的文本中，這就是他多次遠行觀蝶的收穫。

四、地方感之呈現

為了表現地方，了解地方物種和人文特色，作家融入地方以培養地方感

〔註12〕吳明益，《迷蝶誌》，頁204。

（sense of place）是必需的。人文地理學家段義孚（Yi-Fu Tuan）曾言：「基本性的地方感必需有幾種狀況。地方是移動中的停頓，包括人類的動物停在一個地點，因為這一地點滿足生物性的需求，停頓可使該地點變成感覺價值的中心。」〔註13〕同理，自然書寫者亦可以透過居住或工作的「停頓」來培養地方的情感；地方使作家停頓、感知、經驗或認識世界，從中「滿足需求、感覺價值」，使得作品帶有地方情感。

　　自然書寫者即使受過再嚴謹的學院訓練，也需實地到田野探查一番，和動植物做朋友，感知大地的呼喚，汲取「非虛構的經驗」。因而，吳明益以徒步旅行、騎車等環島旅行的方式走入自然，經驗田野並考察田野。吳明益的蝴蝶田野遍及臺灣北部、中部、東部和南部，遠至蘭嶼。北臺灣的陽明山、士林官邸、北宜、桃園中央大學、石門水庫和北橫是他經常造訪之地。表一和表二可以檢視吳明益的田野分布概況，為何他經常去這些田野觀察蝴蝶？因為這些地方對他來說是有意義的；亦即，具「地方感」。陽明山和士林官邸離士林住家不遠，有他熟悉的地景、記憶和依附情感；中央大學是他研究所求學多年的地方，從中壢出發又可直至蝴蝶生態豐富的石門水庫或直上復興北橫觀蝶，自然而然，這些地方會因經常造訪而產生情感，最終形成了地方感。

　　吳明益多次到東部觀蝶，最後落腳於花蓮東華大學，反映出他對花蓮的愛戀與情感；又從其著作《家離水邊那麼近》〔註14〕之賦名和內容可以得知他早已將花蓮當作家。吳明益行走坐臥於花蓮的溪邊、湖邊和海邊，雖然過去他曾說自己是花蓮的「局外人」，但過去他曾踏查過花蓮縣境內十二條溪流，四年之內去隱湖觀察或解說四十幾次，可見花蓮對他來說深具意義，早已是另一個故鄉了。總括來說，吳明益以「重複返回」田野的方式，持續他具地方感的蝴蝶書寫，展演他田野裡蝴蝶的樣貌，而每次的抵達與重返都不斷的在累積作品的「地方感」。

　　不同於吳明益以「重複返回」的方式，杜虹則以「長期蹲點」的方式累積地方感。杜虹在墾丁國家公園擁有長期的野外經驗，在上百個限地樣區定點採樣，其實這也是一種非虛構的田野經驗。她經常涉入國家公園的現場，曾在樣區標記過上千個蝴蝶蟲卵之樣本，而長期定點的採樣和走動使其能累積更多的地方情感和地方記憶。墾丁做為杜虹蝴蝶調查的一個長期田野，對她來

〔註13〕段義孚（Yi-Fu Tuan）著，潘桂成譯，《經過透視中的空間和地方》，頁130。
〔註14〕參見吳明益，《家離水邊那麼近》，臺北：二魚文化，2007年。

說早已是一個充滿情感、深藏記憶和深具意義的地方了；簡言之，早已形成「地方感」。杜虹長期在墾丁居住和工作，除長時間於樣區定點調查蝴蝶，亦經常參與社區或部落的活動，與居民建立了彼此關懷和信任的互動關係，累積了豐沛的在地情感和集體記憶，進而形成親密性和認同感。在墾丁，杜虹是局內人（insider），而不是局外人（outsider）。

吳明益和杜虹均親身涉入土地現場、置身自然中，陽光下追逐蝴蝶，風雨中凝視蝴蝶，但他們的田野經驗、田野資源和形成地方感的方式不同。吳明益的足跡幾乎遍及臺灣山區重要的蝴蝶棲地，其田野含括北中南和東部，以北臺灣為主，也最具地方感。杜虹則不然，她的田野較單一，核心區域在墾丁，呈現在地性且具純粹性的樣貌，因之其蝴蝶書寫更具強烈的地方感。杜虹熟悉的墾丁，從不是吳明益的田野；反之，吳明益最熟悉的北臺灣，也從不是杜虹的田野。吳明益以旅行者姿態觀蝶，藉由多走、多看和多想，轉場各處蝴蝶田野的文學地景，展現蝴蝶的多樣性；相對於吳明益，長期蹲點的杜虹，則以蟄居者的身分觀蝶、寫蝶和研究蝴蝶。

吳明益和杜虹雙雙走進自然裡，成為蝴蝶的守護者，大自然就是他們永恆的田野，他們在各自的田野裡訴說著蝴蝶的情事。吳明益以「重返」訴說蝴蝶的故事，杜虹則以「蹲點」書寫蝴蝶故事。德國哲學家班雅明曾在《說故事的人》中區分兩種說故事的人：一為遠行歸來的人，二為蟄居一鄉的人。〔註15〕如果說吳明益是遠行者，那麼杜虹就是蟄居者，他們各自用不同的方式為讀者訴說蝴蝶的故事。總而言之，二位作家的蝴蝶田野經驗各異奇趣，因此在蝴蝶書寫的表現上也各具文采。

第二節　觀察之視野

吳明益和杜虹觀察蝴蝶，也書寫蝴蝶。他們常在田野親身近觀蝴蝶，但各自有觀蝶之視角，或相同或不同。

一、樹冠層之視野

吳明益曾感嘆自己知識不豐、裝備不足、資源有限而無法仔細觀察蝴蝶，因此他先嘗試研讀蝴蝶的書籍，以累積蝴蝶的相關知識。然後，以獨行或與好

〔註15〕華特‧班雅明（Walter Benjamin）著，林志明譯，《說故事的人》，臺北：臺灣攝影，1998 年，頁 21。

友同行於自然野地，期待能與蝴蝶有美麗的相遇。杜虹則不然，觀察蝴蝶既是興趣，也是工作，她不僅有志工協助她尋找或栽培蝴蝶食草馬兜鈴，一起守護蝴蝶棲地，還有相對較充足的研究經費購置相關器材以從事蝴蝶研究，因此她有梯子可以爬到樹冠層觀察蝴蝶的生態。換言之，杜虹有蝴蝶觀察塔可觀高飛之蝶，吳明益則無，因而吳明益和杜虹觀察蝴蝶的某些視角是不同的。

能長期從樹冠層觀察蝴蝶的人畢竟是少數，大抵像杜虹這樣的蝴蝶專業研究人員才有這樣的機會。吳明益雖勤走田野，但再多的觀蝶之視角，還是缺少樹冠層的觀蝶經驗，例如：高飛的綠小灰蝶就不易被觀察到，因之也難以書寫此類蝶種的樣態。杜虹擁有國家級的豐富資源和長期樹冠層的觀察經驗，使得她的蝴蝶書寫多了不同的視角，例如：她可以長期觀察樹冠層某些蝶卵和幼蟲的成長史，而這樣的成長史可能不易在樹冠層以下被觀察到。吳明益的作品極少出現樹冠層的蝴蝶觀察，不是出於怠惰，而是設備不足導致，這也是他的喟嘆。

吳明益長期往返北部居住地和東部工作地之間，杜虹則長期蹲點於墾丁國家公園。然則，蝴蝶會隨南北地域、城鄉不同而呈現不同的分布狀況，因之吳明益北部之觀蝶視角也不同於杜虹南方之觀蝶視角，例如：因食草分布之故，在墾丁可常見成群的玉帶鳳蝶，在北部則少見；再如，業餘觀察者與學術研究者觀看之視角也有所不同，吳明益非常重視科學的觀察和文史的考證，而杜虹的蝴蝶研究工作使她更擅長於科學數據之呈現，例如：描寫黃裳鳳蝶時，她寫下黃裳鳳蝶之蝶翅展開可達 15 至 20 公分，卵約 5 至 13 天孵化，夏季的蛹 19 天就孵化，野外的卵至羽化成蝶的存活率約 5%……，諸如此類；而數據的呈現很少出現在吳明益的文本中。筆者認為這是因為他們身分不同，因而書寫目的不同，書寫的內容也會有所差異。

吳明益專業作家的身分想帶給讀者「蝴蝶的幽微天啟」，杜虹蝴蝶專家的身分則需肩負起「蝴蝶研究、蝴蝶保育和教育」的重責大任。是以作家的身分不同，觀蝶視角和取景也會有所不同。

二、蝶之羽化

吳明益和杜虹對蝴蝶觀察入微，皆擅長書寫蝴蝶的生命史，從卵孵化成蟲、蟲結成蛹、蛹羽化成蝶，蝴蝶完全變態的四階段都可以在他們的文本裡找到許多的發揮。其中，以「羽化」的描寫最令人期待與驚豔。

吳明益在〈死亡是一隻樺斑蝶〉和〈飛〉都曾描寫蝴蝶的羽化：

大約十天，細胞的分化、繁殖、重組已近完成。蛹壁變薄，色澤轉深，可以隱約看見蛹裡蝶翼的一角。等待，然後總是在我分神的幾分鐘，從那隱喻著死亡的金色鍊狀紋間，蝶帶著潮濕柔軟的翅膀掙出，彷彿鼓足了勇氣面對這世界似地，緩緩步行到足以舒展雙翅的角落。蝶翼展開間，一匹金色的飛馬。〔註16〕

對蝴蝶來說，羽化可能不是一些文學家筆下美麗的過程，而是生死間緊張的頓號，當蝶蛻蛹而出，抓著被拋棄的舊軀，爬到一個等待的角度時，時間對無法飛行的他們來說，是一珠凝定的琥珀。他們無法應對外界的讚嘆、覬覦、變動與詢問，只是靜靜地等血液注入翅脈，緩緩硬化。〔註17〕

羽化是一個等待的過程，不是美麗浪漫的文學想像，時時充滿生命的挑戰，甚且挑戰失敗。羽化成功的樺斑蝶是「一匹金色的飛馬」，但吳明益也曾寫下：「我眼前的紅紋鳳蝶，其實已經被剝除了責任的背負。他的飛行，失去戀愛，失去責任，失去目的，於是，連跋涉都談不上了。」〔註18〕這是一隻羽化失敗、卸下責任的紅紋鳳蝶。

杜虹負責蝴蝶保育和復育的工作，蝴蝶的前生活史是她關照的焦點，因之她觀察蝴蝶羽化的經驗十分豐富，書寫羽化的過程也更加細膩深刻：

灌叢林內八分黑，燈光裡蛹殼已呈透明狀，幾乎可以透視殼內黑的蝶翅與鮮黃的蝶腹，而蛹殼外，正掛著閃亮的雨珠。水氣如此濃重，牠會在破曉羽化嗎？〔註19〕

六點九分，蛹的頂部出現了一隙裂縫！接著裂縫慢慢被頂開，蝴蝶的前足向外探索；然後將蛹蓋撐開些，腳用點力，頭部出殼；停頓會兒，腳再用點力，胸部出殼；最後六足齊動，翅翼與腹部被快速拉出這花花世界。……淋巴液注入翅脈，頃刻間皺翅撐平，一隻我熟悉的黃裳鳳蝶在微雨中新生。〔註20〕

杜虹描寫蝴蝶羽化成功，而且精細刻劃這短短不到一分鐘的「蝶之生」。

〔註16〕吳明益，《蝶道》，頁127～128。
〔註17〕吳明益，《迷蝶誌》，頁181。
〔註18〕吳明益，《迷蝶誌》，頁186。
〔註19〕杜虹，《蝴蝶森林》，頁73。
〔註20〕杜虹，《蝴蝶森林》，頁77。

　　羽化是蝴蝶生命史裡非常重要且非常關鍵的階段，非生即死，不死則生。吳明益感性的告訴我們：羽化後的蝴蝶不見得能飛，不能飛的蝴蝶終究會死；杜虹則細膩描繪羽化的過程，羽化帶來的是生命的希望和喜悅。二人的書寫呈現反差之結果，有死有生，皆提供讀者深思之課題。再者，吳明益表示「血液注入翅脈」使翅膀硬化；杜虹則認為「淋巴液注入翅脈」使皺翅撐平。二人對注入翅脈的液體有不同的說法，正確答案為何？留待讀者查證。吳明益和杜虹皆描寫羽化的艱辛，前者充滿文字美學，後者猶如實況轉播，皆引人深思生命之不易與可貴。

三、蝶之眠

　　吳明益和杜虹的蝴蝶書寫幾乎以白天活動的蝴蝶為對象，畢竟蝴蝶是日行性動物，不同於夜行性的蛾，因之白天觀蝶容易，也較有心得。不過，在二位作家的文本中仍可發現二篇關於夜間蝴蝶睡眠之書寫。

　　〈礁林夜行〉一文，杜虹描繪一群人走入一座高位珊瑚礁，這仲夏夜之夢充滿著浪漫，也佈滿著危機。其中，有一段夜間蝴蝶的描寫於本文第四章第二節已探討，於此不再重述。該文的蝴蝶書寫雖不長，卻是少有的夜間觀蝶的書寫，它傳達了二項訊息：一是看似安然入睡的蝴蝶，其實時時佈滿危機，常常成為夜行動物或不眠動物的獵物。二是夜間是觀察沉睡蝴蝶的好機會，除了可以近距離凝視，還可以抱著欣賞畫作的心態來賞蝶。

　　吳明益在〈櫻桃的滋味〉也有一篇蝶之眠的書寫，他想知道蝴蝶幾時起床，因此決定觀察牠的睡眠。

> 昨夜傍晚五時十五分，一隻臺灣紋白蝶停在我窗前約一公尺半的蓮霧樹上。然後她像孩子抱住母親般用爪鉤抓住葉尖後，便靜止不動。對她來說，這就是今夜她選擇的床。〔註21〕

> 約莫七點二十兩停。就這樣若無其事地停了，但蝶還在。在一葉又一葉從黃到深綠的蓮霧叢裡，藏匿如小小的白色夢境。〔註22〕

吳明益這一篇關於蝴蝶睡眠的書寫晚於杜虹，是他一夜認真觀察的所得，除了真實情境的觀察，也賦予蝴蝶睡眠的文學想像，例如：紋白蝶的床和牠白色的夢境、紋白蝶如孩子抱著母親等描寫。吳明益文字美學的功力為臺灣紋白蝶

〔註21〕吳明益，《蝶道》，頁98。
〔註22〕吳明益，《蝶道》，頁101～102。

編織了浪漫的一夜,而不單只呈現科學的觀察記錄。

這二篇「蝶之眠」是吳明益和杜虹蝴蝶書寫中各自的唯一。杜虹的蝶之眠是一次礁林夜行的巧遇,觀察時間不長,行文雖短,卻難得一見。吳明益的蝶之眠,也是巧遇,他卻花整整一個晚上來觀察蝴蝶的睡眠。二人皆靜觀睡眠中靜止不動的蝴蝶,但杜虹描寫危機四伏,因沒有警覺而喪命的睡蝶;吳明益則描寫雨夜裡一夜好夢的蝴蝶。二者截然不同,一生一死,呈現了蝴蝶睡眠時不同的狀態、最終命運和作家的書寫風格。

四、蝴蝶大發生

「大發生」是指蝶起群飛的遷徙現象,具有週期性。吳明益在《蝶道》〈往靈魂的方向〉曾描繪美濃黃蝶翠谷淡黃蝶大發生的畫面:

> 每年的五月與九月前後大發生的淡黃蝶群飛翔求偶,恍如風吹過樹林時,一顆一顆跳動起來的熾熱陽光。〔註23〕

> 鐵刀木的種植引來淡黃蝶的聚集。……這種流浪的檸檬色找到了食草豐茂的「奶與蜜之地」,定居了下來,形成生態型的蝴蝶谷,並一度繁衍成超過千萬的龐大族群。〔註24〕

這二段描寫美濃淡黃蝶大發生的文字,輕巧、優雅而浪漫,淡黃蝶被賦予詩意之名「黃色遷徙者」,彷彿「某種色彩在流浪」,而實際上淡黃蝶大發生的季節,飛行是牠們的任務,求偶是牠們的目的。

《迷蝶誌》〈迷蝶二〉一文,吳明益根據陳維壽的記錄,也描寫了墾丁玉帶鳳蝶的大發生:

> 每年在鵝鑾鼻半島的滿州鄉至社頂公園一帶,她們會有一次沸騰的大發生。像黑色的河流朝西南方淌像大海,由於飛行高度極低,甚至正面衝撞汽車,蝶屍雨滴般,炸綻在擋風玻璃上。陳老師曾雇船跟蹤出海,隨蝶群擺渡二十餘公里。之後便是一片茫渺的海洋,已絲毫沒有任何玉帶鳳蝶的飛行部落了。〔註25〕

> 飛著飛著,就被海風擊沉,或體力衰竭而喪失飛行能力,有的恐怕是嗅不到過山香的魅惑,而失去飛行的勇氣。〔註26〕

〔註23〕吳明益,《蝶道》,頁186。
〔註24〕吳明益,《蝶道》,頁186。
〔註25〕吳明益,《迷蝶誌》,頁176。
〔註26〕吳明益,《迷蝶誌》,頁176。

吳明益描寫了二次不同地點的蝴蝶大發生，美濃黃蝶谷的淡黃蝶的大發生是
他親眼所見，墾丁玉帶鳳蝶的大發生則轉自陳維壽的描述。前者，充滿浪漫和
希望之想像；後者，險象環生，蝶屍如雨，讓人怵目驚心。墾丁大發生的「過
山香」正是玉帶鳳蝶幼蟲的主要食草。

　　杜虹也描寫了蝴蝶大發生，出現在《蝴蝶森林》〈蝴蝶大發生〉一文中。
杜虹如此描述：

> 已經持續二週了，數大的玉帶鳳蝶群總是在早晨穿越馬路向海的方
> 向飛去，恆春半島台 26 線公路上盡是橫行的蝴蝶。〔註27〕

> 約隔四到六年，半島上的玉帶鳳蝶多會出現一回這樣的現象，研究
> 昆蟲的人稱它為「大發生」。〔註28〕

> 那些在早晨穿越馬路向海的方向飛去的蝴蝶，似乎並非真要出海而
> 去，因為稍晚又會看見蝶群由海的方向穿越馬路朝山邊飛。〔註29〕

玉帶鳳蝶食草過山香被嚴重啃食，便預告了蝴蝶的大發生，族群因斷糧而即將
大量死亡。

　　吳明益和杜虹皆描寫了墾丁玉帶鳳蝶的大發生，但有一些不同之處，說明
如下：一、引用的數據不同：吳明益非親身目睹墾丁的大發生，乃引用陳維壽
的資料進行分析，他描寫半島上的蝴蝶大發生每年一次；杜虹則曾親身目睹
玉帶鳳蝶的大發生，認為墾丁大發生約四到六年發生一次。二、結果不同：吳
明益描寫玉帶鳳蝶出海後下落不明，可能被海風擊沉或因體力衰竭而喪失飛
行的勇氣和能力，最後消失在海上；杜虹則描寫玉帶鳳蝶並沒有真正出海，最
後蝶群仍會從海上朝山邊飛回。墾丁玉帶鳳蝶大發生的原因科學家至今仍無
定論，二位作家皆引用蝴蝶專家的資料作為論述的補充，吳明益引用他成功高
中陳維壽老師的研究資料，杜虹則引用她屏科大陳仁昭老師的研究資料，以彌
補蝴蝶大發生相關科學知識的不足。

　　蝴蝶大發生的題材少見於文學，吳明益和杜虹不約而同都描寫了「大發
生」，也都很有默契呈現了墾丁玉帶鳳蝶的大發生，但二人對大發生的原因或
現象做了部分不同的描述和推論，留給讀者一些想像的空間和待解的疑問。
不同於美濃淡黃蝶大發生的優美浪漫，墾丁玉帶鳳蝶的大發生則蝶屍斑斑。

〔註27〕杜虹，《蝴蝶森林》，頁 191。
〔註28〕杜虹，《蝴蝶森林》，頁 191。
〔註29〕杜虹，《蝴蝶森林》，頁 193。

同樣描寫蝴蝶大發生，因時、因地、因蝶種之不同而有不同的畫面：淡黃蝶的大發生是為了孕育子代，洋溢著幸福和希望；墾丁玉帶鳳蝶的大發生卻預告了死亡。一生，一死，是命運截然不同的大發生。

五、迷戀之蝶

珠光鳳蝶是吳明益最喜愛的蝴蝶，他將陪他旅行半個臺灣的單車命名為「麥哲倫」。麥哲倫（Ferdinand Magellan）是西班牙航海家，剛好珠光鳳蝶的種小名是 *Magellanus*，而 *Magellanus* 正是 Magellan 拉丁化的文字。吳明益寫道：

> 我一向著迷於珠光鳳蝶，那綢絲般的深邃黑色前翅，與多數時間反射黃色光，部分角度訴說著藍綠祕密光澤的後翅。〔註30〕

吳明益著迷珠光鳳蝶，曾與好友一起到蘭嶼追尋珠光鳳蝶；他也迷戀玉帶鳳蝶，這是屬於他的「迷蝶」。他說：

> 家裡書架上，我就放了一對前翅與後翅，一隻散落標本的殘存的證據，由於我太迷戀那種毫無雜質瞳孔般的黑色，而捨不得遺棄。〔註31〕

吳明益迷戀黑黃相間的蘭嶼珠光鳳蝶，也迷戀毫無雜質的黑色玉帶鳳蝶，二者皆是屬於他的「迷蝶」。吳明益在《迷蝶誌》〈地圖〉一文也曾描寫身上布滿地圖的石牆蝶，牠身上無法解讀的生命密碼和無法判讀的奇妙地圖，是他迷戀之蝶。此外，臺灣黑星小灰蝶如「華麗的寶石」，流星夾蝶開啟的「幽微之光」，也是令吳明益心動之蝶。

杜虹以研究黃裳鳳蝶為終身職志，深深被黃裳鳳蝶所著迷。她曾對黃裳鳳蝶有以下的描述：「這美麗而稀有的蝴蝶，與我卻有頗深的緣分，在這個星球上，除了人之外，黃裳鳳蝶可能是我最熟悉的生命。」〔註32〕又說：「他（指蝴蝶志工阿祈）為心愛的蝴蝶可以如此，換做我呢？在這世上什麼事物可以令我如此一往情深？」〔註33〕杜虹因研究而與黃裳鳳蝶結下不解之緣，雖一往情深，但最吸引她的蝴蝶卻是紅紋鳳蝶，她說：「在型態色彩各異的蝴蝶中，最吸引我的是一種身軀鮮紅、後翼有七塊紅艷斑紋環繞的蝴蝶，那是紅紋鳳蝶。」〔註34〕人們為了保育黃裳鳳蝶，而處決了族群數量多的紅紋鳳

〔註30〕吳明益，《蝶道》，頁228。
〔註31〕吳明益，《迷蝶誌》，頁173。
〔註32〕杜虹，《相遇在風的海角》，頁155。
〔註33〕杜虹，《蝴蝶森林》，頁63。
〔註34〕杜虹，《蝴蝶森林》，頁183。

蝶以換取黃裳鳳蝶的生存，只因為牠們有著相同的食草。杜虹卻被紅紋鳳蝶紅豔的外觀和生存的優勢深深吸引，紅紋鳳蝶無辜的被處死，引來了她的憐愛和不捨。

　　吳明益和杜虹雖然都在文本中透露其所迷戀的蝴蝶，也各自對珍稀蝶種做深入描寫，吳明益鍾愛蘭嶼的珠光鳳蝶，杜虹則獻身於墾丁的黃裳鳳蝶，但這並不意味在他們心中的蝴蝶有等級之分。在他們的環境倫理觀中，每一種蝴蝶的生命都是平等的，無論是珍稀、明星或一般常見蝶種；無論是珠光鳳蝶或黃裳鳳蝶；無論是被喚作「垃圾蝶」的紋白蝶或是被戲稱「大笨蝶」的大白斑蝶，每一隻蝴蝶都一樣珍貴。任何的蝶種，都是他們的朋友，沒有珍貴貧賤之分，也沒有害蟲之屬，所有的蝴蝶都在大自然動態的系統中扮演著自己的角色，每個角色都很重要，都擁有同樣的生命位階和生命價值。

六、蝶如人，亦如友

　　吳明益喜歡把蝴蝶當人、當朋友，有時甚至以戀人來看待。他認為：

> 人可以將蝶視為作物、獵物、研究物，人也可以將蝶當作朋友、愛
> 侶或陌生人，人也可以觀賞者的姿態、將蝶看作玩賞物。……這個
> 選擇權在我們，在所有嘗試去接近自然生命的朋友們身上。〔註35〕

我們到底要把蝴蝶當作什麼？吳明益說這個選擇權在我們。他喜歡把蝴蝶當作人和朋友，以下舉幾個例證：

> ……因為島上不只珠光鳳蝶的存在，對我們來說，與紋白蝶聊聊也
> 是值得珍視的友誼，我無法想像失去紋白蝶的田畦，蔬菜們生長得
> 多麼寂寞。〔註36〕

> 在經過一段以商人或「擬態」研究者的方式對待蝴蝶之後，我決定
> 以一個朋友的姿態，用眼睛、望遠鏡及相機對蝴蝶表達我的迷戀。
> 〔註37〕

> 我希望能每年來到這個島嶼，也許二十年後，有機會像達悟人熟悉
> 魚一般熟悉這裡的蝶，結識每一種蝶的高祖父、曾祖父、祖父，直
> 到他們的曾孫、玄孫，如同自己是這裡蝶族系譜中一個未曾列名的

〔註35〕吳明益，《迷蝶誌》，頁201～202。
〔註36〕吳明益，《迷蝶誌》，頁57。
〔註37〕吳明益，《迷蝶誌》，頁203。

　　「長壽友人」。〔註38〕

　　在路邊喝水時我也看到新鮮紅邊黃小灰蝶和白波紋小灰蝶，不是什

　　麼稀有的蝶種，是我的老朋友。〔註39〕

從「值得珍視的友誼」、「以一個朋友的姿態」、「長壽老友」和「是我的老朋友」
等語，皆可以得證吳明益喜歡把蝴蝶當作朋友，不管明星蝶種、稀有蝶種或常
見蝶種都是他的好友。

　　吳明益甚至會「以一種戀愛的姿態與蝴蝶互動」或「以一個朋友的姿態」
表達他對蝴蝶的迷戀，〔註40〕一如〈迷蝶〉一文，他迷戀蝴蝶之心。吳明益有時
也會把蝴蝶當作小孩子，〈珠光鳳蝶〉一文，當他第一次聽見蘭嶼人以「孩子」
來稱呼珠光鳳蝶時，便以「太陽便幾乎把所有的蝶哄了回家」來呼應。他又說：
「剛開始觀察蝴蝶的人，都會迷路在蝶翼上模稜兩可的地圖裡。……彼此簡直
像孿生子一般難以分辨。」〔註41〕吳明益把蛇目蝶科、蛺蝶科和小灰蝶這些長
得很像的蝴蝶想像成孿生子，如人類的雙胞胎難以分辨。最後他又說：「我漸漸
感受到，當你能用『人』的姿態去對待一隻蝴蝶，你便更能以『人』的姿態，
去感受另一個人。」〔註42〕吳明益喜歡把蝴蝶當作人、當作朋友；能夠如此，
人類就不會以任何理由傷害蝴蝶，而且還能將這份蝴蝶之愛傳遞給其他生命。

　　杜虹也喜歡把蝴蝶當作朋友，但在文本中她沒有像吳明益強調得這麼多、
表達得這麼明。〈颱風與蝴蝶〉一文，可感受到她與蝴蝶的真摯情誼。颱風夜裡，
杜虹因掛念風雨中的蝴蝶，冒著颱風的威脅直赴棲地探視蝴蝶好友。她寫下：

　　記得二○○四年剛開始進行野外蝴蝶生態研究不久，遇敏督利颱風

　　來襲，因心中掛念風雨中蝴蝶幼蟲的狀況，竟如著魔般，大雨未停

　　歇即趕赴蝴蝶棲地一探究竟。……而至現場看到泰半蟲兒都教風雨

　　打落失去蹤影，心中萬分不捨之餘，更加深颱風為生態負面因子的

　　看法。〔註43〕

杜虹雖未直接表明蝴蝶是她的朋友，但從「掛念」、「著魔般」和「萬分不捨」
幾字就可以感受她與蝴蝶的深厚情誼。

〔註38〕吳明益，《蝶道》，頁78。
〔註39〕吳明益，《蝶道》，頁250。
〔註40〕吳明益，《迷蝶誌》，頁171。
〔註41〕吳明益，《迷蝶誌》，頁156。
〔註42〕吳明益，《迷蝶誌》，頁204。
〔註43〕杜虹，《蝴蝶森林》，頁116～117。

　　吳明益和杜虹曾多次為文替有「大笨蝶」綽號的大白斑蝶平反，除了解釋牠們動作緩慢之原因，還讚美大白斑蝶身穿黑白相間的外衣，氣質高貴，飛行優雅，自由如風。杜虹加碼描寫大白斑蝶的黃金蛹和浪漫婚禮。總之，牠們一點也不笨拙。二人同時也對瀕臨絕種的蝴蝶發聲，吳明益表達對珠光鳳蝶、大紫蛺蝶和寬尾鳳蝶之憐愛；杜虹則對黃裳鳳蝶長期投入關注。這些都是他們的朋友。

　　吳明益和杜虹都是愛蝶的人，又有著相似的環境倫理觀，吳明益於〈寄蝶〉表明不忍用三號蟲針穿過蝴蝶身軀，杜虹〈蝴蝶之死〉也流露出對蝴蝶被製成標本的不忍，緣於這樣的蝴蝶之死並不是自然現象，而是人為的介入。他們對蝴蝶標本流露出憐憫之心，始終將蝴蝶視為好朋友；而只有將動物當成朋友，才會有不忍之心。二位作家皆能設身處地去感受蝴蝶朋友的苦痛，卻不濫情表達心中的那份憐愛。

七、吸水蝶群

　　吳明益在《迷蝶誌》、《蝶道》和《台北伊甸園》的文本中多次描繪蝴蝶吸水群的畫面。例如：

> 很早就曾在圖鑑上讀到吸水的蝶是雄蝶，我一直很想查證吸水的是否都是雄性，去年在茂林看雌雄服色分明的雌白黃蝶與淡紫粉蝶的吸水群，確實給了我一個比較明確的答案。〔註44〕

吳明益想知道為什麼吸水群蝶都是雄性，便實際到田野探尋答案，他也找蝶類專家研究答案，原來蝴蝶吸水是正在準備「一個傳家的禮物」，雄蝶藉由交配將水中鈉離子傳給牠的子代以求生存。鈉離子的鹽味正是蝴蝶的「生命之味」。

> 溪畔的溼地可能棲滿了青帶、青斑、烏鴉鳳蝶、雙尾蝶及各種雜處吸水的蝶群，像一場盛大的午宴。……有時一頭渴著喉嚨的山羌，踩著碎步而來，遂將群蝶颺起。抬起頭來，漫天的蝶遂被誤為是落葉的季節提前到臨。隨後，群蝶又在四周草蟬的鼓譟中，眷戀地重新覆蓋於土地之上。〔註45〕

這是一段數百年前南投縣國姓鄉蝴蝶吸水群的想像畫面，雖是吳明益對臺灣

〔註44〕吳明益，《蝶道》，頁109。
〔註45〕吳明益，《迷蝶誌》，頁151。

蝴蝶歷史的聯想，但也是他結合多次觀察蝴蝶吸水群後的所得，不完全是憑空杜撰而來。吳明益又寫道：

> 果然在我眼前一公尺處，正是一個由淡紫粉蝶、雌白黃蝶、斑粉蝶、
> 無尾白紋鳳蝶、姬黃三線蝶組成的溪水群落。他們如一群在球場上，
> 互相鼓勵的球員般，緊密團聚，並不斷變換姿勢，用口氣探吻土地，
> 翅翼如蛤蚌張闔，鼓動氣流將我吸進。〔註46〕

這一段是描寫達娜伊谷溪谷旁溼地上的蝴蝶溪水群，五種蝶種群聚，呈現一幅族群融合的畫面；牠們一起展示身影，而淡紫粉蝶夾雜其間，使得顏色不至於單調。

高雄茂林保護區，是臺灣曲流地形最多的地方，在潮濕的河岸上，最容易觀見吸水群蝶。吳明益對此地的吸水群蝶有以下精彩的描述：

> 事實上，即使在公路旁，也時時可以看見各種獨立或混合的溪水蝶
> 群。蝶似乎以色彩為群聚的依歸，略帶褐色的姬波紋小灰蝶獨立一
> 隅；腹面皆呈銀藍色散布黑點的臺灣琉璃小灰蝶、臺灣黑星小灰蝶、
> 姬黑星小灰蝶則混在一起；淡紫粉蝶、斑粉蝶、雌白黃蝶則像一群
> 在訴說著祕密的孩子，一靠近便嘻鬧解散。越往深處的溪谷長鬚蝶
> 的數量越多，他們吸水合翅成石，陽光增溫時則展翅回應。這是我
> 第一次遇見至少三百隻的長鬚蝶旁若無人地聚集吸水。偶爾也看到
> 銀斑小灰蝶，不過簡短於一句問候。〔註47〕

這段吸水群蝶的摹寫總共出現了九種蝶種，而且以色彩為群聚的依歸，有的蝶種獨立一群、有些蝶種群聚一起嬉鬧，而以長鬚蝶的數量最多。吸水群蝶的色彩、數量和嬉戲，展現一幅幅熱鬧繽紛的畫面。

蝴蝶吸水群在吳明益的文本中多次出現，因此他的讀者對蝴蝶吸水的畫面並不陌生；相對的，在杜虹的文本中卻未曾出現過。蝴蝶吸水是常見現象，牠們吸取水中之礦物質，將鹽分儲存與體內，再傳給子代，以確保後代生命之存續。杜虹未曾描寫蝴蝶之吸水，原因為何？答案未知，而這也是筆者納悶的地方。

八、逐臭之夫

很多人的印象中，以為蝴蝶只採花蜜，其實這是刻板化的印象。吳明益有

〔註46〕吳明益，《蝶道》，頁156～157。
〔註47〕吳明益，《蝶道》，頁188。

幾次描寫蝴蝶食糞的畫面，趣味橫生。他如此的描寫：

> 由於我太專注於白裙黃斑蛺蝶，幾乎沒有注意到，黃三線蝶和琉璃
> 蛺蝶及數隻石墻蝶的加入，他們暫時放棄了領空的歧見，一同沉醉
> 於單純的吸吮。
>
> 這時糞便突然晃動了起來，使得白裙黃斑蝶換了個姿勢，一顆略大
> 於拇指指甲大小的、糞便開始滾動。〔註48〕
>
> 白裙黃斑蝶正在享用他的糞便大餐，就像歡度節慶。〔註49〕

這是白裙黃斑蛺蝶、黃三線蝶、琉璃蛺蝶及石墻蝶一起分享「糞便大餐」的
熱鬧畫面，「放棄了領空的歧見」、「沉醉於單純的吸吮」、「享用糞便大餐」和
「歡度節慶」的情景皆流露出牠們享受糞便時的大方與愉悅。

除了食糞的畫面，吳明益也描寫蝴蝶食腐果的情形：

> 環紋蝶是台灣環紋蝶科中獨一無二的種類，體翅巨大，因為性喜腐
> 果，尤其是鳳梨，又被人稱為鳳梨仔蝶。〔註50〕
>
> 蛇目蝶科似乎就是被認定是畏光的，甚至有一種腐敗的氣味。他們
> 靜靜地停頓在溼地上吸水，或是在爛熟的果實上享受發酸的果汁。
> 〔註51〕
>
> 過去也常常發現三線蝶或單帶蛺蝶在熟爛的蓮霧樹下，吸到原本直
> 立的翅膀傾斜，也許是醉了。〔註52〕

這三段引文皆描寫了喜愛食腐果的蝴蝶，牠們吸食熟爛的鳳梨和蓮霧，甚至還
因此而醉，這有趣的畫面恰可與徐仁修〈蓮霧樹〉的醉蝶相互輝映，有異曲同
工之妙。

杜虹雖不曾描寫過蝴蝶食糞現象，但也曾描寫過蝴蝶食腐果的情形。黃
斑蛺蝶、白條斑蔭蝶陶醉於稜果榕落果腐敗的氣味中，顛覆一般大眾以為蝴
蝶皆採花蜜的印象。杜虹用「陶醉」一詞來傳達蝴蝶享受美食的愉悅，甚至以
「致命吸引力」一詞來形容腐果的滋味，使腐果的美味躍然紙上。

吳明益和杜虹都描寫了某些蝶種逐臭的食性，計有環紋蝶、蛇目蝶、黃

〔註48〕吳明益，《蝶道》，頁175。
〔註49〕吳明益，《蝶道》，頁178。
〔註50〕吳明益，《迷蝶誌》，頁193。
〔註51〕吳明益，《迷蝶誌》，頁86。
〔註52〕吳明益，《蝶道》，頁157。

斑蛺蝶、白條斑蔭蝶、三線蝶和單帶蛺蝶等,這些都是蝴蝶界有名的「逐臭之夫」。藉由蝴蝶迷戀腐爛的果肉汁液和嗜食動物糞便的分享畫面,二位作家想告訴讀者:這是生物各取所需的現象。吳明益還想進一步告訴讀者:「生命的背後,或許總有某種陰暗存在,只是我們不願,也不忍直視罷了。」〔註53〕他藉事說理,說了一則關於人生的哲理。

九、特寫紅紋鳳蝶

　　杜虹和吳明益都特寫了紅紋鳳蝶。杜虹最愛的蝴蝶是黃裳鳳蝶,但最吸引她的蝴蝶卻是紅紋鳳蝶,她說:「在型態色彩各異的蝴蝶中,最吸引我的是一種身軀鮮紅、後翼有七塊紅艷斑紋環繞的蝴蝶,那是紅紋鳳蝶。」〔註54〕〈紅紋鳳蝶〉一文,杜虹提到墾丁最不受歡迎的蝴蝶是紅紋鳳蝶,只因牠和深受人們喜愛的保育類黃裳鳳蝶和珠光鳳蝶有同類的幼蟲食草──馬兜鈴,人們都希望將有限的馬兜鈴讓予珍貴稀有的黃裳鳳蝶,而處決了紅紋鳳蝶的幼蟲;在蘭嶼,人們以同樣的模式對待多產的紅紋鳳蝶和優待瀕臨絕種的珠光鳳蝶,這是紅紋鳳蝶演化的宿命。

　　杜虹不僅研究黃裳鳳蝶,也一併研究其「競爭種」──紅紋鳳蝶:

> 經過五年的野外調查與分析,我明白了紅紋鳳蝶之罪,其實來自本身無可選擇的基因密碼,而這基因密碼的形成,是來自演化。以母蝶產卵的數量而言,紅紋鳳蝶彷彿具有競爭優勢,但若以終齡幼蟲的體型來看,紅紋鳳蝶幾乎比黃裳鳳蝶小一半,完成一個世代的時間及一生所消耗的食物量,當然少很多。〔註55〕

杜虹雖愛黃裳鳳蝶,但身為研究人員,必須堅持標準化的科學步驟和嚴格遵守自然的法則,因此不會獨尊黃裳鳳蝶而忽略紅紋鳳蝶,在她心中每個生命的位階都是一樣,沒有孰輕孰重之分。杜虹的蝴蝶研究帶著科學人的理性,因之她對蝴蝶的情感亦是感性中帶有理性成分的。紅紋鳳蝶一如其他蝶種,自有牠的生命價值和內具價值,而這些價值觀都表現在杜虹對待蝴蝶的方式和態度上。

　　吳明益在〈飛〉一文也曾描寫過「紅紋鳳蝶」,那是一隻羽化失敗的紅紋鳳蝶:「我眼前的紅紋鳳蝶,其實已經被剝除了責任的背負。他的飛行,失去

〔註53〕吳明益,《迷蝶誌》,頁108。
〔註54〕杜虹,《蝴蝶森林》,頁183。
〔註55〕杜虹,《蝴蝶森林》,頁185。

戀愛，失去責任，失去目的，於是，連跋涉都談不上了。」〔註56〕吳明益又引用1964年濱野榮次在墾丁遇上巨大的紅紋鳳蝶群史料，寫道：「那麼龐大的蝶集團，需要多少馬兜林的支持？這證明曾經有那麼一群的紅紋幼蟲，靜靜地嚙食著上帝的賜與，為一雙翅膀的飛行作準備。」〔註57〕此段引文，說明了紅紋鳳蝶過去在墾丁曾是一個極龐大的族群。

　　吳明益和杜虹皆特寫紅紋鳳蝶，杜虹以理性之筆強調紅紋鳳蝶的競爭優勢；吳明益則強調紅紋鳳蝶的飛行責任，他以文學之筆描繪紅紋鳳蝶因羽化失敗而失去一切，並引用史料描述紅紋鳳蝶群「怒而飛」的情景，見證墾丁馬兜林非常豐茂的年代。二人同時書寫了墾丁的紅紋鳳蝶，也都提及牠的食草馬兜林，皆傳達了一個重要的訊息：蝴蝶與食草密不可分，食草與族群的壯大息息相關。

　　吳明益和杜虹蝴蝶之觀察視野，有以靈魂之窗——眼睛觀看之所得，如蝶卵之細看；也有以心靈之眼感知之所得，如表達蝶之愛憐或透露迷戀之蝶。無論以眼睛觀察或以心靈體會，二位作家各有發現，也各有心得。

第三節　文學之表現

　　吳明益有二本蝴蝶書寫的專書——《迷蝶誌》和《蝶道》；杜虹的蝴蝶書寫則以《蝴蝶森林》一書為主。吳明益和杜虹的蝴蝶書寫在文學表現上各有所長，各具風格，綜整如下：

一、修辭技巧

　　散文藉由精緻的語詞表達作者豐富或內斂的情感，散文裡精緻的語詞是一種修飾過的詞藻，是為修辭。修辭作為一種能適切傳情達意的努力或方法，是一種增強言辭或文句效果的手法，增加了文字的美學和魅力，吸引了讀者的注意或引起了讀者的共鳴。鄭明娳說：「辭采是散文的外衣，它雖然不是散文最重要的構成部分，卻是讀者作品接觸最先提供的印象。」〔註58〕辭采就是修辭技巧的表現，好的修辭能給予讀者對作品的好印象。常見修辭技巧有譬喻、擬人、誇飾、排比、摹寫和映襯等。

〔註56〕吳明益，《迷蝶誌》，頁186。
〔註57〕吳明益，《迷蝶誌》，頁183。
〔註58〕鄭明娳，《現代散文》，臺北：三民，1999年，頁292。

吳明益的《迷蝶誌》和《蝶道》經常運用修辭技巧描摹蝴蝶，尤其擅用譬喻法和擬人法，將蝴蝶的型態或動態以輕鬆活潑的筆調描繪出來。每一隻蝴蝶在他的巧筆之下栩栩如生，為讀者帶來許多文學想像、意外驚喜或弦外之音。例如：

> 蝶像雙翅目的蠅一樣，有時會以兩隻前腳搓啊搓的，那正是清除前
> 足味覺上的髒東西，以恢復一雙敏感的舌頭。雄蝶先嗅到植物散發
> 出來的化學氣味，然後再接近以前腳接觸葉片嚐嚐看，以判斷是否
> 是牠們所要給予下一代的確定食草。〔註59〕

這一段的摹寫精彩呈現蝴蝶可愛的吃相，吳明益將蝴蝶的前腳比成舌頭，這樣比喻法文學技巧的使用不僅活潑有趣，也輕鬆轉化了科學的知識。

吳明益認為文明偷走了蘭嶼達悟人的傳統文化，他無奈的為蘭嶼的文明下了一個定義：

> 文明是一條誘惑的蛇，它帶給達悟人的禮物，是宛如圈索的環島公
> 路，緊緊勒住珠光鳳蝶的咽喉。〔註60〕

這文明的定義看似幽默，卻更諷刺。吳明益將文明比喻蛇，也是禮物；蛇是公路，是圈索，既是「誘惑」，又是「圈索」，形成一種矛盾。公路像徵文明，看似是政府送給達悟人的文明禮物，卻是一條勒住珠光鳳蝶和蘭嶼人咽喉的蛇。蛇、禮物、公路與文明形成迴圈，環環相扣，緊緊扣住了蘭嶼的命脈。行文隱藏文明入侵的無奈，吳明益曲折表達了心中的不滿而不直接宣洩或咒罵。

吳明益又喜歡將蝴蝶比喻為人，例如：將三星雙尾鳳蝶、黃蝶、石墻蝶或一般蝴蝶比擬成隱士、孿生子、人和朋友：

> 牠們總是像隱士般，群聚成一個桃花村，而極少離家。〔註61〕
>
> ……但飛行中的黃蝶，簡直就是穿著同一款式黃衣黃裙的孿生子。
> 〔註62〕
>
> 即使揹負了一幅地圖，石墻蝶似乎也不急著查看，像極了雪也訪友，
> 乘興而行，興盡而返的王子猷。〔註63〕

〔註59〕吳明益，《蝶道》，頁102。
〔註60〕吳明益，《迷蝶誌》，頁62。
〔註61〕吳明益，《迷蝶誌》，頁113。
〔註62〕吳明益，《迷蝶誌》，頁142。
〔註63〕吳明益，《迷蝶誌》，頁121。

……流星蛺蝶……再次被紫單帶蛺蝶追趕。兩者都是高明的飛行技士，彷彿一道褐白交錯的閃電。〔註64〕

這些一點都不稀奇的蝶種，像老朋友一般，你用眼角就可以認出他們。〔註65〕

吳明益將蝴蝶比喻成「極少離家的隱士」、「穿同款式衣服的孿生子」、「雪地訪友的王子獸」、「高明的飛行技士」和「老朋友」，而最常將蝴蝶比喻成朋友。在吳明益的文本中譬喻法的使用俯拾皆是，而大部分的譬喻和擬人的修辭法，藍依萍在其論文〈《迷蝶誌》到《蝶道》──吳明益的蝴蝶書寫〉已有詳論，本文將不再贅述。〔註66〕本文將補充藍依萍未提到的修辭法──映襯。映襯是將二個詞彙並列，呈現出二物之明顯對比，在相互比較之後以襯托出二者之間的不同，使語氣增強或意義凸顯。舉例如下：吳明益在〈愛欲流轉〉中寫下：「只是，如果沒有誘惑，修行將失去意義，修行的存在，即意味著誘惑的存在。」〔註67〕「修行」和「誘惑」是明顯對比，此即映襯寫作技巧之運用；修行者要能面對誘惑，無法拒絕誘惑則無法成為修行者。

吳明益又把生活在陰暗角落的紫蛇目蝶形容為「陰黯的華麗」，因為其「翅背上的紫色物理斑，就像鑲琉璃的水車堵，典雅而耀眼，那是一種源自於陰黯的炫目色澤。」〔註68〕然而，不夜的臺北城用了大量的核能發電，還得偷渡核廢料到外地，吳明益稱這是一種「華麗的陰黯」。「陰黯的華麗」與「華麗的陰黯」形成一種強烈的對比，此映襯技巧的使用，讓人類反思核能之必要與否。又例如：

那纖弱的含毒植株同時隱現著生之求冀與死亡魅影……。〔註69〕

Milkweed，Asclespias，一種生之乳汁、死之酒鴆。〔註70〕

樺斑蝶的幼蟲正是攝食摩蘿科的各種馬利筋。對他們來說，馬利筋的汁液奶與蜜，牠們從童年的攝食裡累積毒素，將自己釀成天敵的一盅毒酒。但這種「自衛」有時會變成「自盡」，有時初齡的幼蟲也

〔註64〕吳明益，《迷蝶誌》，頁121。
〔註65〕吳明益，《蝶道》，頁47。
〔註66〕藍依萍，從〈《迷蝶誌》到《蝶道》──吳明益的蝴蝶書寫》〉，頁157。
〔註67〕吳明益，《蝶道》，頁93。
〔註68〕吳明益，《迷蝶誌》，頁77。
〔註69〕吳明益，《蝶道》，頁125。
〔註70〕吳明益，《蝶道》，頁125。

　　會被黏稠的毒汁阻斷攝食道而死。〔註71〕

　　與其說這樣斑蝶從此活得了「新生」，不如說他將從此時時刻刻面對
　　「死亡」。〔註72〕

「生之求冀／死亡魅影」、「生之乳汁／死之酒鴆」、「奶與蜜／一盅毒酒」、「自
衛／自盡」和「新生／死亡」一正一反，一生一死，兩兩相襯、互為對比，凸
顯了「生」與「死」，正是映襯法運用之效果。映襯法的使用，使「生」與「死」
是如此的對立，又是如此的靠近。吳明益在文本中使用了不少映襯的技巧，而
這種正反二極對比的落差，正可以引起讀者對事物的二個極端面向做深層思
考。再例如：

　　對蠅、蝶及許多昆蟲來說，糞便不是廢棄物，而是一道營養餐。〔註73〕

　　看著他沉浸在糞便的吸吮，我好像聽到幼蟲潛藏於腐落葉堆裡的大
　　紫蛺蝶，和嗅到糞便興奮的白裙黃斑蛺蝶說，在生命的歷程裡，華
　　麗必須仰賴腐敗。〔註74〕

引文中的「廢棄物／營養餐」，「華麗／腐敗」也是明顯的對比，但更強調後者
之意義或凸顯相反之物；也就是說，「營養餐」之強調更勝於「腐敗」之強調，
「腐敗」之強調更多於「華麗」。

　　另一修辭法「借代」，也常出現在文本中。借代是一種換名的技巧，一種
在說話或行文中語詞的代稱或代替；被借用的語詞可以代替一般常用詞語，
也就是一種「同義詞」的轉換。吳明益將置放標本的盒子視為「昆蟲的集中
營」、「自然的另類殺戮戰場」；杜虹則將存放標本的倉庫形容為「昆蟲殯儀
館」，因為裡面不只有蝴蝶的標本，還有其他昆蟲的標本，所以標本倉庫不能
只稱作「蝴蝶的專屬墓園」。二位作家對蝴蝶標本的看法可謂所見相同，雖然
二者的用語不同，但都使用了貶義詞，無論集中營、殺戮戰場、殯儀館或專屬
墓園都是「標本盒」或「標本倉庫」之指涉，也是「死亡」的同義詞。

　　吳明益在〈十塊鳳蝶〉寫下：「這裡是都市光亮燃燒後灰燼的墳場，是惡
靈（anito）聚集之地，沒有一株樹，願意為它遮擋陽光。」〔註75〕「墳場」
和「惡靈聚集之地」皆是「核廢料貯存場」的借代；同理，十塊鳳蝶也是珠

〔註71〕吳明益，《蝶道》，頁125～126。
〔註72〕吳明益，《蝶道》，頁128。
〔註73〕吳明益，《蝶道》，頁179。
〔註74〕吳明益，《蝶道》，頁179。
〔註75〕吳明益，《迷蝶誌》，頁62。

光鳳蝶的借代。「七十年代，中藥商為了供應馬兜鈴根，告訴達悟人，挖掘不一定要栽種。於是珠光鳳蝶選擇黯淡。」〔註76〕「黯淡」意味族群數量的減少，是「瀕臨絕種」的同義詞，也是借代法的使用。在〈櫻桃的滋味〉則寫下：「……過去捕蝶人常挖出一個個淺窪灑上尿液，並放上幾隻欲捕捉蝶種的蝶屍或色紙後引蝶群奔這個『黃泉』。」〔註77〕此處「黃泉」不單指涉「尿液」，更是「死亡」的借代。又例如：在《死亡是一隻樺斑蝶》寫下：「在野外我多次看到蛛網上略顯黯淡的零碎樺斑蝶翅，而蜘蛛仍在一旁冷靜守候著下一個獵物。那意味著即使蜘蛛不吃樺斑蝶，蛛網仍是樺斑蝶的祭壇。」〔註78〕「蛛網」和「祭壇」也是同義詞，都是「死亡」的借代。吳明益在描寫蝴蝶之死時，甚少用「死亡」一詞來直白描寫，而是借代其他詞語來表達死亡之意義。以上諸例皆屬於「借代法」之運用。

　　杜虹在文字修辭的表現上雖不若吳明益般的刻意經營、求新求變，但她依舊有自己的文采：

> 因為風，這裡的天空才如此淨朗；因為風，星子才如此明亮；因有
> 風，這裡的森林不能高長……；因為風，候鳥飛過，萬物知時……；
> 因為風，這裡的高爾夫球場不能廣設，水上摩托車與輕航機不能恣
> 意奪去海天的寧靜；因為風，半島在觀光快速發展的今日，仍不致
> 被遊客淹沒；因為風，這裡的風格獨特。〔註79〕

這是文學修辭上所謂的「排比」，排比是一種平行結構，乃一種句法結構相似、情感表達強烈的修辭，以達加強語勢之效果。杜虹一口氣用了七次的「因為風」，通常在文本中很少看到同一語詞被重複使用這麼多次，或許這是杜虹刻意的安排，希望能加重語氣，增加「一瀉千里」的氣勢，帶來「一唱三嘆」的節奏，以喚起讀者的注意和關心。

　　在〈黃裳鳳蝶〉，杜虹也有排比修辭技巧的應用：

> 我知道牠的卵在天時溫度支配下，約在五至十三天孵化；我知道一
> 株有百餘葉片的食草，可供幾隻幼蟲順利取食至化蛹；我知道牠的
> 蛹夏季裡可以十九天就羽化，在秋天結成卻可以蟄伏半載，待來春
> 天暖才羽化；我知道牠在野外的卵至成蝶羽化存活率，只有約5%；

〔註76〕吳明益，《迷蝶誌》，頁61～62。
〔註77〕吳明益，《蝶道》，頁112。
〔註78〕吳明益，《蝶道》，頁129。
〔註79〕杜虹，《比南方更南》，頁10。

> 我知道比例較少的雌蝶，才剛羽化就被雄蝶瘋狂追求；我知道牠與
> 颱風之間的秘密，也知道牠和食草競爭者之間的世代默契；我知道，
> 當我在半島某地看見牠，就必然可以在當地的春天看見大紅紋鳳蝶，
> 而在夏天看見紅紋鳳蝶，這三種利用相同食草的美麗鳳蝶恪守世代
> 約定的默契，使得他們之間彼此競爭食草卻不將對方消滅。〔註80〕

這一段引文，杜虹一口氣用了八次的「我知道」，次數頻繁，帶來一氣呵成
之感；「我知道」一詞亦強調她在蝴蝶知識上的熟悉與專業，展現了「專業
的權威」。

　　排比的技巧亦不難在杜虹其他文本中發現。她曾在〈愛之旅──記海岸林
陸蟹〉寫下陸蟹為延續生命到海邊產卵的艱辛：

> 大腹便便的圓軸蟹，懷中帶著十至二十萬顆的卵粒，行動倒還挺靈
> 活，只是，從生活的樹林到海邊，不算太遠的路途卻有層層的阻障
> ──牠必須爬過人造溝渠，躲過人為捕捉，橫越車輛穿梭的省道，
> 再鑽過或繞過道旁的護欄，才能再續傳宗接代的愛之旅。〔註81〕

杜虹描述圓軸蟹從山林到海邊生產的艱辛過程，這段充滿挑戰、布滿危險的
旅程，不僅呈現科學的知識，也有文學技巧的巧妙安排：爬過、躲過、橫越、
鑽過和繞過連續五個動詞的使用，也是一種排比技巧的表現，不僅傳達了圓
軸蟹內心的急切和渴望，也讓讀者深刻感受這趟旅程的不易與艱辛，牠們得
克服重重困難、度過層層關卡才能達成生命傳承的任務。杜虹把這趟的旅程
比喻為「愛之旅」，而這樣的形容使圓軸蟹艱困的傳宗接代旅程頓時變得十分
溫馨有愛。

　　吳明益也有許多排比技巧的使用，例如：

> 他們太輕盈了、太抽象、也太像「光」了。〔註82〕

> 那是一條感官之路，視覺之路、聽覺之路、嗅覺之路、味覺之路，
> 生死之路、避敵與交歡之路。〔註83〕

> 他們誘惑了你嗎？他們眩惑了你嗎？他們迷惑了你嗎？〔註84〕

〔註80〕杜虹，《相遇在風的海角》，頁160。
〔註81〕杜虹，《秋天的墾丁》，頁30。
〔註82〕吳明益，《蝶道》，頁48。
〔註83〕吳明益，《蝶道》，頁276。
〔註84〕吳明益，《台北伊甸園》，頁48。

> 沒有一株樹被修剪，沒有一片葉沒有蟲囓的齒痕，沒有一眼可以望
> 穿的空洞遼闊，沒有柏油道路，隔絕兩方生命的戀愛。〔註85〕
>
> 不是粉蝶少女般的輕盈，不是斑蝶時而優雅，時而迅捷的善變，不
> 是蛺蝶疾速而囂張地巡航，不是蛇目蝶奇詭底跳躍姿態。〔註86〕
>
> 對她們來說，生命便是一個奔波的過程，無法推諉。一面奔波，一
> 面戀愛，一面挫痛，一面治療，一面死亡，一面再生，一面迷路，
> 一面尋路，一面熟悉。〔註87〕

以上的例子，相同的句型，吳明益重複三至九次，除了呈現文字與聲音之間的
節奏、韻律和美感，亦有強調之作用，達到吸引讀者注意之目的。

　　如前舉例，可以看見吳明益和杜虹作為一個自然書寫者，不會只一味追求
客觀理性的科學知識，行文之間也經常使用文學的修辭來美化文字，使文字
饒富趣味性和藝術性，增添閱讀時的想像和樂趣。

二、影像與文字互文

　　以文字佐手繪插圖或攝影作品，可達「以圖烘文」之效果。攝影和繪圖曾
出現在臺灣幾個特定的自然書寫作家中，例如：徐仁修的野地攝影、劉克襄
的攝影和素描、洪素麗的版畫和繪畫等。吳明益擅長攝影，相機做為他所謂的
「人工化的眼睛」，是他旅行或田野踏查時必帶的觀察工具。照片可以重新檢
視原本想像的生命，提供第一現場的證據和認識另一個生命的管道，不僅再現
「離去的空間」，也凝結「當下的瞬間」，彌補文字無法言語的語境，又提供日
後隨時可查看和檢視細節之機會，亦可傳達美好的心靈感受……。相對於標本
的製作，相機顯然對環境的侵犯性和破壞力較小，對環境更加友善。

　　攝影雖然可以捕捉第一現場無法細察之部份，但仍無法單獨存在，因其
顯示的意義有時仍模糊隱晦，這時就得藉助文字的說明，以達到影像與文字
互文的效果。吳明益和杜虹有時只在圖片旁做簡單的文字說明，有時又極力
展示文字美學，例如：在雙環鳳蝶的圖片旁，吳明益寫下：「雙環鳳蝶來了，
帶著她獨一無二的雙重弦月紋，以及後翅令人迷惑、觸電的藍。由於世界上
沒有一種藍相似，我們只好說那是雙環鳳蝶藍。」〔註88〕在細蝶蛹的手繪圖

〔註85〕吳明益，《迷蝶誌》，頁131。
〔註86〕吳明益，《迷蝶誌》，頁56。
〔註87〕吳明益，《迷蝶誌》，頁171。
〔註88〕吳明益，《蝶道》，頁14。

旁寫下:「像是垂懸的豐美穗籽。」〔註89〕在馬鞍藤圖片旁,杜虹寫下:「盛放的馬鞍藤裙花是造物主對荒涼海岸最熱情的獻禮。」〔註90〕在琉球青斑蝶蛹圖片旁則寫下:「如翠玉耳墜般的剔透蝶蛹。」〔註91〕以上的圖說,皆展現圖文烘托之美。

杜虹身為資深的國家公園解說員,攝影技巧是工作上必備之基本能力,她在《南仁山森林世界》一書中呈現了將近二百幅印刷精美的彩色攝影作品,讀者可以在書中欣賞到她出眾的攝影作品,與早期的散文出版品《比南方更南》和《有風走過》相較,已無法同日而語。因為出版條件改善,杜虹在後來的作品《蝴蝶森林》和《相遇在風的海角》也呈現更多幅彩色且精緻的攝影作品。杜虹早期著作,因出版限制,攝影作品較少、較小且多以黑白呈現,對於輔助文字說明的效果不大,有時仍有賴於讀者自行發揮想像力,但其後來的出版品已有諸多改善,可達以圖烘文,互相輝映之效。

吳明益展現另一種才華,就是「手繪圖」。以純手工的繪圖為圖像賦形在臺灣自然書寫上是少見的表現手法,吳明益手繪蝴蝶幼蟲、成蟲、展翅圖和食草等,細膩呈現蝴蝶身體的構造、線條、皺褶、肌理和紋路,彌補了照片辨識上的不足,貼心為讀者增加了一種細看蝴蝶的方式,使讀者無需再憑空想像。手繪圖旁,吳明益時而寫下詩意的註解,如在油菜花旁寫下:「紋白蝶帶著油菜花賦予的生命飛行到周遭城鎮,羽翼上彷彿還煽動著油菜花的芬芳。」〔註92〕又如在孝順竹旁,寫下:「白(玉)帶蔭蝶的戀愛由孝順竹見證,並將子嗣託給他。」〔註93〕以上,說明了即便有圖像之美,若缺乏圖說的文字之美,訊息仍隱晦不明;徒有文字,而無圖片,亦顯單調乾澀,皆難以展現以圖烘文或圖文相映的烘托效果,唯有圖文輝映才能相得益彰。

照片或手繪圖取代了捕蝶網,避開了標本的製作,達到了吳明益所謂的「為影像賦形,取代獵人的獵槍」的目的。吳明益和杜虹二人皆擅長以相機來記錄與蝴蝶互動的過程,但顯然吳明益的攝影作品在色澤、構圖、排版和文字上更具巧思,他甚至還親自參與出版品的編排,用心經營影像和文字,以手繪圖展現個人風格,誠如他所言:「對自然書寫者來說,要能運用文字、繪圖,甚

〔註89〕吳明益,《迷蝶誌》,頁46。
〔註90〕杜虹,《相遇在風的海角》,頁103。
〔註91〕杜虹,《相遇在風的海角》,頁166。
〔註92〕吳明益,《迷蝶誌》,頁125。
〔註93〕吳明益,《迷蝶誌》,頁85。

至具有攝影的創作能力,顯然是一個高標準的要求。」〔註94〕吳明益確實達到了自己所謂的「影文出色」的高標準,手繪圖更展現了他的藝術天賦、涵養和創作力,增加了作品的辨識度,成了他蝴蝶書寫的一大招牌。杜虹於後來的創作中,圖文的表現也漸入佳境,達到了更高的水準,尤其官方出版品《南仁山森林世界》一書的攝影作品精美,還有跨頁,栩栩如生,擺脫早期作品小而黯淡的印象,讓人一新耳目,但手繪圖一直未出現在她的作品中。

三、歷史深度之延伸

　　吳明益擅長以蝴蝶的樣態、習性或生態來想像家族或臺灣的歷史,諸如家族史、庶民史、蝴蝶產業史、地方開發史、民族遷移史或資本主義侵略史等,誠如王鈺婷所言:「吳明益對自然的觀察,除了具備生態環境的客觀知識之外,往往注入歷史的反思。」〔註95〕她又更進一步論證:

> 而吳明益對於白裙黃斑蝶的細膩觀察,延伸出歷史和思想史上新興的
> 關照視野,白裙黃斑蝶不僅有生態學上的意義,更融合歷史的縱深,
> 臺灣本土理應包含對自然歷史的關照與了解,在這狀態之下,吳明益
> 的文本提供了臺灣這塊版圖欠缺的部分,而從蝴蝶生態行為的議題,
> 援引各類龐雜科學客觀知識,重新面對已然泛黃的歷史。〔註96〕

除了白裙黃斑蝶,許多蝶種也為吳明益延伸歷史、關照過去,例如:環紋蝶之於日本對臺灣的蝴蝶研究史,紅擬豹斑蝶之於臺灣族群的遷徙史,十塊鳳蝶之於蘭嶼地方的發展史等,這些內容已於本文第三章第二節探討分析,故不再贅述。

　　吳明益因大量閱讀而累積豐富的歷史人文知識,使他面對蝴蝶書寫時能觸類旁通、展現不同的姿態。他將消化吸收後的歷史和人文知識透過連結、聯想、融入、再詮釋等方式,賦予歷史記憶書寫一種新面向和新語言,「召喚歷史記憶,為文化賦能」成為他自然書寫的優勢。蝴蝶翅膀小、飛行亦有其界限,但蝴蝶書寫作家的文學想像力和創造力卻無邊無界,乘著蝴蝶的翅膀,文字可以飛越藝術、人文、歷史的領空,每隻蝴蝶都包含了各種想像的世界。

〔註94〕吳明益,《以書寫解放自然——臺灣現代自然書寫的探索》,頁 229～230。
〔註95〕陳明柔主編,王鈺婷著,〈生態踏查與歷史記憶——從《迷蝶誌》到《蝶道》〉,《台灣的自然書寫》,頁 107。
〔註96〕陳明柔主編,王鈺婷著,〈生態踏查與歷史記憶——從《迷蝶誌》到《蝶道》〉,《台灣的自然書寫》,頁 111。

吳明益尤其擅長論述歷史之深度，使蝴蝶小小的身軀、短短的生命，透過文字亦能展開如河流長遠、如天空遼闊之書寫。

杜虹作為研究蝴蝶的科學人，擅長書寫蝴蝶的生態和生命史，呈現蝴蝶多元的科學樣貌，在歷史記憶書寫上表現雖不若吳明益那般的頻繁與信手捻來，但也曾在《相遇在風的海角》〈聽海風的故事〉寫下一段阿朗壹古道的歷史：

> 阿朗壹古道初為原住民部落間打獵、婚嫁、聯盟、商業活動及遷徙的濱海小徑，1874 年日軍侵臺導致牡丹社事件，清廷開始積極開拓治理臺灣山野之境，一度成為清廷駐臺官吏、軍隊，以及閩、客籍移民由琅嶠（今恆春地區）前往後山的唯一官道。〔註97〕

杜虹阿朗壹古道歷史的書寫長達四頁之多，這一段的文字敘述，可以證明杜虹亦能駕馭歷史記憶之書寫，雖不及吳明益的頻繁熟稔，但也不失豐富。杜虹《相遇在風的海角》開篇便介紹阿朗壹古道歷史、牡丹社事件後清廷開發史、日治時期二戰史，並擴及臺灣現代史的描述。杜虹召喚了歷史記憶，展開對歷史深刻的著墨，只是她更偏愛、更擅長墾丁文學地景和風土人文、蝴蝶生命和生態之書寫。

綜上歸納，可知身為一位自然書寫者的不易，除書寫親訪田野的所見所聞，亦需具備延伸歷史深度之能力，「召喚歷史記憶」已然是自然書寫者的一項基本能力。

四、揉和文學和科學

吳明益廣讀群書、深度閱讀，勤於自然野地觀察，堪稱博學家。其博學多聞，有目共睹；其文學造詣，國際知名；其自然書寫兼具文學和科學元素，已深入人心，無庸置疑。

杜虹具科學背景，野外動植物名稱信手捻來，並能輕鬆轉化科學專業知識，深入淺出為大眾解說。吳明益曾評論杜虹的作品：

> 其他女性自然寫作者相較，具有國家公園解說員身分的杜虹，其在作品中含豐富的自然元素，更能將知性材料與感性發抒拿捏至一個平衡點。在她的筆下，可以讀到一種紓緩，循著某種規律運行的自然呼吸。〔註98〕

〔註97〕杜虹，《相遇在風的海角》，頁 16。
〔註98〕吳明益，《臺灣自然寫作選》，頁 277。

吳明益謂杜虹能將自然元素融入文學、將知性與感性平衡拿捏。蒲薪羽對杜虹也有以下的一段評論：

> 杜虹認為如果文學作品只是一般抒發情感，就沒有專業上的問題。可是基於她寫的是生態文學，需要有一些專業知識存在，這也是她後來去念博士班的原因之一，透過進修使自己在創作上可以更深入外，其對生態認知的正確性也必須具備，過程中也因此學到很多事情，使她的文學視角更廣泛，認識一些人，也將他們寫入文章中，像是〈蝴蝶志工〉一篇，還有〈叢林歲月〉中，那些研究鳥（蝴蝶？）的人。〔註99〕

蒲薪羽曾幾次訪問杜虹，因之對杜虹的想法能更精確的掌握與解讀，而以上二段的論述皆指出杜虹既有科學的專業知識又具文學的素養，是知性與理性兼具的作家。杜虹接受訪問時也說：「自然和文學對我來說是結合的，大自然給我的力量，我全都想將它化為文字。」〔註100〕此外，杜虹《蝶之生》曾收錄於國小的國語教科書中，她的作品可以被四年級的小學生接受，顯見其對科學符碼和知識轉化的駕馭能力。

自然書寫作家需具備動植物和自然生態的知識背景，為讀者建立一套非虛構的知識體系，並將之客觀且精準掌握，才能順利轉化科普知識為文學作品。做為自然書寫者，吳明益和杜虹於作品中揉和了文學因子和科學元素，使其文字兼具知性與理性，成為臺灣當代重要的自然書寫作家。

五、書寫之策略

吳明益和杜虹守護蝴蝶、書寫蝴蝶，但二人對於蝴蝶隱藏的生命密碼有不同的解碼方式，表現在書寫形式和書寫策略上。

吳明益《迷蝶誌》和《蝶道》以百科全書式呈現蝴蝶書寫樣態。《迷蝶誌》每篇行文約千字，雖輕巧，仍有許多「次主題」的設計；亦即，具有「複合式主題」。《迷蝶誌》採取「小蝦米」的書寫策略，以小品文展現新的蝴蝶書寫樣貌，可說是一種「嘗試性」的書寫。相對於《迷蝶誌》的小品，《蝶道》結構龐大，採取「大鯨魚」的書寫策略，展現作家更強烈的書寫企圖和跨越，可說

〔註99〕蒲薪羽，〈杜虹自然書寫研究〉，頁68。「鳥」可能是「蝴蝶」之筆誤。

〔註100〕〈杜虹蝴蝶之愛　灌溉寫作花園〉，取自中時新聞網網站，網址 https://reurl.cc/Q9gXLq，擷取日期 2021 年 7 月 25 日。

是一種「計畫性」／「策略性」的書寫。

　　吳明益嘗試以蝴蝶做為一種符號或象徵，使之連結某種事物而產生新的意義，企圖發展成一種「大書寫」的格局。豐富的閱讀經驗、田野調查和想像力，使得吳明益的文字能串流時空、跨越藩籬，催化蝴蝶書寫產生量變與質變，與前輩的自然書寫作家表現截然不同，《蝶道》就是代表之作。《蝶道》無論在形式或內容上皆能多面向拓展，文字更趨細膩成熟，展現強大的書寫意圖，不過也有讀者表示喜歡《迷蝶誌》的「親」和「輕」。〔註101〕無論《迷蝶誌》或《蝶道》，吳明益在蝴蝶書寫的技巧、形式、內容、策略和思路的鋪排和經營上，皆已進行再演化和再進化，他嘗試一種探尋和創新，希冀走出一條不同於過去傳統的蝴蝶書寫路徑。

　　杜虹擅長以溫柔婉約的文字與讀者分享一己之心情和周邊美好的人事物。鄭宇辰對杜虹的自然書寫曾有以下的評論：

　　　　在杜虹的書寫裡，常見對生態物事的喜悅、關懷情緒，這往往能讓
　　　　閱讀者／旅行者產生共鳴，喚回人們對自然之美的感知力。因此，
　　　　杜虹在進行旅遊導覽編寫時，便藉由這種柔軟、感性、生動的敘述，
　　　　吸引著人們走向自然。於是，即使是一向予人保守印象的官方出版
　　　　品，也能在杜虹的筆下，拾回生命力。〔註102〕

杜虹的個性溫暖含情，不喜批判，誠如鄭宇辰所言：「能讓閱讀者和旅行者產生共鳴」。相對於吳明益「計畫性的書寫」，杜虹的作品更輕巧且輕鬆，屬於一種「隨性」的書寫，她在寫作上並沒有展現強烈的書寫企圖或特意經營表現，只因喜歡分享美好事物和關懷自然而書寫，希望讀者閱讀她的書後，能和她一起感知和感動。筆者認為杜虹的文字甚至比《迷蝶誌》更「輕」、更「親」，幾乎與讀者沒距離，一般讀者皆能輕鬆入手，並感受愉悅，無怪乎其作品能被選入國小國語教科書。她擅長寫人、敘事、描景、摹物和抒情；即使有論述，也不至於說教，使讀者能在輕鬆的閱讀氛圍中產生共鳴和共感。

　　吳明益和杜虹的蝴蝶書寫多以散文呈現。吳明益的敘事擅長以蝴蝶作為輻射點而後發散出多元的主題。相對來說，複合式的主題並不是杜虹自然書寫的特色，想像力也不是她的專長；她擅長娓娓訴說生活裡的小故事，其每篇小品文都承載著許多溫暖的人事物。二位作家的蝴蝶自然書寫所採取的策

〔註101〕參見吳明益著，《迷蝶誌》，頁23。
〔註102〕鄭宇辰，〈指引一條綠色小徑：臺灣自然書寫者之旅遊導覽研究〉，頁167。

略雖不同，但同樣兼具文學性與論述性，除了傳遞科普知識，亦探討生命的本質和價值，論述環境倫理和土地美學等議題。總而言之，他們的蝴蝶書寫策略和路徑雖不同，但方向是相同的，最終目的也是一樣的——傳達生態觀、表達對大自然的關愛。

六、科學知識之轉化與文化之轉譯

自然書寫不同於科普知識，它揉合了自然的科學元素與文學的文字美學。科學語言和文學語言該如何配置和轉化，是自然書寫作家的考驗，也是巧思和創意的展現。吳明益和杜虹跨界於科學和文學之間，二人皆能輕鬆將科學語言轉化和文化轉譯為文學語言。吳明益身為文學家和博物學家，擅長文化之轉譯，以文字詮釋蝴蝶身體或飛行之意象，轉譯隱藏蝴蝶的密語；杜虹是文學家和科學家，她擅長深入淺出將科學符碼轉化成科普知識，使一般大眾容易接受和明白。

吳明益雖非主修昆蟲學，但他努力專研蝴蝶相關書籍，透過旅行、踏查和近身接觸蝴蝶，又以博物學家之姿旁徵博引相關知識，以敏銳的觀察力和豐富的想像力多角度、多層次呈現發現和感知，進而解析蝴蝶生命之內具價值，將轉化後的科學理性知識傳遞給文學愛好者。文化轉譯的功夫更是吳明益的專長，他精心經營，將臺灣史、地方誌、人類學田野調查史、捕蝶史和工藝史、鹽的歷史等議題融入，豐富了蝴蝶書寫的內容。

杜虹擅長以科學專家和文學作家的雙重身分承接和轉化科學知識和符碼，例如：天文、候鳥、野地植物和動物等知識。長期墾丁國家公園的取景視角、豐富的田野經驗和學術的嚴謹訓練，使其自然書寫具專家的權威，但又不失文學家的柔暖，能深入淺出轉化科學知識為文學語言。〈黃裳鳳蝶〉一文，杜虹是如此的將黃裳鳳蝶的科學知識轉化：

> 所以，限制一種蝴蝶自然分布的最重要因素，往往是有無特定食草存在。而母蝶，也只在尋找到幼蟲食草後，才會將卵產下，否則將懷著腹中之卵死去。在沒有黃裳鳳蝶幼蟲食草的地方，很難與牠相遇。〔註103〕

一如蠶寶寶只能取食桑葉，黃裳鳳蝶幼蟲專食馬兜鈴屬植物。在廣

〔註103〕杜虹，《相遇在風的海角》，頁158。

關的旭海觀音鼻自然保留區，孕育有馬兜鈴屬植物，所以阿朗壹古
道有緣看見黃裳鳳蝶訪花和飛過。〔註104〕

杜虹挪用蠶寶寶只吃單一食物（桑葉）的知識，讓讀者明白黃裳鳳蝶也如蠶寶
寶一樣是挑食的動物，牠們執著一味，只吃「祖傳食物」，並讓讀者了解黃裳
鳳蝶保育與食草馬兜鈴、棲地和生存息息相關：沒有食草馬兜林，就沒有黃裳
鳳蝶；有食草馬兜林，才可能有黃裳鳳蝶。杜虹循循漸進引導讀者，使讀者明
白科學的知識，且讀來毫不費力。然而，淺顯的文字並不意味其文字缺乏權威
性和專業性，蝴蝶專家的身分提供了「專業的權威」形象，其自然書寫的可靠
性已深植讀者心中，廣受讀者信賴。

　　吳明益在史學的引用和文化的轉譯上表現出旁徵博引的功夫，展現出博物
學家的涵養和特質；杜虹則表現科學專家的素養和能力，因其不是博物學家，故
在文化轉譯的表現上不若吳明益信手捻來，但將科學符碼轉譯為文學語言則絲
毫不費功夫。自然書寫的作家不一定是自然科學的專家，但一定要具備科學素養
和自然知識，才能將生態知識、動植物常識、土地倫理和土地美學等自然的因子
植入文學的世界裡。只有自然科學知識和田野踏查經驗兼具的自然書寫者始有
轉化科學知識的能力，吳明益和杜虹二人就是具備這樣能力的自然書寫作家。

七、詩意和美學

　　論者一般皆謂詩意和美學是吳明益自然書寫的一大色。吳明益自己也曾
論述以下觀點：

> 自然寫作既非只是一篇篇柔美感傷的旅行報告，也不只是一種結合
> 自然科學語彙的文學型態，它在某種程度上是人類覺醒的自白書，
> 是環境與人互動摸索的倡議者。但過度的呼喊令人疲乏，自然寫作
> 上必須能將美的因子潛藏在文字筋脈裡，悄悄地將自然不可取代、
> 無法估計的價值，訴說給讀者。〔註105〕

人類覺醒、文字美學和詩般語言就是自然書寫裡所謂的「美的因子」，美的因
子潛藏著無法估計的價值，這種「將自然不可取代、無法估計的價值」訴說給
讀者聽，即是一種土地美學的潛文本，自然書寫的意義和價值典藏其中。以下
舉幾個吳明益蝴蝶書寫具有「文字美學和詩般語言」的例子：

〔註104〕杜虹，《相遇在風的海角》，頁158。
〔註105〕吳明益，《臺灣自然寫作選》，頁212。

　　她們嘗試不斷望北的異鄉戀愛，他們的飛行連嘆息都跟不上；翅翼
　　是少婦頸上的綠斑絲巾，有一種強勁卻含蓄的情緒。〔註106〕

　　細蝶以一種瑜珈的姿態在塑造飛行器，一個一段距離倒懸的蛹，像
　　是草株垂下的豐美穗籽。那是宛如錦蟒的蠕動。〔註107〕

　　核廢料場外是整個環島公路中，最平坦的路段。這裡是都市光亮燃
　　燒後灰燼的墳場，是惡靈（anito）聚集之地，沒有一株樹，願意為
　　他遮蔽陽光。〔註108〕

　　以上文字展現吳明益的詩意和文字美學。書寫細蝶的文字之美，不在於吳明益鏡頭前的驚嘆，而是在於他鏡頭後眼睛與心靈交織後的驚嘆，他將外表不討喜、甚至讓人嫌惡的蛹形容為「像是草株垂下的豐美穗籽」，使人避開噁心而能感受豐美。即使描寫蘭嶼存放核廢料的嫌惡設施，吳明益仍以優雅的姿態、含蓄內斂的文字——「沒有一株樹，願意為他遮蔽陽光」，流露他心中隱隱的哀痛。

　　杜虹的自然書寫是否也像吳明益一樣兼具詩意和美學？〈黃裳鳳蝶〉一文，她曾如此形容黃裳鳳蝶：「花上振翅，披一襲春光，在牠後翅的亮彩裡，葉與花，盡褪色。」〔註109〕琉球青斑蝶雌雄交尾齊飛的時刻，飛行僅能由一隻雌蝶振翅，她如此形容：「那負擔愛的重量，總是雌蝶。」〔註110〕〈大白蝶〉一文，守候大白斑蝶羽化時，她如是描寫：「……如西班牙舞孃的裙襬緩緩展開……。」〔註111〕〈蝴蝶森林〉一文，她如此形容大紅紋鳳美麗的羽翼：「……那紅斑鑲綴的羽翼，每一次振動都揮落春天的訊息。」〔註112〕杜虹以晶瑩如詩般的語言來呈現黃裳鳳蝶閃亮的金黃翅翼、交歡中母蝶的負重與承擔、大白斑蝶黃金蛹羽化的片刻，以及大紅紋鳳蝶美麗的羽翼，證明了她的蝴蝶書寫亦能具詩意和美學。但基本上，杜虹筆調較清新，不刻意經營文字上的雕琢，也不追求文字的華麗和精工。

　　詩意和文字美學已然成為自然書寫作家努力追求的目標，而吳明益和杜虹二人兼具，吳明益更是箇中翹楚。

〔註106〕吳明益，《迷蝶誌》，頁170。
〔註107〕吳明益，《迷蝶誌》，頁45。
〔註108〕吳明益，《迷蝶誌》，頁62。
〔註109〕杜虹，《相遇在風的海角》，頁154。
〔註110〕杜虹，《相遇在風的海角》，頁166。
〔註111〕杜虹，《蝴蝶森林》，頁222。
〔註112〕杜虹，《蝴蝶森林》，頁145。

八、綠色旅行──導覽手冊之書寫

　　吳明益和杜虹二人皆曾應邀出版「綠色旅行」的導覽手冊，前者是應七星生態保育基金會之邀出版《台北伊甸園》（2002）；後者是應屏東縣政府之邀出版《相遇在風的海角》（2013）。這二本綠色旅行書，自成一格，皆提供實用性的旅遊訊息給讀者，不同於坊間商業的導覽手冊或旅遊指南，更具豐富的自然生態關懷、深度的人文歷史色彩，傳達了旅遊新概念和新信仰也為旅遊指南開創新局。

　　吳明益和杜虹先後獲邀出版旅遊導覽手冊，乃因二人皆有豐富的田野經驗、科學知識和文學涵養才能獲致肯定和青睞，但二位作家仍鼓勵讀者盡可能用直覺和複式感官（五感加心感）來發現和領略自然之美，而不是只是背誦動植物名稱或死記導覽手冊的內容。二本旅遊手冊皆擺脫了生硬語詞，揉和了自然的符碼與文學的元素，使知性與感性之美相遇。鄭宇辰曾對吳明益和杜虹的導覽手冊分別有以下的評論：

> ……吳明益的旅遊導覽編寫因而呈顯了鮮明的、重視「觀點」和「思考」的書寫意圖。藉由「說話者」的視野導引，以及對自然、對人的邀請姿態，讓閱讀者／旅行者得以體知都會生態園的營造意義，且從而尋回感受、建立信仰，形塑出可以奉行一輩子的旅行觀。〔註113〕

> 除了己身（指杜虹）具備的專業知識、解說經驗，與文學創作背景外，官方對自然步道資源的「推廣」目的，與為吸引遊客前來而採取的「親和」態度，或許都讓這本旅遊導覽得以呈現出不同於過往官方出版品的生命力。〔註114〕

杜虹的導覽手冊雖是官方出版品卻富有生命力，吳明益《台北伊甸園》也不遑多讓，一樣跳脫了制式的條框，其重視「觀點」和「思考」的書寫意圖，展現綠色旅行導覽手冊更多的可能。二位作家皆為讀者提供一個新的旅行觀點和建立一種新的旅行信仰。

　　吳明益和杜虹導覽手冊中的許多篇章可以讓讀者省思觀光旅遊與生態保育之綠色價值，觀光和生態到底是無解的兩難問題，還是存在輕重緩急、優先順序之辨證？無論答案是什麼，二本導覽手冊都適合做為綠色深度旅遊的實用工具書，皆鼓勵讀者按圖索驥，行走自己喜愛的一條綠色小徑。

〔註113〕鄭宇辰，〈指引一條綠色小徑：臺灣自然書寫者之旅遊導覽研究〉，158頁。
〔註114〕鄭宇辰，〈指引一條綠色小徑：臺灣自然書寫者之旅遊導覽研究〉，72頁。

小結

　　筆者於本章試著從田野經驗、觀察視野和文學表現來比較吳明益和杜虹蝴蝶書寫之異同，有以下的發現：

　　二位作家皆有豐富之田野經驗，吳明益的田野以北部為主、宜花東次之、中部再次之，南部最少；杜虹的田野以屏東為主，墾丁國家公園是核心區域，阿朗壹古道次之。二者之田野，呈現一北一南之分布，皆以山區為主，未曾出現西部平原之田野，且二人的田野沒有重複之處。

　　吳明益和杜虹二人田野資源相差懸殊，吳明益自嘆裝備不足，而杜虹卻有專業等級的設備和專家級的人力資源可運用和諮詢，使得杜虹在長期的／定點式的／集中式的田野觀察蝴蝶時較能無後顧之憂，此與吳明益短期的／流動式的／擴散式的田野觀察模式不同。

　　吳明益的田野以居住的臺北最具地方感，念研究所的桃園次之，宜花東、中部再次之，其蝴蝶田野大多不是長期觀察之地，相較之下較難擁有在地性、形成地方感，但他以「重複返回」田野的方式彌補之。杜虹對墾丁的人事物和風土人情深具情感，她以「長期蹲點」的方式形塑地方感。

　　吳明益和杜虹皆擁有豐富之田野經驗，因之累積了多元之觀蝶視角。杜虹擁有一般作家少有的樹冠層和蝴蝶樣區定點之觀蝶經驗；吳明益因裝備不足而缺乏樹冠層之觀蝶經驗。二人皆關注蝴蝶羽化之過程，杜虹則因長期關照和研究蝴蝶，因之對蝴蝶生命前史有更頻繁且細微的刻畫。二人都致力於蝴蝶求偶過程之描寫，生動且細膩，吳明益在〈愛欲流轉〉有專章精闢的描繪和剖析，杜虹的則散見於各篇章。

　　吳明益和杜虹各有一篇描寫蝴蝶睡眠的作品，而且各是唯一之作。二人都描寫了墾丁玉帶鳳蝶的大發生，有些玉帶鳳蝶在海濱公路上殞落，但出海之後的玉帶鳳蝶，二人則呈現不同之結局，留下疑問給讀者。此外，吳明益還多描寫了美濃淡黃蝶求偶的大發生。

　　吳明益和杜虹都曾表達心中迷戀之蝶。觀蝶時，二人抱持一樣的態度，認為蝴蝶是人、是孩子、是朋友；他們皆擁有一顆不忍人之心，字裡行間不時流露憐愛蝴蝶之情。

　　吳明益描多次寫下蝴蝶吸水的畫面，杜虹則無；二人都介紹了蝴蝶界的「逐臭之夫」，某些蝶類喜食腐果；吳明益還描寫了食糞之蝶，杜虹則無。

　　吳明益和杜虹在行文中皆擅用各種修辭技巧,不平舖直述,其中以擬人法和譬喻法的使用最為頻繁和成熟,散見各篇章,也涵蓋其他修辭法,例如:映襯、借代和排比等。以圖像之美來與文字互文也是二人蝴蝶書寫的一大特色,相機是一種沒有侵略性的工具,成為觀蝶的必備;二位作家的攝影技巧有一定的水準,圖說則展現他們寫作的用心和文字的功力。

　　除了文學作家身分,吳明益以認真的博物學家,杜虹以專業的科學家展開蝴蝶的自然書寫。二人的蝴蝶書寫各有所長,諸如延伸歷史深度、揉和文學和科學、運用書寫策略、轉譯文化與轉化科學知識、表現文字的詩意和美學、出版綠色旅導覽手冊等,各有異同,各具文采,皆展現個人自然書寫之才華。總括來說,吳明益擁有文學學院式的訓練和博學家的豐富知識,杜虹則擁有人文學和科學的學術背景。除此之外,二人兼具豐富的田野經驗,使得他們的蝴蝶書寫可以跨界並悠遊於文學與科學之間。

　　吳明益和杜虹做為一個自然書寫者,溝通了科學和文學的語言,在科學和文學之間搭起一座橋梁。二位作家有一雙觀察入微的眼睛,還有一雙人工的眼睛(相機),更具一雙心靈之眼和一顆溫暖的心,皆以自然書寫來關照人和萬物的生存環境。他們的蝴蝶書寫不只是純粹的文字創作和心靈語言,亦轉譯來自大自然的語言,修補了人與自然的關係、縫合環境被破壞的傷口。除了言說和論述,更身體力行,雙雙走出學院,行走於廣袤田野間,以實際行動展開對大自然的關懷。吳明益參與生態關懷者協會和黑潮海洋文教基金會等活動,不僅關心陸地生態,也關心海洋生態;杜虹結合墾丁社頂部落的居民,一起保育黃裳鳳蝶,一起規劃蝴蝶森林的深度旅遊。無疑的,二位作家都是實踐主義者,他們長年以自然教育、自然活動和自然書寫展開自然關懷與實踐社會行動。

第六章 結 論

　　本文首先爬梳臺灣自然書寫的脈絡和發展概況，綜整自然書寫者的環境倫理觀，探討臺灣蝴蝶書寫的興起；其次，探討吳明益和杜虹的環境倫理觀，分析二位作家蝴蝶書寫文本之內涵與自然書寫之特色；最後，比較二位作家蝴蝶書寫之異同，呈現其價值。吳明益和杜虹皆以蝴蝶為基點，展開書寫，表現亮眼，各具風格，在當代的蝴蝶自然書寫銘刻了重要之位置。

第一節 主要發現

　　本研究比較吳明益和杜虹二位作家的蝴蝶自然書寫，是學術界的初次嘗試。學術界探討吳明益自然書寫的研究不少，至少有十幾篇以上的專論，而聚焦於蝴蝶書寫的研究亦有幾篇；但關注杜虹自然書寫的專論只有一篇碩士論文，聚焦於其蝴蝶書寫的研究則無。緣於本研究屬初探性質，因此有以下的價值：

　　一、爬梳臺灣蝴蝶書寫的脈絡和輪廓：關於臺灣蝴蝶書寫藍依萍於其碩士論文中曾有五篇單篇的探討，筆者在本研究中又補充了七本書和五篇單篇的蝴蝶書寫。爬梳蝴蝶書寫的相關作品，可以呈現臺灣蝴蝶書寫的發展脈絡，其演化路徑從喚起環境意識的覺醒到田野間的觀察記錄，再到新倫理、新思維的注入，最後演化至新形式的蝴蝶書寫。

　　二、完成吳明益和杜虹九本與蝴蝶書寫相關的文本分析：筆者逐本、逐章、逐頁爬梳整理，綜整出二位作家蝴蝶書寫的內涵與特色。此項工作難度不高卻耗費時力，未見先行者做過，由筆者先行嘗試展開，希冀能拋磚引玉。

　　三、爬梳整理吳明益和杜虹的蝴蝶田野：吳明益的田野遍布北中南和東部，主要以成長地的臺北和就學地的桃園為主，其次為宜花東，中部山區再次之，最遠到離島蘭嶼。杜虹的田野則較單一純化，集中於墾丁國家公園。本研究，筆者將二位作家的所有蝴蝶田野先表格化，再地圖化，提供一般讀者或後繼之研究者參閱。

　　四、比較吳明益和杜虹蝴蝶書寫的異同（詳見下文）：此亦未見先行者有相似之研究，亦由筆者先行展開。

　　關於二位作家的蝴蝶自然書寫之異同，筆者有幾項主要發現，整理如下：

一、書寫動機

　　吳明益和杜虹的自然書寫動機不同，吳明益是為了自我回答心中的一個提問：「文字是否也能像林布蘭的畫筆一樣捕捉光呢？那在我眼底掠過的活生生的蝶，會不會在我以文字書寫時卻『死』在紙上，而成了另一種不得飛行的標本？我不曉得，所以行走，所以觀看，所以聆聽，所以書寫。」〔註1〕以文學表現自然的意義是什麼？吳明益想要回答這個問題，所以選擇書寫。「這種沉默的雄辯是吳明益在其自然書寫中最善擅長的姿態。……於是他走入『自然』、走入『人群』，搜尋一種新的再現『人與自然』關係的美學形式。」〔註2〕簡義明補充之。此外，在藍依萍的專訪中，吳明益也回答了這個問題；「我的研究就是我的寫作，這是我一直秉持的事。」〔註3〕研究和寫作對吳明益來說是同一件事，他一生都在從事文學研究，也意謂著他一生都在書寫。為了研究文學和以文學表現自然，所以吳明益選擇書寫。

　　杜虹則不然，她將自然書寫視為工作的延伸，喜歡與讀者分享她在大自然裡所遇見的美好人事物，也在溫柔低語中傳達國家公園自然保育之理念與內涵，因此她選擇書寫。杜虹藉由蝴蝶書寫，不僅傳達蝴蝶的語言，也傳達了山林和田野的語言。

　　吳明益和杜虹二人的蝴蝶書寫皆始於初次擔任解說員時，大白斑蝶是最初邂逅的蝶種，他們同時表達了對蝴蝶標本的不忍。後來，吳明益轉往文學界和學術界發展，成了大學教授和知名作家；杜虹繼續留在墾丁，成了國家公園

〔註1〕吳明益，《蝶道》，頁38～39。

〔註2〕簡義明，《寂靜之聲——當代臺灣自然書寫的形成與發展（1979～2013）》，頁181。

〔註3〕藍依萍，從〈《迷蝶誌》到《蝶道》——吳明益的蝴蝶書寫〉，頁215。

的資深員工和蝴蝶研究員。雖然二位作家發展路徑不同，但始終未放棄自然書寫。他們的蝴蝶書寫各有所長，各占臺灣一南一北的重要位置，皆以自然書寫展開自然關懷和實踐社會行動，二人都是實踐主義者。

二、觀蝶經驗

觀蝶和其他的自然觀察一樣，需跋山涉水、行旅各地、靜觀凝視，記錄田野筆記，包含蝴蝶的外型、習性、生活史、食草、棲地、生態或融入文化和歷史記憶，並加入自己的想像和詮釋等，而吳明益和杜虹皆有豐富的觀蝶經驗。

吳明益四處觀蝶，他以步行、騎車等方式實踐之，其移動視野是一幅幅流動的風景，這種「流動的」的觀察模式，筆者謂之「擴散式的觀察視野」。吳明益勤於田野，因此各地的蝶種都有可能出現在他的蝴蝶書寫中。杜虹則蹲點國家公園，長期守候墾丁的大自然，屬於一種「定點式」的觀察模式，她的蝴蝶樣區就像劉克襄旅鳥觀察的「驛站」，雖一站又一站，但基本上仍屬固定範圍內的定點觀察，觀察的對象以墾丁保育類蝶種黃裳鳳蝶和墾丁常見蝶種為主。這種定點的觀察，筆者謂之「集中式的觀察視野」。

吳明益和杜虹皆近身觀蝶，但經驗各不同，前者「短期的」、「流動式」、「擴散式」相對後者「長期的」、「定點式」、「集中式」的觀察模式，呈現明顯之對比，之間並無交集，彼此亦難複刻，但皆具開創視野之意義。二位作家守候蝴蝶的心是一樣的，同樣以蝴蝶自然書寫做為一種社會實踐的進路。

三、行文風格

文學評論家陳義芝曾言：「最美好的自然文學，是把山石草木鳥獸都當人來書寫，以點燃閱讀者的熱情，顫動閱讀者的心弦。」[註4]吳明益和杜虹都達到了「把蝴蝶都當人來書寫」的要求，蝴蝶在他們的眼裡，像孩子、也像朋友。二人皆以軟性和柔性的筆調書寫蝴蝶之美、表達對蝴蝶之情，不疾呼、不吶喊、不控訴、不憤怒、少哀傷、少批判，從容且優雅書寫，有別於早期自然書寫者的風格。行文既有科普知識，亦具文學涵養、詩意和美學，雜揉簡義明所謂的「智性之真、關懷之善、文采之美」，[註5]這種真、善、美的質素

〔註4〕見約翰‧謬爾著，《夏日走過山間》中文版，封底。
〔註5〕簡義明，《寂靜之聲——當代臺灣自然書寫的形成與發展（1979～2013）》，頁147。

為臺灣的自然書寫帶來一種清新的風貌。

　　吳明益身為文學家和博學家，大量閱讀、認真考證，強調知識的正確性，擅長時空交錯之處理和文化之轉譯，能「水平展開人文和地理之書寫，垂直梳理歷史之記憶」，可說是專事臺灣蝴蝶書寫的第一人。杜虹身為文學家和科學家，擅長墾丁文學地景之描寫和科學知識之轉化，她的科學知識精準可靠，擁有專業的自然知識和豐富的國家公園經驗，本可大鳴大放，卻娓娓訴說，溫柔低語半島的南方風情，形成她獨具的風格。

四、以圖烘文

　　吳明益擅長手繪，這在散文作家中並不常見，《迷蝶誌》一書封面上有這麼一段文字：「一本以文字、攝影與手繪迷戀蝴蝶及一種生活姿態的箚記」為他的蝴蝶書寫做引薦。吳明益又擅長攝影，常將攝影作品與文字互文；杜虹亦擅長攝影，雖早期出版品並不以攝影取勝，但後來她的蝴蝶書寫，攝影也占了重要位置，圖片從小張到大幅，顏色從黑白到彩色，甚至有精美的跨頁呈現。即便二位作家具有文字美學的功夫，但缺乏圖片輔助，許多敘述仍得靠想像；但徒有圖片卻沒有文字來烘托圖片，仍難以說故事；若能以圖烘文，則可以增加閱讀之效果和樂趣。吳明益和杜虹皆擅長文字和攝影，以圖烘文是他們自然書寫的功力和特色。

　　吳明益是北臺灣最重要的蝴蝶自然書寫者，杜虹是南臺灣最重要的蝴蝶書寫者。無疑的，二位作家在臺灣動物書寫的領域裡以圖、以文銘刻重要的位置，蝴蝶是他們肩上一枚美麗又閃耀的勳章。此次研究，筆者也發現文學界又出現了一位蝴蝶書寫的新秀——張日郡，來自雲林的他，填補了中部蝴蝶書寫空缺的位置。他亦擅長以圖（攝影）烘文，但不同於二位前輩，他以新詩來表現蝴蝶之美和傳達蝴蝶之情，未來值得矚目。

五、微觀與宏觀

　　吳明益和杜虹是臺灣自然書寫的重要作家，皆以蝴蝶作為一種創作素材和媒介來啟發多元思考。二位作家的蝴蝶書寫表現亮眼，豐富的田野經驗開啟他們多元的觀察視野，既能微觀，又能宏觀。微觀如觀察蝴蝶標本、蝴蝶型態、構造、紋路、肌理或求偶交配之過程；又如蝴蝶四態生命史之呈現；再如食草、寄生、共生和飛行之觀察，以及避敵策略（保護色、擬態、易容變裝或

食有毒食草成為毒蝶）之描寫等。其中，二人對於蝴蝶求偶行為之描寫，表現尤為出色，吳明益〈愛欲流轉〉對蝴蝶的愛與性有精采描摹和獨到見解；杜虹〈野林之夢〉則對大白斑蝶的求偶有浪漫描寫，書頁還附上一張大白斑蝶近拍的「婚紗照」；此外，她對蝴蝶羽化觀察入微，精細刻畫。以上，是二位作家蝴蝶書寫微觀之表現。

吳明益和杜虹蝴蝶書寫宏觀之表現，表現在長期對生態環境之觀照、對環境倫理之反省和對土地美學之信仰和實踐上，例如：二人都努力為瀕臨絕種的蝴蝶發聲，吳明益為大紫蛺蝶、寬尾鳳蝶和珠光鳳蝶發聲；杜虹則為黃裳鳳蝶發聲。他們都關心蝴蝶的食草和棲地，並擴及蝴蝶生態環境和地球大環境的關注。同時，信仰和實踐土地倫理和土地美學，致力於生態系的穩定性、多樣性和整全性之維持。以上，是二位作家蝴蝶書寫宏觀之表現。

與一般動物研究者不同，吳明益和杜虹的蝴蝶書寫從細微的觀察裡細膩刻畫蝴蝶，亦從大自然整個生態系統檢視蝴蝶和其他物種的依存關係，讓讀者反思人與萬物的相處之道、自然與文明之間的辯證等種種課題。他們的蝴蝶書寫，無論從微觀和宏觀的角度觀看，皆表現突出，各有所得，亦深具啟發性。

六、蝶與作家

吳明益和杜虹各自有喜愛之蝶，這多少反映出他們深層的內在和微妙的心理。以下是筆者大膽之詮釋：

吳明益喜歡「迷蝶」，其身體似乎隱藏著遺傳自父親的遷徙和流浪基因。他的父親少年曾到日本擔任日本少年工，那是一段漂泊艱辛的旅程；成家後，父親又從桃園鄉下背著簡單家當，攜家帶眷落腳於臺北市中華商場。中華商場就是一個小小的移民社會，棲息了來自各地的「紅擬豹斑蝶」，吳明益就是其中的一隻小小紅擬豹斑蝶。吳明益經常藉由不斷的回憶、自我對話來進行記憶書寫，而中華商場和日本少年工都是他日後進行記憶書寫非常重要的元素和養料。

吳明益這隻紅擬豹斑蝶流浪的基因和遷徙的行為表現在他喜歡旅行和勤於移動田野的行動上，這似乎可以理解為什麼他會迷戀遠方離島的珠光鳳蝶和身上帶有地圖圖案的石墻蝶。珠光鳳蝶帶有遠方的想像，具旅行的意象；石墻蝶背著地圖乘風而去，同樣也賦予人們遠方的想像和旅行的意義。再者，吳明益多次描寫蝴蝶之羽化，尤其側重羽化後的飛行描寫；飛行是人類最長遠的

移動距離,而飛行意味著旅行、移動、流浪或遷徙。詮釋蝴蝶和移動之間的關係與意義,反映出吳明益喜歡旅行,勇於探險和遷徙,不畏流浪的微妙心理。

杜虹迷戀墾丁稀有的黃裳鳳蝶和墾丁常見的紅紋鳳蝶,而黃裳鳳蝶是墾丁國家公園最具代表性的蝴蝶;她長期奉獻墾丁當地的黃裳鳳蝶,亦憐憫紅紋鳳蝶,反映出她蟄居一地的慣習,以及守候家園的心理。杜虹從小到大幾乎生活在屏東的家鄉,而生活和工作三十多年的墾丁國家公園其實就是她的家園;守候墾丁的蝴蝶,彷彿守候自己的家園。因此,她的蝴蝶書寫是一種「家園性」的寫作,不同於吳明益「流浪式」的寫作模式。杜虹亦多次描寫蝴蝶之羽化,不同於吳明益強調羽化後的飛行,她更強調羽化後之婚配和交尾,而「生育」向來賦予「家」傳統上重要之意義,生命之傳承更意味生命族群之穩定。詮釋蝴蝶和守候之間的關係與意義,反映出杜虹愛家、戀家,守護家園,追求安定之微妙心理。

最後總結本研究,發現經學院洗禮、田野浸潤過的吳明益和杜虹已然為臺灣當代科學知識和文學涵養兼具、理論與實務兼備的自然書寫代表作家。吳明益透過旅行觀察,知識考證,將自然符碼轉化、將文化轉譯成科普文字或文學語言,在主題或形式上亦能自我開創新局。杜虹蝴蝶書寫的核心空間和場域在墾丁,她娓娓訴說國境之南的墾丁情事,展現南方半島的視野和地方感;蝴蝶博士的身分使其蝴蝶書寫具專業的權威,加上豐富的國家公園經驗,更使她在南方半島自然書寫的位置占了一個幾乎無人可以取代的地位,而有「南半島作家」之封號。

吳明益和杜虹二位作家在蝴蝶書寫上深耕細作,為臺灣的動物書寫增添新頁,也為自然書寫提供一條思考新路徑,邀請讀者一起探究人類對待生命的方式,一起省思與大自然的相處之道。他們亮眼的表現已然為臺灣重量級且深具指標性的自然書寫作家。

第二節　未來課題

本研究中,筆者嘗試將臺灣二位重要的自然書寫作家——吳明益和杜虹的蝴蝶書寫做文本分析和比較,希冀能提供一般讀者一種廣泛的閱讀材料,或者對後繼之研究者提供近一步之學術參考資料。緣於本研究是初探,故必有許多不週延和疏漏之處,筆者自省如下:

　　本研究於第二章第三節對臺灣蝴蝶書寫進行整理爬梳。關於臺灣蝴蝶書寫的興起，筆者爬梳到的第一筆資料是林清玄〈蝴蝶的傳說〉，但這只是筆者就手邊資料所得，極可能還有更早的蝴蝶書寫未被發現，也自知若爬梳不縝密，勢必會有疏漏，甚且有遺珠之憾。文學界對蝴蝶書寫的研究相當少，迄今未有先行研究者能完整羅列臺灣所有蝴蝶書寫之作品，筆者認為唯有從所有自然書寫作家的所有作品中，逐本、逐章，甚至逐頁爬書才能獲致較完整資料，此乃一項不易完成之大工程，未來可待有志於蝴蝶書寫之研究者繼續努力前行，以彌補闕漏，避免遺珠。

　　本研究從田野之經驗、觀察之視野和文學之表現三個面向來比較吳明益和杜虹的蝴蝶書寫，但礙於論文寫作時間之倉促和筆者研究能力之侷限，二位作家的蝴蝶書寫勢必還有許多的相同之點和相異之處未被筆者發掘或綜整出來，以致本研究始終有蝴蝶拼圖缺少好幾塊之遺憾。筆者發現：吳明益雖因色弱而無法清楚識別某些顏色，但他對蝴蝶顏色的摹寫卻表現得相當敏感而亮眼，諸如紫斑蝶紫色的物理斑、紫燕蝶的寶石光澤、雄沖繩小灰蝶黯淡的樸實水青色、雙環鳳蝶的觸電藍、流星蛺蝶的天啟藍紫光、樺斑蝶黑與赤虎斑的警戒色等顏色之摹寫，豐富而多彩，這些顏色都不是一般人能馬上辨識而能精準描繪的色彩，值得深入探究。相對於吳明益，杜虹對於顏色之描摹則表現中規中矩，少有顏色之變化。再者，二位作家對蝴蝶之寄生、共生、求偶行為、食草棲地、飛翔舞蹈、避敵策略，以及蝴蝶個性（頑皮、固執、冷酷或機靈……）等也有諸多精彩的描摹。以上這些有趣的小主題，亦值得延伸發展、深入比較。尤其，二位作家對蝴蝶的求偶過程有多處精彩生動的摹寫，刻畫入微，栩栩如生亦值得深究。筆者礙於論文書寫匆忙，未及做蝴蝶顏色、個性和求偶等次主題之比較，是不足且遺憾之處。

　　2010 年後，自然書寫較少為學界所關注和探討，吳明益認為現代自然書寫不是沒落，而是有了不同的演化。他認為現代自然書寫的演化不同於以往——自然和文學彼此有愈來愈趨近之現象；又提及這幾年女性自然書寫作家大增，比例過半，且比例上之高是過去四十年來臺灣自然書寫史裡罕見的現象，筆者認為這是一個非常值得關注的點。2010 年以後臺灣的新自然書寫，礙於目前研究資料不多，故本文探討不多，也不深；若日後欲增補資料，新生代女性自然書寫作家增多之原因和其書寫特色都是值得深入探討之議題。再者，本研究若能納入更多 2010 年以後自然書寫之元素，當可使研究內容

更趨豐富且周延。

　　2015 年，崛起於文壇的新生代作家張日郡，其《離蝶最近的遠方》是臺灣自然書寫上第一本的蝴蝶詩集，改變了自然書寫的創作方式和思維。目前學術界尚未有相關之探討，將可做為未來蝴蝶書寫研究的新嘗試。張日郡的蝴蝶書寫深受吳明益的啟蒙和影響，雖承繼了前輩，但也自我開拓新局，將吳明益和張日郡的蝴蝶書寫做一比較，或許也是一種新嘗試。

　　簡義明曾言：「臺灣的自然書寫對於動物書寫的發揮，沒有像對植物與森林來得深入與多樣。」〔註6〕學術界已有多位自然書寫作家專心投入動物的書寫，而專注於蝴蝶書寫的作家大概也只有吳明益、杜虹、王瑞香和張日郡等幾位。關於蝴蝶與蛾的書寫，基於蝴蝶之特殊性，使得蝴蝶書寫較引人注目，也累積較多篇章；之於蛾的書寫，王瑞香《自然裡的女人》則有幾篇，是否還有其他蛾的書寫？若有，這亦是值得開發的研究主題，將使動物的書寫又開啟新的一頁。或者，將蛾與蝴蝶的書寫做比較研究，亦是個有趣的主題，畢竟蝶和蛾同屬鱗翅目昆蟲，有親緣關係，蝶又演化自蛾，蝶與蛾皆有完全變態的生活史，是值得比較的題材。

　　臺灣目前關於吳明益《謎蝶記》和《蝶道》的學位論文已累積多篇研究，專論杜虹自然書寫的學位論文只有一篇，而本文將吳明益和杜虹的蝴蝶書寫做比較研究，是一種新的嘗試、也是一個開始，但限於研究者的能力和時間，以及有限的資料蒐集和閱讀量，呈現出來的架構、內涵和論述都不夠周延，也不夠成熟，必有罅漏疏誤之處，內容亦有待加廣、加深。

　　總而言之，本研究已走之路不長，仍有許多未見之景和未竟之路，有待未來有心的研究者繼續前行，或者另闢新徑。

〔註 6〕簡義明，《寂靜之聲——當代臺灣自然書寫的形成與發展（1979～2013）》，頁177。

參考文獻

一、文本

1. 奧爾多‧李奧帕德（Aldo Leopold）著，李靜瀅譯，《沙郡年紀》，臺北：果力，2015。

2. 亨利‧大衛‧梭羅（Henry David Thoreau）著，孔繁雲譯，《湖濱散記》，臺北：志文，2012。

3. 亨利‧大衛‧梭羅（Henry David Thoreau）著，陳義仁譯，《種子的信仰》，臺北：果力，2017。

4. 約翰‧繆爾（John Muir）著，陳雅雲譯，《夏日走過山間》，臺北：天下文化，1998。

5. 瑞秋‧卡森（Rachel Carson）著，李文昭譯，《寂靜的春天》，臺北：野人，2017。

6. 王瑞香，《自然裡的女人》，臺北：天培，2000。

7. 余光中，《夢與地理》，臺北：洪範，1990。

8. 吳明益，《本日公休》，臺北：九歌，1997。

9. 吳明益，《謎蝶誌》，臺北：麥田，2000。

10. 吳明益，《睡眠的航線》，臺北：二魚文化，2007。

11. 吳明益，《謎蝶誌》，新北：夏日，2010。

12. 吳明益，《蝶道》，臺北：二魚文化，2010。

13. 吳明益，《單車失竊記》，臺北：麥田，2015。

14. 杜虹，《比南方更南》，臺北：時報文化，1999。

15. 杜虹，《有風走過》，臺北：天培文化，2000。

16. 杜虹，《秋天的墾丁》，臺北：九歌，2003。

17. 杜虹，《蝴蝶森林》，臺北：九歌，2016。

18. 李曉菁，《小草的旅行——發現水生植物》，臺北：田野影像，2000。

19. 林佳靜，《小森的筆記：自然書寫的時光》，臺南：國立臺灣文學館，2018。

20. 洪素麗，《守望的魚》，臺中：晨星，1992。

21. 洪素麗，《尋找一隻鳥的名字》，臺中：晨星，1994。

22. 涂幸枝編，《柴山主義》，臺中：晨星，1993。

23. 范欽慧，《與自然相遇的人》，臺中：晨星，2001。

24. 徐仁修，《不要跟我說再見　臺灣》，臺北：錦繡，1987。

25. 徐仁修，《自然四季》，臺北：遠流，1999。

26. 徐仁修，《荒野有歌》，臺北：遠流，2002。

27. 張日郡，《離蝶最近的遠方》，新北：遠景，2015。

28. 陳冠學，《田園之秋》，臺北：東方，2006。

29. 陳煌主編，《我們不能再沉默》，臺北：駿馬文化，1986。

30. 廖金山著，林家棟繪，《斯氏紫斑蝶的傳說》，高雄：交通部觀光局茂林國家風景區管理處，2018。

31. 劉克襄，《旅次札記》，臺北：時報文化，1982。

32. 劉克襄，《自然旅情》，臺中：晨星，1992。

33. 劉克襄，《山黃麻家書》，臺中：晨星，1994。

34. 簡景淵著，《望鄉三千里》，臺北：遠景，2017。

35. 鍾文音，《在河左岸》，臺北：大田，2003。

二、專著

1. 班納迪克·安德森（Benedict Richard O'Gorman Anderson）著，吳叡人譯，《想像的共同體：民族主義的起源與散布》，臺北：時報出版，2010。

2. Holmes Rolston, III 著，王瑞香譯，《環境倫理夢——對自然界的義務與自然界的價值》，臺北：國立編譯館，1996。

3. 柯倍德（J. Baird Callicott）、羅斯頓（Holmes Rolston, III）著，《環境倫理學入門》，臺北：生態關懷者協會，未載出版年。

4. 蘿賽（Sharman Apt Russell）著，張琰譯，《蝴蝶熱：一段追尋美與蛻變的科學自然史》，臺北：貓頭鷹，2021。

5. Tim Cresswell 著，徐苔玲、王志弘譯，《地方：記憶、想像與認同》，臺北：群學，2006。

6. 華特·班雅明（Walter Benjamin）著，林志明譯，《說故事的人》，臺北：臺灣攝影，1998。

7. 吳明益，《台北伊甸園：一本關於士林官邸歷史生態與延伸思考閱讀的手冊》，臺北：前衛，2002。

8. 吳明益，《臺灣自然寫作選》，臺北：二魚文化，2003。

9. 吳明益，《以書寫解放自然：臺灣現代自然書寫的探索（1980～2002）》，臺北：大安，2004。

10. 吳明益，《臺灣自然書寫的作家論 1980～2002：以書寫解放自然 BOOK 2》，新北：夏日，2012。

11. 吳明益，《自然之心——從自然書寫到生態批評：以書寫解放自然 BOOK 3》，新北：夏日，2012。

12. 杜虹，《南仁山森林世界：熱帶邊境生物多樣性》，屏東：內政部營建署墾丁國家公園管理處，2003。

13. 杜虹，《相遇在風的海角——阿朗壹古道行旅》，屏東：屏東縣政府，2013。

14. 陳玉峯，《人與自然的對決》，臺中：晨星，1992。

15. 陳玉峯，《生態臺灣》，臺中：晨星，1996。

16. 陳玉峯，《土地倫理與 921 大地震》，臺北：前衛，2000。

17. 陳明柔主編，《臺灣的自然書寫》，臺中：晨星，2006。

18. 陳芳明，《臺灣新文學史下》，臺北：聯經，2011。

19. 陳維壽，《台灣賞蝶情報》，臺北：清新，1997。

20. 楊冠政，《環境倫理概論（上）》，新北：大開資訊，2011。

21. 鄭明娳，《現代散文》，臺北：三民，1999。

22. 簡義明，《寂靜之聲——當代臺灣自然書寫的形成與發展（1979～2013）》，臺南：國立臺灣文學館，2013。

三、期刊

1. 詹宏志，〈硬派旅行文學〉，《聯合文學》第 167 期，1998 年 9 月。

2. 顏新珠，〈「再見」！蝴蝶村〉，《新故鄉雜誌》季刊第 3 期，1999 年 9 月。

3. 蘇錦平、張瓊瑤，〈臺灣最神祕的蝴蝶——泰雅鎧灰蝶生物介紹〉，《自然

保育季刊》第 93 期，2016 年 3 月。

四、論文

（一）期刊論文

1. 鄭宇辰，〈書寫半島的美麗與哀愁——試論杜虹自然書寫的內涵與特質〉
《國立臺北教育大學語文集刊》第 16 期，2009 年 7 月。

（二）學位論文

1. 林柳君，〈吳明益作品中的文化轉譯、美學實踐與隱喻政治〉，新竹：國立
清華大學臺灣文學研究所碩士論文，2011。
2. 徐震宇，〈屏東地區現代文學之研究〉，高雄：國立高雄師範大學中國文
學系博士論文，2013。
3. 曾怡蓁，〈屏東地景書寫研究——以在地作家散文作品為對象〉，屏東：
國立屏東教育大學中國語文學系碩士論文，2012。
4. 蒲薪羽，〈杜虹自然書寫研究〉，屏東：國立屏東大學中國語文學系碩士
論文，2016。
5. 鄭宇辰，〈指引一條綠色小徑：臺灣自然書寫者之旅遊導覽研究〉，臺南：
國立成功大學現代文學研究所碩士論文，2011。
6. 簡義明，〈臺灣「自然寫作」研究——以 1981～1997 為範圍〉，臺北：政
治大學中國文學研究所碩士論文，1998。
7. 藍依萍，從《迷蝶誌》到《蝶道》——吳明益的蝴蝶書寫〉，臺東：國立
臺東大學進修部署期兒童文學所，2015。

（三）研討會論文

1. 陳明柔主編，王鈺婷著，〈生態踏查與歷史記憶——從《迷蝶誌》到《蝶
道》〉，《台灣的自然書寫》，臺中：晨星，2006。
2. 臺中技術學院應用中文系編，林雅玲著，〈軟派旅行文學——論杜虹自然
旅行書寫〉，《臺灣旅遊文學論文集》，臺北：五南，2006。
3. 陳明柔主編，藍建春著，〈舞出幽微天啟——談吳明益的蝴蝶書寫〉，《台
灣的自然書寫》，臺中：晨星，2006。

五、電子媒體

1. 高雄市美濃區公所網站，網址 https://reurl.cc/Lp9Kr7，擷取日期 2020 年

7 月 3 日。

2. 吳明益,〈如果有人送我一座山〉,每天為你讀一首詩網站,網址 https://reurl.cc/NrlyRx,擷取日期 2021 年 6 月 28 日。

3. 楊照,〈守望敗壞的天空——評洪素麗散文集《尋找一隻鳥的名字》〉,《臺灣光華雜誌》,1995 年 5 月。《臺灣光華雜誌》網站,網址 https://reurl.cc/Rr31Le,擷取日期 2022 年 6 月 29 日。

4. 國家教育研究院,雙語詞彙、學術名詞暨辭書資訊網,網址 https://reurl.cc/W3RpbD,擷取日期 2021 年 1 月 12 日。

5. 吳明益,〈吳明益:安靜的演化——我對近幾年台灣自然導向文學出版的看法〉,2020 年。博客來閱讀生活誌作家讀書筆記網站,網址 https://okapi.books.com.tw/article/14072,擷取日期 2021 年 2 月 5 日。

6. 文化部臺灣大百科全書網站,網址 https://nrch.culture.tw/twpedia.aspx?id=13919,擷取日期 2021 年 6 月 19 日。

7. 臺北市立圖書館網站,網址 https://reurl.cc/6a5nZ5,擷取日期 2021 年 6 月 20 日。

8. 杜虹,〈蝶之生〉,國小國語課本南一版電子書網站,網址 https://reader.oneclass.com.tw/e9ea63f95c6bba48,擷取日期 2021 年 6 月 21 日。

9. 顏新珠,〈再見!蝴蝶村〉,南投縣文學資料館網站,網址 https://reurl.cc/yEYM12,擷取日期 2021 年 6 月 23 日。

10. 國立清華大學圖書館網站,網址 https://www.lib.nthu.edu.tw/events/2021/butterfly/,擷取日期 2021 年 6 月 24 日。

11. 簡義明,《土地的心跳與文學的胎動——當代「自然書寫」的意義與啟示》,教育部人權教育諮詢暨資源中心網站,網址 http://hre.pro.edu.tw/bedu/4269,擷取日期 2021 年 7 月 1 日。

12. 陳慈美譯,環境倫理研習營柯倍德第二講錄音稿,師大環境教育研究所,1999 年 11 月 4 日,環境資訊中心網站,網址 https://e-info.org.tw/node/212844,擷取日期 2021 年 7 月 4 日。

13. 〈杜虹蝴蝶之愛 灌溉寫作花園〉,中時新聞網,網址 https://reurl.cc/Q9gXLq,擷取日期 2021 年 7 月 25 日。

14. 徐振甫,〈泰雅〉,聯副文學遊藝場網站,網址 https://reurl.cc/vqzDKL,擷取日期 2021 年 8 月 6 日。

附　錄

附錄一：吳明益《迷蝶誌》和《蝶道》之田野（文字整理部分）

書　名	篇　名	田　野
《迷蝶誌》	〈寄蝶〉	臺北市昆蟲展館
《迷蝶誌》	〈寂寞而死〉	花蓮縣瑞穗鄉富源村
《迷蝶誌》	〈十塊鳳蝶〉	臺東縣蘭嶼鄉
《迷蝶誌》	〈界線〉	臺中市梨山、花蓮縣太魯閣、新北市北海岸
《迷蝶誌》	〈死蛹〉	臺北市圓山、臺北市朋友家陽臺
《迷蝶誌》	〈陰黯的華麗〉	臺北市信義區四獸山
《迷蝶誌》	〈忘川〉	桃園市石門水庫附近
《迷蝶誌》	〈在學習睜開眼睛〉	桃園市中壢區中央大學
《迷蝶誌》	〈魔法〉	桃園市石門水庫
《迷蝶誌》	〈活埋〉	桃園市中壢區中央大學
《迷蝶誌》	〈國姓爺〉	南投縣國姓鄉
《迷蝶誌》	〈迷蝶〉	桃園市中壢區中央大學
《迷蝶誌》	〈迷蝶二〉	桃園市中壢區中央大學
《迷蝶誌》	〈飛〉	桃園市中壢區中央大學
《迷蝶誌》	〈時代〉	北橫 （桃園市復興區至宜蘭縣大同鄉）
《台北伊甸園》	全文	臺北市士林區士林官邸
《蝶道》	〈趁著有光〉	臺北市士林區士林官邸
《蝶道》	〈在寂靜中漫舞〉	臺北市士林區陽明山
《蝶道》	〈愛欲流轉〉	臺東縣蘭嶼鄉
《蝶道》	〈櫻桃的滋味〉	臺北市士林區住家、高雄市茂林區、嘉義縣阿里山鄉達娜伊谷

《蝶道》	〈死亡是一隻樺斑蝶〉	臺北市士林區自家陽臺
《蝶道》	〈我所看見聽見的某個夏日〉	桃園市中壢區中央大學
《蝶道》	〈達娜伊谷〉	嘉義縣阿里山鄉山美部落
《蝶道》	〈目睹自己的誕生〉	桃園市復興區北橫公路
《蝶道》	〈往靈魂的方向去〉	高雄市美濃區黃蝶谷
《蝶道》	〈當霧經過翠峰湖〉	宜蘭縣大同鄉翠峰湖
《蝶道》	〈言說八千尺〉	臺中市和平區八仙山
2013美濃黃蝶祭	〈如果有人要送我一座山〉	高雄市美濃區黃蝶谷

附錄二：吳明益《迷蝶誌》和《蝶道》之田野（圖片整理部分）

書　名	圖　片	田　野
《迷蝶誌》初版	圖 1　大白斑蝶	臺東縣蘭嶼鄉東清村
《迷蝶誌》初版	圖 2　雄紅三線蝶	南投縣仁愛鄉惠蓀林場
《迷蝶誌》初版	圖 3　細蝶	桃園市石門水庫
《迷蝶誌》初版	圖 4　琉球紫蛺蝶（雌）	桃園市石門水庫
《迷蝶誌》初版	圖 5　琉球紫蛺蝶（雄）	臺東縣蘭嶼鄉野銀村
《迷蝶誌》初版	圖 6　大琉球鳳蝶	桃園市石門水庫
《迷蝶誌》初版	圖 7　大鳳蝶（雌）	臺東縣蘭嶼鄉野銀村
《迷蝶誌》初版	圖 8　被寄生大鳳蝶蛹	新北市中和區南勢角
《迷蝶誌》初版	圖 9　紫蛇目蝶	宜蘭縣
《迷蝶誌》初版	圖 10　白條斑蔭蝶	臺北市內湖區東湖
《迷蝶誌》初版	圖 11　白（玉）帶蔭蝶	桃園市石門水庫
《迷蝶誌》初版	圖 12　臺灣黑星小灰蝶	臺北市文山區仙跡岩
《迷蝶誌》初版	圖 13　三星雙尾燕蝶	桃園市復興區巴陵
《迷蝶誌》初版	圖 14　黑脈樺斑蝶	臺東縣蘭嶼鄉紅頭村
《迷蝶誌》初版	圖 15　石牆蝶	桃園市石門水庫
《迷蝶誌》初版	圖 16　日本紋白蝶	臺北市中山區圓山
《迷蝶誌》初版	圖 17　臺灣紋白蝶	臺北市士林區陽明山
《迷蝶誌》初版	圖 18　臺灣紋白蝶蛹	臺北市中山區圓山
《迷蝶誌》初版	圖 19　荷氏黃蝶	臺東縣卑南鄉知本
《迷蝶誌》初版	圖 20　沖繩小灰蝶	桃園市復興區
《迷蝶誌》初版	圖 21　紫端斑蝶（雄）	桃園市復興區
《迷蝶誌》初版	圖 22　玉帶鳳蝶（雌）	臺東縣蘭嶼鄉東清村

《迷蝶誌》初版	圖 23　雌紅紫蛺蝶（雄）	臺北市文山區仙跡岩
《迷蝶誌》初版	圖 24　環紋蝶	桃園市復興區
《迷蝶誌》新版	頁 31　星點三線蝶	花蓮縣秀林鄉蓮花池步道
《迷蝶誌》新版	頁 34　大白斑蝶	臺東縣蘭嶼鄉
《迷蝶誌》新版	頁 41　雄紅三線蝶（雄）	南投縣仁愛鄉惠蓀林場
《迷蝶誌》新版	頁 51　細蝶	花蓮縣壽豐鄉池南
《迷蝶誌》新版	頁 60～61　珠光鳳蝶（雄）	臺東縣蘭嶼鄉青青草原
《迷蝶誌》新版	頁 71　曙鳳蝶	臺中市和平區梨山
《迷蝶誌》新版	頁 73　柑橘鳳蝶	臺北市文山區指南山
《迷蝶誌》新版	頁 81　大鳳蝶（雄）	臺北市士林區陽明山
《迷蝶誌》新版	頁 82　大鳳蝶（雌）	新北市永和區
《迷蝶誌》新版	頁 87　紫蛇目蝶	新北市八里區茖芊坑步道
《迷蝶誌》新版	頁 93　玉帶蔭蝶	臺中市和平區八仙山
《迷蝶誌》新版	頁 96　白條斑蔭蝶	臺北市
《迷蝶誌》新版	頁 106　孔雀青蛺蝶	桃園市復興區東眼山
《迷蝶誌》新版	頁 107　斯氏紫斑蝶	臺北市
《迷蝶誌》新版	頁 100～101　豹紋蝶	花蓮縣秀林鄉銅門村
《迷蝶誌》新版	頁 114　三星雙尾燕蝶	花蓮縣瑞穗鄉富源村
《迷蝶誌》新版	頁 117　臺灣雙尾燕蝶	花蓮縣新城鄉七腳川溪
《迷蝶誌》新版	頁 120　石墻蝶	宜蘭縣南澳鄉東澳
《迷蝶誌》新版	頁 126　臺灣紋白蝶	臺北市
《迷蝶誌》新版	頁 159　小紫斑蝶	臺北市士林區士林官邸
《迷蝶誌》新版	頁 147　荷氏黃蝶	新竹縣尖石鄉
《迷蝶誌》新版	頁 148～149　黃紋粉蝶	南投縣仁愛鄉合歡山
《迷蝶誌》新版	頁 155　雌紅紫蛺蝶（雄）	臺北市文山區芝山岩
《迷蝶誌》新版	頁 154　沖繩小灰蝶	花蓮縣秀林鄉中橫白楊步道
《迷蝶誌》新版	頁 164　紫端斑蝶（雄）	臺北市南港區麗山橋口步道
《迷蝶誌》新版	頁 174　玉帶鳳蝶	花蓮縣壽豐鄉東華大學
《迷蝶誌》新版	頁 178～179　紅擬豹斑蝶	臺北市士林區芝山岩
《迷蝶誌》新版	頁 188　環紋蝶	桃園市復興區
《蝶道》	圖一　流星蛺蝶	臺北市士林區士林官邸
《蝶道》	圖二　紫單帶蛺蝶	桃園市復興區
《蝶道》	圖三　雙尾蝶	臺北市士林區陽明山湖田

《蝶道》	圖四　黑脈樺斑蝶	臺東縣蘭嶼鄉東清村
《蝶道》	圖五　黃群粉蝶	臺東縣蘭嶼鄉東清村
《蝶道》	圖六　菲律賓連紋黑弄蝶	臺東縣蘭嶼鄉紅頭山
《蝶道》	圖七　臺灣紋白蝶	新北市永和區
《蝶道》	圖八　紅肩粉蝶	新北市烏來區
《蝶道》	圖九　雲紋粉蝶	臺東縣卑南鄉知本
《蝶道》	圖十　樺斑蝶	臺北市景美區
《蝶道》	圖十一　黃蛺蝶	臺北市內湖區
《蝶道》	圖十二　雌白黃蝶吸水群	南投縣埔里鎮
《蝶道》	圖十三　斑粉蝶	南投縣仁愛鄉清境農場
《蝶道》	圖十四　枯葉蝶	臺北市文山區臺北市立動物園
《蝶道》	圖十五　眼紋蛺蝶	高雄市美濃區
《蝶道》	圖十六　大紫蛺蝶	桃園市復興區拉拉山
《蝶道》	圖十七　白裙黃斑蛺蝶	宜蘭縣大同鄉北橫明池
《蝶道》	圖十八　淡黃蝶	高雄市美濃區雙溪
《蝶道》	圖十九　長鬚蝶	臺中市和平區八仙山
《蝶道》	圖二十　紅點粉蝶	宜蘭縣大同鄉太平山
《蝶道》	圖二十一　深山白帶蔭蝶	宜蘭縣大同鄉太平山
《蝶道》	圖二十二　臺灣小波紋蛇目蝶	宜蘭縣大同鄉翠峰湖
《蝶道》	圖二十三　臺灣鳳蝶	臺中市和平區八仙山
《蝶道》	圖二十四　臺灣黃斑蔭蝶低溫型	宜蘭市大同鄉翠峰湖
《蝶道》	圖二十五　黃領蛺蝶	臺中市和平區八仙山
《蝶道》	圖二十六　珠光鳳蝶	臺東縣蘭嶼鄉青青草原
《蝶道》	圖二十七　臺灣單帶蛺蝶	新北市三峽區滿月圓
《蝶道》	圖二十八　雙環鳳蝶	臺中市和平區八仙山
《蝶道》	圖二十九　青帶鳳蝶	臺中市和平區八仙山

附錄三：杜虹蝴蝶之田野（文字整理部分）

書　名	篇　名	田　野
《比南方更南》	〈礁林夜行〉	屏東縣恆春鎮墾丁珊瑚礁
《比南方更南》	〈海檬果〉	屏東縣恆春鎮墾丁
《比南方更南》	〈星星姑娘〉	屏東縣恆春鎮墾丁
《比南方更南》	〈蝴蝶之死〉	屏東縣恆春鎮墾丁國家公園

《有風走過》	〈守候林鵰〉	南投縣魚池鄉日月潭
《有風走過》	〈秋山中〉	南投縣信義鄉新中橫
《秋天的墾丁》	〈度假的方式〉	屏東縣恆春鎮墾丁國家公園
《秋天的墾丁》	〈關心〉	屏東縣恆春鎮墾丁
《南仁山森林世界》	〈無脊椎動物〉	屏東縣滿洲鄉南仁山保護區
《南仁山森林世界》	〈昆蟲與植物的關係探討——樺斑蝶與寄生植物馬利筋〉	屏東縣滿洲鄉南仁山保護區
《相遇在風的海角》	〈森林步道記行〉	屏東縣牡丹鄉阿朗壹古道
《相遇在風的海角》	〈在那遙遠的海角原鄉〉	屏東縣牡丹鄉阿朗壹古道
《相遇在風的海角》	〈黃裳鳳蝶〉	屏東縣牡丹鄉阿朗壹古道
《相遇在風的海角》	〈琉璃青斑蝶〉	屏東縣牡丹鄉阿朗壹古道
《蝴蝶森林》	〈港口馬兜鈴〉	屏東縣恆春鎮墾丁熱帶叢林
《蝴蝶森林》	〈舞鶴叢林〉	屏東縣恆春鎮墾丁熱帶叢林
《蝴蝶森林》	〈熱〉	屏東縣恆春鎮墾丁熱帶叢林
《蝴蝶森林》	〈草原〉	屏東縣恆春鎮墾丁草原
《蝴蝶森林》	〈風，吹沙〉	屏東縣恆春鎮墾丁風吹沙
《蝴蝶森林》	〈恆春的雨〉	屏東縣恆春鎮墾丁珊瑚礁森林
《蝴蝶森林》	〈熱帶天堂歲月〉	屏東縣恆春鎮墾丁熱帶叢林
《蝴蝶森林》	〈蝴蝶志工〉	屏東縣恆春鎮墾丁國家公園蝴蝶樣區
《蝴蝶森林》	〈方舟風雨後〉	屏東縣恆春鎮墾丁國家公園蝴蝶樣區
《蝴蝶森林》	〈蝶蛹〉	屏東縣恆春鎮墾丁國家公園蝴蝶樣區
《蝴蝶森林》	〈蝶之生〉	屏東縣恆春鎮墾丁國家公園蝴蝶樣區
《蝴蝶森林》	〈挑戰完美巢樹〉	墾丁珊瑚礁森林
《蝴蝶森林》	〈風大的日子〉	屏東縣恆春鎮墾丁國家公園蝴蝶樣區
《蝴蝶森林》	〈梯子〉	屏東縣恆春鎮墾丁國家公園蝴蝶樣區
《蝴蝶森林》	〈野林之夢〉	屏東縣恆春鎮墾丁國家公園
《蝴蝶森林》	〈重回熱帶叢林〉	屏東縣恆春鎮墾丁熱帶叢林
《蝴蝶森林》	〈颱風與蝴蝶〉	屏東縣恆春鎮墾丁國家公園蝴蝶樣區

《蝴蝶森林》	〈蝴蝶森林〉	屏東縣恆春鎮墾丁國家公園森林
《蝴蝶森林》	〈另一種風景〉	屏東縣恆春鎮墾丁社頂部落
《蝴蝶森林》	〈重現綠舟〉	屏東縣恆春鎮墾丁社頂自然公園
《蝴蝶森林》	〈紅紋鳳蝶〉	屏東縣恆春鎮墾丁國家公園森林
《蝴蝶森林》	〈蝴蝶大發生〉	屏東縣恆春鎮墾丁國家公園臨海公路
《蝴蝶森林》	〈大紅紋鳳蝶的春天〉	屏東縣恆春鎮墾丁國家公園森林
《蝴蝶森林》	〈氣味〉	屏東縣恆春鎮墾丁國家公園森林
《蝴蝶森林》	〈大白斑蝶〉	屏東縣恆春鎮墾丁國家公園森林

後 記

　　論文寫作匆匆，期間並無空檔走訪作家的蝴蝶田野。畢業後這一年，我在旅行中履行心中承諾，循著蝴蝶作家的田野足跡走去。

　　二〇二二年二月，我來到紫斑蝶的故鄉——高雄茂林紫蝶谷，為北上的紫斑蝶送行。這一天，抵達已近正午，且紫斑蝶已逐日分批北上，所以未見蝶瀑和蝶河。山谷間仍有數千隻紫斑蝶在棲息、在飛舞，雖稱不上滿山滿谷，仍然叫人驚艷！

　　幸運地在紫蝶谷入口處遇見蝴蝶志工，也是紫斑蝶生態保育協會理事廖金山，他熱情為我解說紫斑蝶，也特別示範標記二隻紫斑蝶放飛。最後，還告知我隔天不是看美濃淡黃蝶的日子，初夏的五月到端午節前後才是時候。

　　離開紫蝶谷前，我向紫斑蝶道別，祝福牠們一路平安，旅途愉快，順利飛越林內外婆家的國道三號，平安抵達苗栗竹南或新竹清華的蝴蝶園……。

　　後來，我來到茂林濁口溪的曲流處，未遇吳明益所見的吸水群蝶，但山區步道上不時遇見落單的紫斑蝶，或許牠們還在享受南方的陽光，迷戀著家鄉的milkweed；或許因一路貪玩而沒跟上腳步，正在尋找一起北上的夥伴……。

　　初夏的五月，我依自己之約來到美濃的黃蝶谷。也許來早了些，未見淡黃蝶的「大發生」，但山谷中「檸檬色遷徙者」的色澤和姿態美麗優雅而迷人，讓人體驗了什麼叫做「顏色的流浪」。到底淡黃蝶去哪兒戀愛了？定睛遠看，淡黃蝶就在對面的山頭群聚，一叢叢的綠是鐵刀木嗎？看起來不是，路邊也見淡黃蝶吸食大花咸豐草，可見淡黃蝶並不執著鐵刀木這一味。其實，在美濃之前，旗山的鄉間和公園就有好多的「檸檬色在流浪」；隔日，在臺南市區的

成大校園和巴克禮公園也處處可見淡黃蝶追逐飛舞的身影。初夏真是淡黃蝶戀愛的浪漫季節啊！

六月，我二度來到了吳明益和「麥哲倫」一起旅行的南橫，高山蝶跡難覓，即使遇見，也形單影隻。我感受到吳明益南橫單車行的旅情和蝶情。

識蝶、觀蝶、尋蝶、追蝶和寫蝶皆不易，在此我要向關心臺灣自然生態的自然書寫作家深深致意，謝謝你們關懷臺灣這塊土地。

未竟的作家蝴蝶田野探尋之路，我將繼續前行……。